古典文獻研究輯刊

三九編

潘美月・杜潔祥 主編

第 17 冊

杜牧詩集評注（中）

〔唐〕杜牧 著

李連祥 注評

國家圖書館出版品預行編目資料

杜牧詩集評注（中）／李連祥　注評 -- 初版 -- 新北市：花
木蘭文化事業有限公司，2024〔民 113〕
目 6+216 面；19×26 公分
（古典文獻研究輯刊 三九編；第 17 冊）
ISBN 978-626-344-937-4（精裝）
1.CST：（唐）杜牧 2.CST：唐詩 3.CST：詩評 4.CST：注釋
011.08　　　　　　　　　　　　　　　　　113009714

ISBN-978-626-344-937-4

9 786263 449374

古典文獻研究輯刊
三九編　第十七冊　　　　　　ISBN：978-626-344-937-4

杜牧詩集評注（中）

作　　　者　李連祥（注評）
主　　　編　潘美月、杜潔祥
總 編 輯　杜潔祥
副總編輯　楊嘉樂
編輯主任　許郁翎
編　　　輯　潘玟靜、蔡正宣　美術編輯　陳逸婷
出　　　版　花木蘭文化事業有限公司
發 行 人　高小娟
聯絡地址　235 新北市中和區中安街七二號十三樓
　　　　　　電話：02-2923-1455／傳真：02-2923-1452
網　　　址　http://www.huamulan.tw 信箱 service@huamulans.com
印　　　刷　普羅文化出版廣告事業
初　　　版　2024 年 9 月
定　　　價　三九編 65 冊（精裝）新台幣 175,000 元

杜牧詩集評注（中）

李連祥　注評

目次

卷　三

洛陽長句二首〔1〕

　　草色人心相與閒，是非名利有無間〔2〕。橋橫落照虹堪畫，樹鎖千門鳥自還〔3〕。芝蓋不來雲杳杳〔4〕，仙舟何處水潺潺〔5〕？君王謙讓泥金事，蒼翠空高萬歲山〔6〕。

　　天漢東穿白玉京，日華浮動翠光生〔7〕。橋邊游女佩環委，波底上陽金碧明〔8〕。月鎖名園孤鶴唳，川酣秋夢鑿龍聲〔9〕。連昌繡嶺行宮在，玉輦何時父老迎〔10〕？

【注釋】

〔1〕此詩開成元年（836）作，時杜牧為監察御史，分司東都。長句：詳見《長安雜題長句六首》注〔1〕。

〔2〕「草色」二句：謂自己的心情與眼前的秋草一樣閑暇，對於是非名利都不在意。杜牧前一年在長安為監察御史，摯友李甘因反對鄭注、李訓，被貶封州司馬。杜牧為避禍，稱疾而分司東都，感到世事浮沉，遂生淡泊之心。人心：指心境，情緒。相與閒：一樣地悠閒自在。相與，一起，共同。有無間：若有若無之間；可有可無。

〔3〕「橋橫」二句：謂在夕陽的照耀下，橫在河上的拱形小橋像彩虹一樣，線條清晰可畫；鳥兒飛回到樹上，千門萬戶都緊閉。這裡以落照映襯洛陽的荒涼，以鳥自還狀景象的冷清。橋橫：洛橋橫跨洛河。《舊唐書·地理志一》：「上陽之西，隔穀水有西上陽宮，虹梁跨谷，行幸往來。」自：副詞，猶言獨、獨自。

〔4〕「芝蓋」句：謂王子喬的仙駕一去不返，杳無音信。芝蓋：車蓋，因形如靈芝，

故稱。此代指仙人王子喬。杳杳：幽深貌。漢劉向《列仙傳·王子喬》：「王子喬者，周靈王太子晉也。好吹笙，作鳳凰鳴。遊伊洛之間，道士浮丘公接以上嵩高山。三十餘年後，求之於山上，見桓良曰：『告我家：七月七日待我於緱氏山巔。』至時果乘白鶴駐山頭，望之不得到，舉手謝時人，數日而去。」

〔5〕「仙舟」句：謂李膺、郭泰那樣的人物，現在也不知泛舟何處？仙舟：指東漢的名士李膺、郭泰事。《後漢書·郭泰傳》：郭泰字林宗，「博通墳籍，善談論，美音製，乃遊於洛陽。始見河南尹李膺，膺大奇之，遂相友善，於是名震京師。後歸鄉里，衣冠諸儒送至河上，車數千兩（輛）。林宗唯與李膺同舟而濟，眾賓望之，以為神仙焉。」潺潺：水流緩緩的樣子。此兩句以與洛陽相關的人事，寫洛陽當年盛況，反襯今日的冷落。

〔6〕「君王」二句：謂君王不再巡幸東都，萬歲山徒然高聳蒼翠。泥金事：古代帝王舉行封禪典禮之事，借指帝王巡幸。泥金，古代帝王行封禪時所用的玉牒有玉檢、石檢，檢用金縷纏住，用水銀和金屑泥封。見《後漢書·祭祀志上》。唐代封禪之儀亦遵此。萬歲山：即嵩山，在今河南登封縣北，亦稱嵩高山。《漢書·武帝本紀》：「帝登嵩高，御史乘屬及廟旁史卒，咸聞呼萬歲者三。」

〔7〕「天漢」二句：謂洛水穿過洛陽城向東流去，碧波映照，熠熠生輝。天漢：銀河，此借指洛水。白玉京：天帝所居之處，此指東都洛陽。玉京，參見《大雨行》詩注〔7〕。日華：日光；太陽的光輝。浮動：移動。翠光：如翡翠一樣的光芒。宋李若水《秋懷》：「呼奴約疏箔，窗幾延翠光。」

〔8〕「橋邊」二句：謂游女在洛河橋邊遊玩，環佩委地；上陽宮金碧輝煌，清晰地映在波底。佩環委：俯身行禮時身上的佩飾拖垂到地上。佩環，即環佩，婦女的妝飾品。上陽：宮名，唐高宗時建，武則天常居此。參見《華清宮三十韻》注〔25〕。

〔9〕「月鎖」二句：謂名園空鎖，唯有秋月映照，孤鶴哀鳴；夢酣中或聞伊水傳來之陣陣鑿龍聲。此極寫其荒寂之狀。名園：唐代太宗至玄宗期間多次遷都洛陽，公卿貴戚在洛陽修建很多豪華園林。文宗、武宗時期，沒有再遷都，所以這些宅邸一片空寂。參見宋李格非《洛陽名園記》。杜牧以名園的廢興為例，極寫洛陽的昔盛今衰。酣：睡眠甜濃。鑿龍：開鑿龍門。龍門，即伊闕，地名，在今河南省洛陽市南，又名龍門山，傳說龍門乃大禹所鑿。《水經注·伊水》：「伊水又北入伊闕。昔大禹疏以通水，兩山相對，望之若闕，伊水歷其間北流，故謂之伊闕矣。」《漢書·溝洫志》：「昔大禹治水，山陵當路者毀之，故鑿龍門，闢伊闕。」

〔10〕「連昌」二句：謂連昌、繡嶺等行宮雖在，而皇帝車輦何時再能臨幸？連昌繡嶺：連昌宮和繡嶺宮，都是唐高宗顯慶三年所建的行宮。連昌宮故址在今河南宜陽。繡嶺宮故址在今河南陝縣。唐元稹有《連昌宮詞》。玉輦：皇帝的車駕。

【簡評】

　　中晚唐之際，洛陽已不復當年繁華，所以宮闕園林久經閒置，十分荒涼。杜牧大和九年（835）入京，本想建功立業，然不久即見朝廷人事複雜，為全身避禍，移疾東都。果然發生了甘露之變，更覺青雲失路，報國無門，只好借遊覽名勝以排遣時光，面對宮闕園林如此荒涼，不禁感歎不已。山河依舊，人事已非，繁華永逝之感，滲透於字裏行間，既象徵著晚唐社會淒涼沒落的景象，也表現出詩人憂愁悵惘的情懷。

　　這兩首詩描繪了東都洛陽的冷清景色，表達了對於君王巡幸的渴盼，對唐朝中興局面的渴求。前一首寫春景，後一首寫秋色，各具特色。

　　第一首感慨今昔，寫得氣俊思活，頗有俊爽之致。首聯言心情和春草一樣悠閒自在，不再有是非名利的計較。其實詩人的心情並不是真的悠閒，只是因為深感宦海風波險惡而做的退步之語。甘露之變對他在洛陽為官時心境的影響非常大，在他的詩作中往往體現。頷聯長橋橫在夕陽中，如彩虹一般美麗，可堪入畫，千門萬戶被樹木遮掩，只有鳥兒飛去飛回。天津橋邊，夕陽落照，離宮苑口，千門樹鎖。此二句感慨今昔，多少盛衰之感在其中。頸聯承上聯，景中含情，進一步抒發今昔之感。尾聯「空」字抒發無常之意。歲月無情，只有江山依舊。

　　回到開頭的「閒」字，遊春人少故而橋閒，君王不來故而門閒，人不喧囂故而鳥閒，芝蓋不來故而雲閒，仙舟不下故而水閒，皇帝不封禪故而山閒，那麼，「草色人心相與閒」也就可想而知了。名為「閒」，卻包含著世事艱難、人生無常之感。

　　兩詩各用一「鎖」字，春日謂「樹鎖千門」，秋夕云「月鎖名園」，是鍛鍊得相當精細的佳句。不曰宮苑之千門萬戶雖設而長關，卻道為濃蔭所遮蔽；不直說名園如何荒蕪，卻云為孤月所籠罩，用以突出景物如故，而人事已非，繁華永逝，以象徵手法描繪了一幅晚唐社會淒涼沒落的景象。第二首以問句結尾，言東都父老欲迎天子而不得，抒發盛衰之感，「傷久不見天寶承平時事也」（《瀛奎律髓匯評》錄陸敆先語），極為形象，能感動激發人心。此尤顯低回之致，既表期望之意，亦露惆悵之情。

洛中監察病假滿送韋楚老拾遺歸朝〔1〕

洛橋風暖細翻衣，春引仙官去玉墀〔2〕。獨鶴初沖太虛日〔3〕，九牛新落一毛時〔4〕。行開教化期君是，臥病神祇禱〔5〕我知。十載丈夫〔6〕堪恥處，朱雲猶掉〔7〕直言旗。

【注釋】

〔1〕此詩開成二年（837）春作。病假：杜牧在洛陽任監察御史的時候，曾因為弟弟生病，告假探親。韋楚老：字壽朋，長慶四年登進士第，大和末、開成初曾任拾遺。後來捲入牛李黨爭，辭官居金陵。兩人是好友，同年出生。事蹟見《唐詩紀事》卷五六。參見杜牧《重到襄陽哭亡友韋壽朋》詩。

〔2〕仙官：道教稱在天界封有爵位的神仙；也是對道士的美稱。此喻指朝官，指韋楚老。玉墀：玉階，宮殿前的石階，借指朝廷。漢武帝《落葉哀蟬曲》：「羅袂兮無聲，玉墀兮塵生。」

〔3〕「獨鶴」句：謂仙鶴最初飛向天空的日子。比喻韋楚老回到朝廷裏去。太虛：天空。

〔4〕「九牛」句：此句形容自己去官對朝廷而言如九牛一毛，微不足道。一毛：一根毫毛。漢司馬遷《報任少卿書》：「假令僕伏法受誅，若九牛亡一毛，與螻蟻何以異？」唐制，官吏請假滿百日，就當去官。

〔5〕神祇：神靈；天地之神。禱：祈禱。

〔6〕丈夫：大丈夫，大有作為之人。詩人自謙枉為丈夫，無所作為。

〔7〕朱雲：西漢敢於直言進諫的臣子。詳見《哭李給事中敏》詩注〔3〕。掉：搖擺，揮動。

【簡評】

這是一首贈別詩，杜牧時為監察御史、分司東都。儘管自己弟弟害眼病，杜牧為他日日禱告神靈，憂心忡忡，卻為朋友進京感到欣喜。「洛橋鳳暖細翻衣」，寫出春意盎然，輕柔細膩；春天只是時間性概念，詩人卻說朋友進京是受春天的引導，富於詩意又蘊含了前程似錦的祝願；仙官與獨鶴的稱呼，同樣蘊含了美好的祝福。詩人謙稱自己不值得一提，為無所建樹而恥；期盼友人入朝後敢於直諫。

東都送鄭處誨校書歸上都〔1〕

悠悠渠水〔2〕清，雨霽〔3〕洛陽城。槿〔4〕墮初開豔，蟬聞第一聲。故人

容易去，白髮等閒〔5〕生。此別無多語，期君晦〔6〕盛名。

【注釋】

〔1〕此詩開成元年（836）夏日作。東都：指洛陽。鄭處誨：字廷美，又作延美，太和八年（834）登進士第。其時任校書郎。傳見新、舊《唐書・鄭餘慶傳》附。上都：指長安。

〔2〕悠悠：水流連綿不盡。唐孟浩然《登江中孤嶼話白雲先生》：「悠悠清江水，水落沙嶼出。」渠水：唐洛陽城內外渠水甚多，有洛渠、通濟渠、通津渠、運渠、漕渠、谷渠、瀍渠等。

〔3〕雨霽：雨停。

〔4〕槿：木槿，俗稱扶桑花。落葉灌木或小喬木。夏秋開花，花有白、紫、紅諸色，朝開暮落。栽培供觀賞兼作綠籬。樹皮和花可入藥，莖的纖維可造紙。《禮記・月令》：「仲夏之月，……鹿角解，蟬始鳴。半夏生，木槿榮。」

〔5〕容易：匆匆，草草。唐戴叔倫《織女詞》：「難得相逢容易別，銀河爭似妾愁深。」等閒：無端；不留意。

〔6〕期：希望。晦：隱匿。

【簡評】

　　標題點明送別地點、對象及其歸處。首聯扣題交代送友的地點與環境。頷聯分別從視覺與聽覺角度寫景，葉落、花開、蟬鳴點出時序變換，為頸聯伏筆。頸聯抒發了朋友難長守、人生易老的感慨。尾聯表達了對友人的勸勉之情；鄭處誨家世顯貴，早登科第，很容易得虛名，詩人希望友人隱匿盛名，韜光養晦，報樸守拙以全身遠禍。

　　詞語運用，「悠悠」「清」寫出渠水之綿長、清澈，「雨霽」點出洛陽城宜人的風景。

故洛陽城有感〔1〕

　　一片宮牆當道危〔2〕，行人為汝去遲遲〔3〕。畢圭苑〔4〕裏秋風後，平樂館〔5〕前斜日時。錮黨豈能留漢鼎〔6〕，清談空解識胡兒〔7〕。千燒萬戰坤靈死，慘慘終年鳥雀悲〔8〕。

【注釋】

〔1〕此詩約作於開成元年（836），時杜牧以監察御史分司東都洛陽。故洛陽城：

謂漢魏時的洛陽故城，在今河南洛陽白馬寺東洛水北岸，南北九里餘，東西六里餘。《舊唐書・地理志》：「自赧王已後，及東漢、魏文、晉武，皆都於今故洛城。」

〔2〕一片：一排。此詞含義在詩詞中運用較靈活，當隨文而定。危：高聳的樣子。

〔3〕行人：詩人旅途中自指，亦稱行人。唐許渾《咸陽城東樓》：「行人莫問當年事，故國東來渭水流。」遲遲：猶豫不決，徘徊不前的樣子。《後漢書・鄧彪傳》：「昔人明慎於所受之分，遲遲於岐路之間也。」

〔4〕罼圭苑：漢宮苑名。後漢靈帝光和三年（180）建，罼圭苑有東西二苑，均在洛陽宣平門外。《後漢書・靈帝紀》載：「光和三年，作罼圭、靈昆苑。」「東罼圭苑週一千五百步，中有魚梁臺；西罼圭苑週三千三百步。」又，梁元帝蕭繹所撰《金樓子》中記載，靈帝所建的罼圭和靈昆兩苑都以玉為壁，非常奢華。漢末董卓亂政，靈帝遷都長安，董卓驅趕百姓西遷，曾駐軍在罼圭苑，縱火焚燒了二百里內的宮殿和民居。

〔5〕平樂館：漢代宮觀名。漢高祖時始建，武帝增修，在上林苑中未央宮北，周圍十五里。東漢都洛陽，明帝永平五年（62）於長安迎取飛廉銅馬，置於西門外，築平樂觀，也作為閱兵的地方。見《三輔黃圖》卷五。故址在今河南洛陽市故洛陽城西。漢靈帝曾自稱是無上將軍，在平樂館講習軍事，後來也泛指一般的園林館閣。

〔6〕「錮黨」句：謂禁錮黨人豈能挽救東漢的滅亡。《後漢書・黨錮列傳》載，東漢桓帝時，宦官主政，李膺、陳蕃等和太學生三萬餘人猛烈抨擊宦官集團，延熹九年宦官誣告李膺等人結交諸郡生徒，共為部黨，於是桓帝下令逮捕黨人，後放歸田里，禁錮終身。史稱「黨錮之禍」。留漢鼎：保住漢朝的政權。鼎是權力的象徵，傳國的重器，漢武帝曾得到周代的汾陰鼎，群臣上表祝賀，以為漢代會傳國久遠。

〔7〕「清談」句：用晉王衍與唐張九齡察識石勒和安祿山懷有異志事。說明空談對國事無補。清談：清雅的言談與議論。胡兒：指胡人；多用為蔑稱。這裡指十六國時期後趙的開國之君石勒及唐代安祿山等。據《晉書・王衍傳》及《石勒載記》，王衍出補元城令，終日清談，而縣務亦理。一次，石勒行販洛陽，倚嘯於上東門，王衍見之，感到奇怪，對左右說：「向者胡雛，吾觀其聲視有奇志，恐將為天下之患！」又據《新唐書・張九齡傳》，安祿山初以范陽偏校入朝奏事，氣勢驕縱，九齡對裴光庭說：「亂幽州者，此胡雛也。」等到討伐契丹失敗，被

執送京師，九齡又說：「祿山狼子野心，有逆相，宜即事誅之，以絕後患。」帝
曰：「卿無以王衍知石勒而害忠良。」終不聽其說。

〔8〕「千燒」二句：謂漢魏以來洛陽曆經戰亂，慘遭破壞，甚至山川神靈亦難幸免，
如今荒無人煙，唯聞鳥雀悲鳴。千燒萬戰：形容洛陽自古以來經歷了太多次戰
爭和大火。坤靈死：謂大地的靈秀之氣都消失殆盡了。坤靈，地神，古代對山
嶽河瀆神之總稱。唐韋莊《北原閒眺》：「千年王氣浮清洛，萬古坤靈鎮碧嵩。」
慘慘：昏暗貌。慘，通「黲」。漢王粲《登樓賦》：「風蕭瑟而並興兮，天慘慘而
無色。」唐李白《遠別離》：「日慘慘兮雲冥冥，猩猩啼煙兮鬼嘯雨。」

【簡評】

這是一首詠史懷古詩。面對歷史遺跡，詩人既有懷古之幽情、歷史滄桑的
歎喟，又有面對現實的痛苦與悲哀。他時常感到前程渺茫，蒙受著一種失望的
深重和憂鬱。少年時代就懷有的匡世濟民的抱負與理想時常和失望與悲觀處
於矛盾交織的狀態，他由此而深感一種無可言說的痛苦。

洛陽曾為繁華都市，如今卻一派荒涼景象。作者從「宮牆」起興，漢魏故
宮只殘留「一片」當道危立，怎不讓人傷懷。「為汝去遲遲」寫出詩人沉浸於
懷舊傷感之中的依依難捨，哀歎那些清醒的人士難以發揮作用，最終洛陽這個
都市飽經戰火劫難，人民遭殃。畢圭苑、平樂館遺址尚在，然而在秋風、斜陽
下也顯得況味慘淡。前四句意在寫漢靈帝遊俠懈政，而黨錮之禍是恒帝、靈帝
聽信讒言而致國亂。至晉崇尚清談，王衍雖能預見胡兒之患亦無補於敗亡。詩
人在洛陽故城撫跡詠歎，用典使事在東漢、魏晉，而筆鋒所指則在當代。詩題
所謂「有感」，乃感於盛唐人主佚放，無意於國是，而使「胡兒」安祿山得以
叛亂起事，其時雖有洞識之見，亦不為人主採納。坤靈已死，白日黲黲，詩人
之心不勝凄惻。而駐足於荒廢城牆前的詩人，是否想起了不久前宮中發生的甘
露之變？

揚州三首〔1〕

煬帝雷塘土〔2〕，迷藏有舊樓〔3〕。誰家唱水調〔4〕，明月滿揚州〔5〕。駿馬
宜閒出，千金好暗遊〔6〕。喧闐醉年少，半脫紫茸裘〔7〕。

秋風放螢苑〔8〕，春草鬥雞臺〔9〕。金絡擎雕去，鸞環拾翠來〔10〕。蜀船紅
錦重〔11〕，越橐水沉堆〔12〕。處處皆華表〔13〕，淮王奈卻回〔14〕。

街垂千步〔15〕柳，霞映兩重城〔16〕。天碧臺閣麗，風涼歌管清〔17〕。纖腰

間長袖，玉佩雜繁縷〔18〕。柂軸誠為壯，豪華不可名〔19〕。自是荒淫罪，何妨作帝京〔20〕。

【注釋】

〔1〕此組詩大和八年（834）作。大和七年四月，杜牧應淮南節度使牛僧孺之辟，從宣州到揚州任淮南節度推官，後轉掌書記。揚州是長江與運河的交會之處，唐代又設鹽鐵轉運使，故商業發達，城市繁榮，時人有「揚一益二」之稱。

〔2〕煬帝：隋煬帝楊廣（569～618），在位十四年。曾開鑿大運河通濟渠，三次遊幸江都（即揚州）。因其大興土木，沉湎聲色，荒淫無度，致使民不聊生。大業十四年（618），終被禁軍將領宇文化及等縊殺於揚州。雷塘：亦名雷陂；隋煬帝葬地，在今揚州城西北十五里。煬帝原葬在揚州城西北五里的吳公臺，唐高祖武德五年（622），改葬於雷塘。事見《資治通鑒》卷一九〇。唐羅隱《煬帝陵》：「君王忍把平陳業，只換雷塘數畝田。」

〔3〕「迷藏」句：謂揚州有迷樓，為隋煬帝遊樂之所。迷藏：即迷樓。隋煬帝在揚州建造的新宮，因樓閣眾多，曲折相連，常使人迷路，故稱迷樓。《說郛》卷三二引《迷樓記》：「隋煬帝時，浙人項陞進新宮圖。帝令揚州依圖起造，經年始成。迴環四合，上下金碧，工巧宏麗，自古無有，費用金玉，帑庫為之一空。人誤入者雖終日不能出。帝顧左右曰：『使真仙遊其中，亦當自迷也，可目之曰迷樓。』」唐許渾《汴河亭》：「四海義師歸有道，迷樓何異景陽樓。」

〔4〕誰家：誰，什麼人。水調：曲名。杜牧原注：「煬帝鑿汴渠成，自造《水調》。」馮集梧《樊川詩集注》卷三注引《樂苑》：「《水調》，商調曲。舊說，隋煬帝幸江都所製。曲成奏之，王令言聞而謂其弟子曰：『但有去聲，而無回韻，帝不返矣。』後竟如其言。」水調及新水調，並商調曲，唐曲凡十一疊，前五疊為歌，後六疊為入破，其歌第五疊五言，聲調最為怨切。唐元稹《何滿子歌》：「嬰刑繫在囹圄間，水調哀音歌憤懣。」

〔5〕「明月」句：形容揚州之繁華。唐徐凝《憶揚州》：「蕭娘臉上難勝淚，桃葉眉頭易得愁。天下三分明月夜，二分無賴是揚州。」按，唐人寫揚州多及「明月」，物象之外，亦有暗示揚州歌妓窈窕、面貌姣好之意。

〔6〕「駿馬」二句：寫公子俠少縱馬快意，一擲千金的放浪生活。閒出：四處閒逛。暗遊：謂遊於歌樓酒肆之中。揚州歌樓酒肆眾多，誘人隱遊放縱。

〔7〕喧闐（tián）：喧嘩；哄鬧聲。紫茸裘：紫色細毛皮衣，表示服飾華貴。茸，細軟的鳥獸毛。裘，皮衣。

〔8〕放螢苑：即隋苑。《隋書・煬帝紀》載，大業十二年五月，於景華宮徵求螢火，
　　得數斛，夜出遊山，放之，光遍巖谷，十分壯觀。按，放螢事在洛陽，不在揚
　　州；杜牧詩用此典，所言為借指。

〔9〕鬥雞臺：即雞臺。在揚州廣陽門北。據《大業拾遺記》載：相傳隋煬帝曾經到
　　鬥雞臺遊玩，恍惚間彷彿遇見了南朝的亡國皇帝陳後主，陳後主還稱隋煬帝為
　　殿下。杜牧詩即用此事。唐羅隱《所思》：「梁王兔苑荊榛裏，煬帝雞臺夢想中。」
　　參見《杜秋娘詩》注〔35〕。

〔10〕「金絡」二句：形容男子打獵和仕女遊春的場景。金絡：金絲繩帶。此處代指男
　　子，古時男子喜玩雕。雕：一種猛禽，似鷹而大，黑褐色；能捕食山羊、野兔
　　等。鸞環：鸞形的玉環。此處代指女子。拾翠：拾取翠鳥的羽毛以為首飾。翠，
　　翠羽。古代生活用品常用彩色羽毛裝飾貼織，所以青年婦女多去沙洲水邊撿拾
　　水禽羽毛。詩作中常用以指婦女春日嬉遊的景象。唐孫光憲《八拍蠻》：「越女
　　沙頭爭拾翠，相呼歸去背斜陽。」

〔11〕「蜀船」句：謂蜀地之船運來了大量的彩錦，船隻行駛起來十分沉重。蜀地彩錦
　　名貴，且錦工織錦，則濯之江流，而錦至鮮明，於是把成都稱之為錦里或錦官
　　城。隋煬帝開通大運河後，各地絲綢錦緞大量運往洛陽。而隋煬帝遊揚州，用
　　五彩錦緞做船帆，沒風的時候，就把五彩錦緞纏在龍舟的柱子上，讓人拉著前
　　進。

〔12〕「越橐」句：謂越橐裝來了沉香之木。越：指今越南榮市。橐（tuó）：無底之囊。
　　水沉堆：指成堆之沉香木。越橐，漢代陸賈出使南越的時候，南越王趙佗賜給
　　他一個裝滿珍寶的袋子，後以「越橐」代指珍寶。越地的沉香木是非常名貴之
　　物。沉香木被砍伐之後，歲久朽爛，但心節不腐，且比重大，放在水中則沉，
　　故稱沉香。杜牧《為人題贈》：「桂席塵瑤佩，瓊爐燼水沉。」

〔13〕「處處」句：謂揚州一派繁華。華表：古代立於宮殿、城垣等重要場所的石柱，
　　其上雕刻具有祥瑞或權力象徵的圖案。此處暗示揚州的繁華與隋煬帝欲建都其
　　地有關。華表用丁令威化鶴昇天的典故。參見《贈李處士長句四韻》注〔7〕。

〔14〕「淮王」句：謂無奈淮南王卻棄世而登仙；即使其化鶴歸來，亦不知何處集停。
　　淮王：西漢劉邦之子劉長封淮南王，其子劉安襲封。劉安喜歡講學、煉丹、文
　　藝，著有《淮南子》。後因謀圖叛逆，事敗自殺。漢代有劉安成仙的說法。如應
　　劭《風俗通義・正失》載：「俗說淮南王安招致賓客方術之士數千人，作《鴻寶
　　苑秘》枕中之書，鑄成黃白，白日昇天。」此處杜牧乃根據傳說為詩。卻回：

　　唐人常用口語，其義猶言「返回」。唐李渤《桂林歎雁》：「爾解分飛卻回去，我方從此向南行。」

〔15〕步：古長度單位。歷代定制的實際長度不一。周代以八尺為步，秦代以六尺為步，舊制以營造尺五尺為步。

〔16〕重城：內城和外廓。泛指城市各處。《唐闕史》：「揚州，勝地也，每重城向夕，倡樓之上，嘗有絳紗燈萬數，輝羅耀列空中，九重三十步街，珠翠填咽。」

〔17〕歌管：謂唱歌奏樂。南朝宋鮑照《送別王宣城》：「舉爵自惆悵，歌管為誰清？」唐張祜《觱篥》：「一管妙清商，纖紅玉指長。」清：清雅高尚。

〔18〕繁纓：眾多冠帶。古代天子、諸侯所用絡馬的帶飾。繁（pán），馬腹帶；纓，馬頸革。

〔19〕「柁軸」二句：謂揚州城引帶運河，軸立昆崗（廣陵崗），極其壯觀，豪華不可言表。此描寫揚州的地理形勢。南朝宋鮑照《蕪城賦》：「柁以漕渠，軸以昆崗。」柁（duò），同舵，此處用作動詞，引、溝通。軸，中心。名：說出。

〔20〕「自是」二句：謂本來荒淫無度，重建帝京又有何用。暗指欲作帝京的實質是要滿足其無休止的荒淫作樂的願望。自是：猶言本是、原是。為唐人習用語。唐李商隱《咸陽》：「自是當時天帝醉，不關秦地有山河。」帝京：京都。隋煬帝到了揚州以後，天下大亂，道路不通，煬帝非常害怕，不敢回去，又夢見兩個小孩子說：住在這裡是死，離開也是死，還不如去乘船渡江。於是煬帝下令在南京建丹陽宮，準備遷往那裏，但是丹陽宮還沒建成他就被殺了。參見《隋書·五行志上》。

【簡評】

　　隋唐時代，揚州歌樓林立，商賈如織，所謂「揚一益二」，則揚州繁華天下為最。宋洪邁《容齋隨筆》卷九《唐揚州之盛》云：「唐世鹽鐵轉運使在揚州，盡榦利權，判官多至數十人，商賈如織，故諺稱『揚一益二』，謂天下之盛，揚為一而蜀次之也。」

　　這組詩，浮想聯翩，感慨萬千；通過對揚州繁華的描寫和隋煬帝在江都史事的敘說，抨擊了這位昏君荒淫無道的罪行，也抒發了作者對於歷史興亡的感慨。詩歌展示了揚州歌舞升平繁華豪奢的景象，甚至連仙人淮南王劉安都想來此一遊。杜牧對揚州秀麗的景色、富庶的城市、美好的生活深加讚賞，故而對其時的冶遊之事甚為迷戀。隋煬帝欲建都其地促成了揚州的奢華繁麗，而恰恰因為沉迷於這種奢華繁麗而最終走向失道亡國，導致了「君王忍把平陳業，只

搏雷塘數畝田」的歷史命運。愛與憎、讚美與叱責，複雜的情感交織於詩中。詩中也流露出詩人對身居此地、如履薄冰般唯恐失足落水的憂鬱、憂愁和擔心。這組膾炙人口的著名詩篇，千百年來一直傳誦人口。

　　唐人對於揚州的繁華，有大量的歌詠。如王建《夜看揚州市》：「夜市千燈照碧雲，高樓紅袖客紛紛。如今不似時平日，猶自笙歌徹曉聞。」徐凝《憶揚州》：「蕭娘臉薄難勝淚，桃葉眉頭易得愁。天下三分明月夜，二分無賴是揚州。」張祜《縱遊淮南》：「十里長街市井連，月明橋上看神仙。人生只合揚州死，禪智山光好墓田。」都證明了當時揚州作為商業都會的影響。

潤州二首〔1〕

　　向吳亭〔2〕東千里秋，放歌曾作昔年遊〔3〕。青苔寺裏無馬跡，綠水橋邊多酒樓〔4〕。大抵南朝皆曠達，可憐東晉最風流〔5〕。月明更想桓伊在，一笛聞吹出塞愁〔6〕。

　　謝脁詩中佳麗地〔7〕，夫差傳裏水犀軍〔8〕。城高鐵甕橫強弩〔9〕，柳暗朱樓多夢雲〔10〕。畫角愛飄江北去，釣歌長向月中聞〔11〕。揚州塵土試回首，不惜千金借與君〔12〕。

【注釋】

〔1〕這組詩約作於會昌六年（846），是杜牧重遊潤州時的所見所感。潤州：在今江蘇省鎮江市，為唐代鎮海軍節度使治所。參見《送杜顗赴潤州幕》詩注〔1〕。

〔2〕向吳亭：古亭名，在潤州城南。或誤作「句吳亭」。在今江蘇丹陽市南。唐陸龜蒙《潤州送人往長洲》：「秋來頻上向吳亭，每上思歸意剩生。」

〔3〕放歌：放聲歌唱。唐杜甫《聞官軍收河南河北》：「白日放歌須縱酒，青春作伴好還鄉。」昔年遊：謂常往來於京口（今鎮江）揚州。杜牧曾於大和七年（833）春由宣州赴淮南幕時經過潤州，開成年間由揚州赴宣州幕亦經潤州，會昌六年（846）由池州刺史赴睦州任仍經過潤州。

〔4〕「青苔」二句：謂其或至荒涼寺院尋覓古蹟，或去橋邊酒樓歡飲買醉。青苔寺，古寺因人跡罕至而青苔遍布。無馬跡：謂空蕩無人，寂寥荒涼。綠水橋：橋名。即漾水橋，跨漕渠。《至順鎮江志》卷二《橋樑》：「漾水橋，在千秋橋西。唐以來有之。宋乾道庚寅，郡守蔡洸重建，仍舊名，俗呼為高橋。」

〔5〕「大抵」二句：意謂南朝多豁達開朗之士，東晉皆倜儻風流之人，其流風餘韻，至今不息。按，魏晉名士大都崇尚老莊，愛好清談，飲酒服藥，或蔑視禮節，

曠達放誕，此風沿至東晉南朝未息，《世說新語》等載之甚詳。大抵：猶云「總之」，用以總結上文；與通常表揣度的「大致」「大約」義有所不同。唐白居易《種桃杏》：「無論海角與天涯，大抵心安即是家。」南朝：東晉以後，中國分裂為南北兩部分，史稱南北朝。建都於金陵的宋、齊，梁、陳四個朝代，稱南朝。唐人習慣借南朝指前朝，或避當朝之諱，以抒發懷古之幽情。曠達：形容人的心胸或性格開朗、豁達。可憐：可羨慕。風流：灑脫放逸，風雅瀟灑。《後漢書‧方術傳論》：「漢世之所謂名士者，其風流可知矣。」

〔6〕「月明」二句：謂月明之夜，傳來一曲《出塞》笛聲，引人愁思，如當年桓伊吹笛。桓伊，字叔夏，小字子野（一作野王）。譙國銍縣（今安徽濉溪縣）人。東晉時期將領、名士、音樂家，丹陽尹桓景之子。歷任淮南太守、豫州刺史等職，曾與謝玄大破苻秦於淝水，以功封永修縣侯。平生善於吹笛，宿有「笛聖」之稱，笛譜改編成琴曲《梅花三弄》，桓伊唱的輓歌與羊曇唱的樂歌、袁山松唱的《行路難》辭，時人稱為「三絕」。其吹笛事參見《世說新語‧任誕》。一笛：指一支笛的聲音。唐沈彬《金陵》：「一笛月明何處酒？滿城秋色幾家砧。」出塞：漢橫吹曲名；曲調哀愁。漢武帝時，李延年因胡曲造新聲二十八解，內有《出塞》《入塞》曲。見《晉書‧樂志》下。

〔7〕「謝朓」句：謂潤州是謝朓詩中所描寫的佳麗之地。謝朓：字玄暉，南朝齊著名詩人，謝靈運之族姪，世稱「小謝」，善寫山水詩，為「永明體」代表作家之一。謝朓《入朝曲》：「江南佳麗地，金陵帝王州。逶迤帶淥水，迢遞起朱樓。」佳麗：秀麗，美好。詩詞中多指土地景物的美好。

〔8〕「夫差」句：謂潤州自古為屯兵之地，吳王夫差時就置有水犀之軍。夫差：春秋吳國末代國君，吳王闔閭之子。後為越王句踐所敗，自殺，吳國遂亡。潤州在春秋時期隸屬於吳國。水犀軍：即披水犀甲的軍士。水犀皮質地堅硬而且凹凸不平，所以適合裝飾甲衣。《國語‧越語上》：「今夫差衣水犀之甲者億有三千。」韋昭注：「言多也。犀形似豕而大，今徼外所送，有山犀、水犀。水犀之皮有珠甲，山犀則無。」

〔9〕「城高」句：謂潤州城高堅固，易於守禦。杜牧原注：「潤州城孫權築，號為鐵甕。」《至順鎮江志》卷二《城池》：「丹徒縣：子城並東西夾城共長十二里七十步，高三丈一尺。子城吳大帝所築，周回六百三十步，內外固以磚，號鐵甕城。」宋程大昌《演繁露》卷十三：「潤州城古號鐵甕，人但知其取喻以堅而已，然甕形深狹，取以喻城，似為非類。乾道辛卯，予過潤，蔡子平置

宴於江亭，亭據郡治前山絕頂，而顧子城雉堞緣崗，彎環四合，其中州治諸
廨在焉。圓深之形，正如卓甕，予始知喻以為甕者，指子城也。」甕（wèng）：
陶器。弩（nǔ）：用機關發箭的弓。

〔10〕「柳暗」句：謂潤州城內多朱樓和美女。朱樓：謂富麗華美的樓閣；此指歌樓
伎館等行樂之所。夢雲：夢雲行雨，指男女歡合事。化用戰國宋玉《高唐賦》：
「楚襄王與宋玉遊於雲夢之臺，⋯⋯昔者先王嘗遊高唐，怠而晝寢，夢見一婦
人曰：『妾巫山之女也，為高唐之客，聞君遊高唐，願薦枕席。』王因幸之。
去而辭曰：『妾在巫山之陽，高丘之阻，旦為朝雲，暮為行雨，朝朝暮暮，陽
臺之下。』旦朝視之，如言，故為立廟，號曰朝雲。」

〔11〕「畫角」二句：謂軍中的畫角聲飄往江北，月下的漁歌聲響徹夜空。畫角：古
樂器名。或謂創自黃帝，或說傳自羌族。形如竹筒，本細末大，以竹木或皮為
之，亦有用銅者。外加彩繪，故稱畫角。後漸用以橫吹，發音哀厲高亢，古時
軍中多用以警昏曉，振士氣。帝王外出，也用以報警戒嚴。中古以下，畫角為
軍中樂器，並也用它來報告時間。唐高適《送渾將軍出塞》：「城頭畫角三四
聲，匣裏寶刀晝夜鳴。」江北：指長江北岸的揚州。釣歌：猶漁歌；釣魚的人
唱的歌。唐王勃《長柳》：「郊童樵唱返，津叟釣歌還。」

〔12〕「揚州」二句：謂回望揚州風景古來豔冶之處，當不惜千金之費，與君買笑追歡。
揚州塵土：揚州歌樓妓館尋遊行樂的生活。塵土，指塵世，塵事。以塵土飛揚
喻繁華熱鬧。千金：極言錢財多。

【簡評】

　　這組詩是杜牧重遊潤州時的所見所感。重經此地，心潮起伏，不僅有思古
之幽情，也夾有人生之感慨。

　　第一首詩登高懷古，想見南朝清談名士曠達風流之態，而今僅存遺跡而
已，寄寓無限感慨。此詩的意象跳躍多變，由眼前到往昔，由當代到前朝，形
斷而神不斷，恰到好處地表達出詩人愁腸百結的心境。首句起勢弘遠，寫景，
點明地點。既寫江南無邊的秋色，又點出詩人登高望遠之義。第二句是對舊遊
的追憶，抒發了緬懷之情。兩次遊覽，兩種心境；景色不同，感觸亦不同。頷
聯筆鋒從對往日的回憶折回目前。面對前朝遺跡命運不同的「寺」和「酒樓」，
衰盛對比，詩人弔古懷古，聯想到人世的變遷，不免產生幾多感慨。頸聯再次
出現跳躍，思緒進入更為遙遠的前朝。以上四句由覽物而思古，充滿著物在人
空的無限哀惋之情。尾聯又一次跳躍，寫明月當空。詩人竟突發奇想，要是桓

伊還在人世間，他那極富感染力的笛聲，定能抒發出自己的無限愁思。詩雖將無窮思緒以一「愁」字歸結全篇，卻給人以跌宕迴環、悠悠不已之感。

第二首詩狀潤州之形勝繁華，亦可窺見詩人寄情於山水詩酒之生活情調。說明潤州鄰近對應著揚州，在長江畔城防更嚴密，更加適合旅遊隱居，但也仍然多次成為亡國之地。清錢謙益、何焯《唐詩鼓吹評注》卷六云：「言昔謝朓以此為佳麗之地，夫差於此有水犀之軍，今州城固於鐵甕，而射潮之強弩猶在；柳色暗於朱樓，而雲雨之夢魂居多。且畫角之聲飄江北而去，漁人之唱向月中而聞，回望揚州風景古來豔冶之處，當不惜千金之費，與君買笑追歡也。」

前首回憶昔年曾漫遊這千里清秋之地，具有無限今昔之感；側重表現曠達，月明笛聲是一個典型情景。後首描寫潤州的繁華，表現冶遊的情致；側重表現風流，以柳暗朱樓作為回憶背景。二詩覽古今於一瞬，更繫以深沉的感慨；意氣閒逸，一如其人。「南朝」「東晉」一聯，「神理融成一片」，成為點睛之筆，從全詩氣度看，也確乎能得晉人風味。詩歌於開闊的景色、空曠的歷史場景、歷史的今昔與個人遊賞的今昔對比中，抒情明志。宋石延年《南朝》詩：「南朝人物盡清賢，不是風流即放言。三百年間卻堪笑，絕無人可定中原。」可與此詩相發明。

題揚州禪智寺〔1〕

雨過一蟬噪〔2〕，飄蕭松桂秋〔3〕。青苔滿階砌〔4〕，白鳥故遲留〔5〕。暮靄〔6〕生深樹，斜陽下小樓。誰知竹西路〔7〕，歌吹是揚州〔8〕。

【注釋】

〔1〕此詩作於開成二年（837）秋。其時杜牧之弟杜顗患眼病，居於揚州禪智寺，杜牧也告假赴揚州找醫生為之治療。詩即題寺之作。禪智寺：又名上方寺、竹西寺，在揚州城東十五里。寺前有橋，跨舊官河。本隋煬帝故宮，後建為寺。風景絕佳，是揚州勝景之一。

〔2〕蟬噪：指秋蟬鳴叫。北朝梁王籍《入若耶溪》：「蟬噪林逾靜，鳥鳴山更幽。」

〔3〕「飄蕭」句：謂風動松、桂，飄搖蕭瑟。飄蕭：飄搖而帶蕭蕭之聲。松桂：唐時寺宇廟觀中多栽種松樹桂樹，取其冬不落葉，夏不生蟲。

〔4〕階砌：臺階。

〔5〕白鳥：指白色羽毛的鳥，如鶴、鷺等。故：故意。遲留：淹留；徘徊不願離去。

〔6〕暮靄（ǎi）：黃昏的雲氣。靄，霧氣。

〔7〕竹西路：指禪智寺前官河北岸的道路。竹西，在揚州甘泉之北。後人因杜牧詩所詠處築亭，名曰竹西亭，又稱歌吹亭。宋姜夔《揚州慢》：「淮左名都，竹西佳處，解鞍少駐初程。」化用杜牧詩意。宋呂渭老《思佳客》：「曾醉揚州十里樓，竹西歌吹至今愁。」

〔8〕「歌吹」句：典出南朝宋鮑照《蕪城賦》：「車掛轊，人駕肩。廛閈撲地，歌吹沸天。」蕪城，本寫揚州，由此化出「歌吹是揚州」。歌吹（chuì）：歌聲與音樂聲；吹，指吹奏的樂器，作名詞用。唐韋莊《小重山》：「歌吹隔重閣，繞庭芳草綠，倚長門。」以上二句意謂，誰知這條寂靜的竹西路，通向那歌吹繁華的揚州。「歌吹揚州」後成為用以指繁華遊樂之地的典故。

【簡評】

　　此詩描寫禪智寺初秋傍晚的清幽與靜謐，表現出作者心境的孤寂。前六句描寫寺廟的清寂幽深，後二句以動襯靜，喚起讀者對繁華揚州的聯想，突出禪智寺的幽靜，尤為傳神。

　　首聯描寫環境。用單調的蟬叫反襯環境的清新幽靜，靜中見鬧，鬧中見靜；用秋雨秋風烘托出了禪智寺的冷寂。頷聯從視覺角度寫靜。通過對環境及周圍事物的描寫渲染了環境的空寂淒清。「滿」字寫出臺階上青苔之密，「砌」字表現出苔蘚之厚，連白鳥都遲遲不肯飛走，也再次展現了這裡的環境清幽、空曠，鮮有人跡。頸聯從明暗的變化寫靜。這種反襯帶來的效果卻是意外的幽靜，格外的冷清，分外的沉寂。使人感到像是在黑暗之中尋找到了一絲光明，在寒冷之中感覺到了一絲暖意，幾個畫面連接起來，更是再次突出了禪智寺「幽暗寂靜」的特點。

　　尾聯運用借代的修辭，另闢蹊徑，一改前文幽靜描寫，硬是拉來遠離禪智寺的揚州作陪襯，凸顯了一幅歌舞升平的景象。揚州歌舞喧鬧，熱鬧非凡，與淒冷的禪智寺形成鮮明的對比。而詩人卻只能以樹為友，以鳥為伴，在靜寂的禪智寺中淒涼度日，以樂景襯哀情，反襯出詩人的孤寂、落寞，寓情於景，勾起了詩人對往事的回憶和內心的傷感。

　　詩寫揚州禪智寺的靜，開頭用靜中一動襯托，結尾用動中一靜突出，一開篇，一煞尾，珠聯璧合，相映成趣，用反襯手法以動顯靜，藝術構思十分巧妙。對偶工整，筆墨簡淨，頗有韻味。

　　此詩寫得很有趣，整首詩美得令人驚豔，看上去如信手拈來，可是每一句

都極為講究，美得猶如一幅絕美的山水畫。可見詩人在文學上成就，達到了很高的水平。原本只是普通的事物，還有尋常之景，但在詩人筆下，卻煥發出勃勃生機，有了一種獨特的韻味，讀來令人有一種身臨其境之感。

西江懷古〔1〕

上吞巴漢控瀟湘〔2〕，怒似連山淨鏡光。魏帝縫囊真戲劇〔3〕，苻堅投箠〔4〕更荒唐。千秋釣舸歌明月〔5〕，萬里沙鷗〔6〕弄夕陽。范蠡清塵何寂寞，好風唯屬往來商〔7〕。

【注釋】

〔1〕此詩約作於開成四年（839）春，杜牧赴京途中經過西江懷古之作。西江：應指歷陽烏江附近的長江。曾國藩《求闕齋讀書錄》卷九：「注家謂楚人指蜀江為西江，謂從西而下也。國藩按：詩中『魏帝』『苻堅』等語，殊不似指蜀中者。六朝隋唐皆以金陵為江東，歷陽為江西，厥後豫章郡奪江西之名，而歷陽等處不甚稱江西矣。此西江或指歷陽、烏江言之。」按詩有「上吞巴漢」語，則在漢水之東甚明，故曾國藩之說當能成立。

〔2〕「上吞」句：謂西江氣勢浩瀚，上游侵吞巴江、漢水，控制著下游的瀟水和湘水。巴漢：巴江與漢水，長江兩條重要支流。巴江，源出大巴山，西南流入四川省境，經南江縣至巴中縣東南，匯合南江水為巴江。漢水，源出陝西寧強縣北蟠冢山，東經褒城縣，合褒水，始為漢水。東南流經陝西省南部、湖北省西部和中部，經武漢市漢陽入長江，是長江最大的支流。唐王維《漢江臨眺》：「楚塞三湘接，荊門九派通。江流天地外，山色有無中。」瀟湘：水名。詳見《早春寄岳州李使君，李善棋愛酒，情地閒雅》詩注〔5〕。

〔3〕魏帝縫囊：三國時期，吳國丞相步騭曾經上表孫權，說他聽說魏帝將盛沙於布囊，以塞斷江水，進攻荊州，望有所防備。大臣呂範和諸葛恪知道了，當作笑談，云：「此江與開闢俱生，寧有可以沙囊塞埋也！」事見《三國志·吳書·步騭傳》注引《吳錄》。魏帝：即曹操。戲劇：兒戲，開玩笑。

〔4〕苻堅投箠：前秦苻堅想要進攻東晉，為長江所阻，許多大臣認為進攻時機不成熟，他向群臣誇說：「以吾之眾旅，投鞭於江，足斷其流。」苻堅不聽勸告，進攻東晉，結果在淝水之戰中被晉軍徹底打敗。見《晉書·苻堅載記》。箠（chuí）：馬鞭。

〔5〕明月：曲名。《詩經》中收錄的陳國的一首民間情歌，名《月出》，共三章。

〔6〕沙鷗：一種白色的鳥，常用來抒發愁懷，比擬白髮；是詩人們常常用來抒發內心因漂泊無依而傷感愁懷的意象。如唐杜甫《旅夜書懷》：「名豈文章著，官應老病休。飄飄何所似，天地一沙鷗。」詩人即景自況以抒悲懷，水天空闊，沙鷗飄零，人似沙鷗，轉徙江湖。

〔7〕「范蠡」二句：謂像范蠡那樣的人是何等的少，西江之上所見的只有來來往往的商人。范蠡：春秋時越國大夫，輔佐越王句踐滅掉吳國，知難容於句踐，便功成身退，「乃乘扁舟，出三江，入五湖，人莫知其所適。」見《史記·越世家》。清塵：猶言清舉；喻指遺風，高風亮節。戰國屈原《楚辭·遠遊》：「聞赤松之清塵兮，願承風乎遺則。」寂寞：此指無人傚仿范蠡之舉。

【簡評】

詩人們登高望遠、詠史懷古之時，總要帶上一股濃濃的愁緒，彷彿憑弔歷史古蹟，眺望莽蒼景色必然要「惆悵」。此詩就是抒發詩人在浩蕩的大江面前生出來的無限感慨。

此詩首寫長江下游水情山勢，既見江流險峻，又見山水清美。這是開天闢地以來最奇偉的造化，相比之下，「魏帝縫囊」與「苻堅投箠」顯得多麼可笑和荒唐。詩人在壯美秀麗的長江景色中感慨歷史，重點在懷范蠡，慨歎世無范蠡，對歸隱的范蠡卻讚賞有加。在浩瀚長江上，曾留下多少故事，如今一切都已經消失在歲月流逝中，只有往來的商賈真正得其舟楫之便。

全詩重在懷古，故累用故實，然寫景亦有佳句。「上吞」二句，用「吞」與「控」，寫出長江的氣勢雄偉，「怒似連山」動盪萬千卻清澈如鏡。「千秋」二句，筆致瀟灑，寫景極佳。詩人從江上放開眼界，橫看「萬里」，豎看「千秋」，將江天遼闊之景與詩人思接千載之情正容含在浩渺無際的空間與悠久永恆的時間之中，使得場面壯闊雄渾，氣勢磅礴。這是作者的情感世界中的西江之美的藝術呈現，最可吟賞。

詩歌寫作手法，變化多樣。一用反襯，以浩瀚宏大、亙古不變的長江及江上古今吟詠的漁歌、江面飛回的沙鷗、東升西落的日月來反襯英雄智者生命的短暫與渺小。二用典故，曹操縫囊填江，何其荒唐；苻堅投鞭斷流，何其狂妄；范蠡運籌帷幄，如今化為煙塵，詩人以此三位英雄人物之身前後世來抒發感慨。三借景抒懷，詩的頸聯描寫漁人詠唱漁歌、沙鷗萬里飛旋、夕陽西下之景，與尾聯內容構成對比，藉以表達世間變與不變之理。

江南懷古〔1〕

　　車書混一〔2〕業無窮，井邑〔3〕山川今古同。戊辰年向金陵〔4〕過，惆悵閒吟憶庾公〔5〕。

【注釋】

〔1〕此詩大中二年（848）作，時杜牧為睦州刺史，由睦州赴官入京途經金陵。

〔2〕車書混一：指國家制度統一。《禮記·中庸》：「今天下車同軌，書同文。」意謂車乘的軌轍相同，書寫的文字相同，表示天下一統。後取「車書」二字泛指國家體制制度。唐杜甫《黃河》：「願驅眾庶戴君王，混一車書棄金玉。」

〔3〕井邑：鄉村和城鎮。喻指人口聚居之地。《周禮·地官·小司徒》：「九夫為井，四井為邑。」相傳古制八家一井，後引申為鄉里人口聚住地。邑，即城市、都城。

〔4〕戊辰年：唐宣宗大中二年（848）。按干支紀年，南朝梁武帝太清二年（548）亦為戊辰年。是年，降將侯景舉兵叛亂，破建康，下臺城，逼殺梁武帝和簡文帝。南北朝庾信《哀江南賦序》：「粵以戊辰之年，建亥之月，大盜移國，金陵瓦解。」杜牧大中二年過此，正好又逢戊辰，故有感而發。金陵：今江蘇南京。參見《杜秋娘詩》注〔2〕。

〔5〕惆悵：傷感。晉陶潛《歸去來兮辭》：「既自以心為形役，奚惆悵而獨悲。」庾公：北周著名詩人庾信，字子山，南陽新野人。善宮體詩，文章綺麗，與徐陵齊名，時稱徐庾體。庾信生逢動盪之世，朝代更替頻繁，歷任南朝梁東宮學士，右衛將軍，出使西魏時，梁為西魏所滅，留仕西魏。西魏亡，仕北周，官至驃騎大將軍、開府儀同三司，人稱庾開府。庾信雖居高位，然懷念南朝，常有鄉土之思。晚年之作遂趨沉鬱。以《哀江南賦》最為著名。《北史·周書》有傳。

【簡評】

　　詩人由睦州入京，經過金陵，憂思慨歎，縱然像秦始皇那樣使「車同軌，書同文」、建立了一統帝國的偉人，如今又安在呢？井邑山川卻仍然是老樣子，並不因為一兩個偉人而改變。在歷史面前，人類是渺小的，同時也抒發了詩人在大自然面前的淡淡的感傷之情。

　　本年恰逢戊辰年，憶及當年朝代更替，金陵瓦解，詩人庾信流亡。金陵有那麼多盛景，那麼豐富的歷史容量，為何此刻庾信湧上詩人心頭？明明是金陵

瓦解，為何將一統大業冠於開篇？詩用庾信的典故，對庾公在《哀江南賦》中表現出的家國破滅之痛感同身受。在「戊辰年」與古代詩人同「向金陵過」，是一種巧合，作者正以此為情感觸發點，今古對照，既表現自己的鄉國之思，又寄寓對朝政的隱憂。詩歌流露了人生的失意，表達了對於國家社稷大業的思索。眼下的唐朝，正處於下落衰退狀態，從這個意義上說，詩有借古說今的意味。

庾信傷梁末之亂，為《哀江南賦》，牧之感朝綱不整，而為《江南懷古》；其惆悵傷感之情相通。借懷古抒己志、發己情，古今通例；牧之著此詞，雖感危機四伏，亦無可奈何，唯長歎息而已。

江南春絕句〔1〕

千里鶯啼綠映紅〔2〕，水村山郭酒旗風〔3〕。南朝四百八十寺，多少樓臺煙雨中〔4〕。

【注釋】

〔1〕江南春：著意描寫千里江南的錦繡春色，抒發詩人弔古傷今的感慨。

〔2〕鶯啼：即鶯啼燕語。黃鶯，即黃鳥，也叫黃鸝、鶬鶊。它善於鳴叫，歌喉圓潤，啼叫宛轉，歌聲優美動聽，是春天的象徵。綠映紅：綠色映襯著紅色，也就是綠葉映襯著紅花。

〔3〕水村山郭：臨水而居的村莊與傍山而建的城鎮。郭，外城；此處指城鎮。酒旗風：酒店前懸掛的幌子在風中飄動。酒旗：即酒簾，俗稱「酒望子」，古代酒家標誌。

〔4〕「南朝」二句：極言南朝寺廟之多。南朝：宋、齊、梁、陳四朝，史稱南朝，與北魏等北朝政權相對。四百八十寺：言佛寺之多，是虛數。南朝崇佛，尤以梁武帝蕭衍為甚。《南史‧郭祖深傳》：「都下佛寺，五百餘所，窮極宏麗。僧尼十餘萬，資產豐沃。」樓臺：樓閣亭臺；此處指寺院建築。煙雨：細雨濛濛，如煙如霧。

【簡評】

這首描寫江南風光的絕句，千百年來素負盛譽。詩人以概括洗練的筆法多角度、多層次、全方位地描繪江南春色、春聲與建築，寫出了遼闊江南春景的豐富多彩與深邃迷離，有聲有色，景象如畫，表現了對江南美景的讚美與熱愛。一首七絕，能展現出這樣一幅廣闊的畫卷，真可謂「尺幅千里」了。

全詩無特別鍛鍊處，骨力自在，而又流美俊爽，典型地體現出杜牧絕句的特點，成為其代表作，也臻於全唐詩中的精品之列。通篇佳詞麗句，對於現實之諷已暗寓其中。用筆之妙，鮮見。杜牧《獻詩啟》云：「某苦心為詩，本求高絕。」他的詩可以稱得上寄託遠大，神韻獨高。

　　一二兩句寫江南的景色，是晴景。詩人運用了典型化的手法，把握住了江南景物的特徵。江南特點是山重水複，柳暗花明，色調錯綜，層次豐富而有立體感。詩人在縮千里於尺幅的同時，著重表現了江南春天掩映相襯、豐富多彩的美麗景色。前兩句，有紅綠色彩的映襯，有山水的映襯，村莊和城郭的映襯，有動靜的映襯，有聲色的映襯。這兩句的情感是揚，表達了詩人對江南春景欣賞、讚美的喜悅之情。

　　三四兩句寫的是雨景。詩人在這裡不說「江南四百八十寺」，而說「南朝四百八十寺」，顯然別有意蘊。審美之中不乏諷刺，詩的內涵也更豐富了。「南朝」二字更給這幅畫面增添悠遠的歷史色彩。此詩舉佛寺之多，實概言當時文物之盛，而今則隨歷史風塵而湮滅，眼前唯見山郭水村，樹綠花紅，煙雨飄忽。古今盛衰之感，在此表現得極為婉曲蘊藉。

　　如果說前兩句寫的是鳥、花、木、水、山、風，詩人勾勒出的是空間平面圖的話，那麼，三四句追憶往昔，又勾勒出了時間立體圖。詩人緊緊抓住曾繁華一時的南朝佛寺作為刻畫對象，並有意將「多少樓臺」置於「煙雨」之中，增添了幾分神秘，幾分朦朧。縱覽全詩，詩人由遠到近，由今到古，構成了一幅立體江南春光圖。

　　詩中「千里」二字，下得有分量，大大開闊了詩的境界。可是明代楊慎《升菴詩話》卻認為：「千里」當是「十里」之誤，因為「千里鶯啼」誰人聽得？「千里綠映」誰人見得。這說明楊慎忽視了詩歌創作的特點，才有此誤讀。此外，詩人用「寺」代指佛教，並用「四百八十」這個虛數來修飾，不但使詩歌富於形象感，也照應著首句中的「千里」，更為重要的是表現了南朝時代佛教盛行的狀況，並為後面結句中的抒情奠定基礎。此處採用了模糊數字。它不能言清，也不需言清，太明白了，太確切了反而就會失去詩味，在模糊、朦朧中顯現意境。這一點為精確數字所不及。又如白居易詩「虛似天台山上月明前，四十五尺瀑布泉」（《繚綾》）中的「四十五尺」也應理解為模糊數目。這個看似精確實為模糊數字在詩中把「繚綾」之長形容出來。

將赴宣州留題揚州禪智寺〔1〕

故里溪頭松柏雙，來時盡日倚松窗〔2〕。杜陵隋苑已絕國，秋晚南遊更渡江〔3〕。

【注釋】

〔1〕此詩開成二年（837）秋作。杜牧應宣州觀察使崔鄲之辟，為宣州團練判官、殿中侍御史內供奉，離揚州赴宣州前之作。宣州，今安徽宣城。禪智寺，參見《題揚州禪智寺》詩注〔1〕。

〔2〕故里：故鄉。盡日：整天。松窗：對著松樹的窗子。

〔3〕「杜陵」二句：謂家鄉長安與揚州已經相隔遙遠，而此秋晚之時，我將要渡江去更遠的地方宦遊。杜陵：在今陝西西安東南。古為杜伯國。本名杜原，又名樂遊原。秦置杜縣，漢宣帝在此築陵，故稱杜陵。此處代指鄉梓。杜牧在詩中每以杜陵客自稱，如《睦州四韻》：「殘春杜陵客，中酒落花前。」隋苑：園名；又名西苑，蓋仿長安園林建造。隋煬帝時建，故址在今江蘇揚州西北。絕國：本指極遠的邦國，《淮南子‧脩務訓》：「絕國殊俗，僻遠幽閒之處，不能被德承澤，故立諸侯以教誨之。」此形容故鄉與揚州相距極遠。

【簡評】

這是抒發宦遊者濃烈思鄉之情的作品。詩人用渲染、襯托、層進的手法，寫出了對故鄉的思念。詩從遠處落筆，說故里溪頭的兩株臨窗松柏烙印在記憶中，當年離別時曾盡日倚窗凝望。距離家鄉非常遙遠的地方是此地揚州，可是現在還要渡江，到比揚州更遠處宦遊。詩人將對於家的思念具體化為對松柏的癡情。南下時分，一定是惦記著返鄉的日子。誰知道在這秋風蕭瑟、群雁南飛的時刻又要遠行；而揚州與家鄉已經是恍如異域啊！只有遠離故里的飽受思鄉之苦的人，才能寫出如此詩章。

詩中有鄉思，也有對未來的悵惘，含思蕭寥，婉曲切情。全詩無一特別鍛鍊處，純以情感真切、構思精巧取勝，宋歐陽修《踏莎行》「平蕪盡處是春山，行人更在春山外」的抒情取徑與此詩相似。

唐代詩人趙嘏曾作《和杜侍御題禪智寺南樓》：「樓畔花枝拂檻紅，露天香動滿簾風。誰知野寺遺鈿處，盡在相如春思中。」比杜牧詩更為風流駘蕩，二人引為知音，來往遂密，且友誼保持終身。趙嘏亦有詩：「白首尋人羞問計，青雲何路覓知音。唯君懷抱開於水，他日門牆許醉吟。」（《題杜侍御別業》）視杜牧為可以傾訴懷抱、放縱醉吟的知音。

題宣州開元寺水閣〔1〕

六朝文物〔2〕草連空，天淡雲閒〔3〕今古同。鳥去鳥來山色裏，人歌人哭水聲中〔4〕。深秋簾幕千家雨，落日樓臺一笛風〔5〕。惆悵無因見范蠡，參差煙樹五湖東〔6〕。

【注釋】

〔1〕此詩作於開成三年（838）秋。時杜牧任宣州（今安徽宣城）團練判官。《樊川文集》詩題作《題宣州開元寺水閣，閣下宛溪，夾溪居人》，據《才調集》卷四，「閣下宛溪，夾溪居人」為題注，則原詩誤將題注誤為題目，今改。宣州：唐代州名，在今安徽省宣州區。開元寺、宛溪：參見《題宣州開元寺》詩注〔1〕〔4〕。水閣：開元寺中臨宛溪而建的樓閣。夾溪居人：夾宛溪兩岸居住著許多人家。

〔2〕六朝：東吳、東晉、宋、齊、梁、陳，相繼建都於建康（今南京市），為南朝六朝。《宋史·張守傳》：「建康自六朝為帝王都。」又，魏、晉、後魏、北齊、北周、隋也稱六朝，因建都於北方，稱北朝六朝。唐詩中吟詠多指南朝六朝。開元寺建於東晉，是六朝的遺跡，故杜牧題詩聯想到六朝的滅亡。文物：具有歷史與藝術價值的古代文化遺存。

〔3〕淡：恬靜。閒：悠閒。

〔4〕「鳥去」二句：寫宛溪自然風光與居人生活。人歌人哭：指人生之喜慶哀喪，即生死過程。此化用《禮記·檀弓下》語意：「歌於斯，哭於斯，聚國族於斯。」意思是祭祀時可以在室內奏樂，居喪時可以在這裡痛哭，也可以在這裡宴聚國賓及會聚宗族。詩中借指宛溪兩岸的人世世代代生活於水雲鄉。

〔5〕簾幕：窗簾、帷幕等室內陳設。家：表處所，猶處。一笛風：喻指秋風淒厲之聲。

〔6〕「惆悵」二句：謂遙望煙樹迷蒙之太湖，慨歎自己不能像范蠡那樣為國家建功立業。無因：無緣，無由，無法。范蠡，字少伯，春秋楚宛人。仕越為大夫，輔佐越王句踐發憤圖強，滅掉吳國。以句踐為人可與患難，不能共安樂，便功成身退，「遂乘輕舟以浮於五湖，莫知其所終極。」事見《國語·越語》。參差（cēn cī）：高低不齊的樣子。煙樹：霧氣籠罩的樹叢。五湖：古今說法不一。一以太湖為五湖，見《國語》韋昭注；二以太湖附近四湖（滆湖、洮湖、射湖、貴湖）為五湖，見《後漢書·馮衍傳》注；三謂五湖非一湖，且並不在一地，見《史記·河渠書》索隱。本詩之五湖泛指太湖流域。詩歌中常用五湖泛

指隱居的地方。

【簡評】

　　詩人在開元寺水閣登臨憑眺，想到此地曾經有過六代繁華，如今只見連天的秋草，古今千年，同樣是天澹雲閒，但人世已經歷過多少滄桑！當此風物長存而繁華不再之時，不由想起功成身退、泛舟五湖的范蠡。詩即景抒情，融寫景與懷古於一爐，並賦予深邃的人生哲理，涵容極大，且俊爽明快，是不可多得的佳作。清許印芳言：「此詩全在景中寫情，極脫灑，極含蓄，讀之再三，神味益出，與空講風調者不同。」（《瀛奎律髓匯評》卷四）

　　首聯寫登臨覽景，勾起古今聯想，造成一種籠罩全篇的氣氛，將自然的永恆、歲月的流逝、人事的變遷的感慨和思考都包容在其中了。頷聯將人世變易的感慨，滲透在具體的景色描寫中。這兩句看似寫眼前的景色，但同時與古代相通。自然的永恆、生命的短暫無奈、人生豐富的畫卷都融合於這兩句詩中，充滿了深刻的思考和深邃的情感。

　　頸聯寫宛溪兩岸深秋景色，上句寫雨景，下句寫晴景，對仗工巧，錯落有致。這兩種景色一明一暗，一陰一晴，在現實中是難以同時並存的。詩人將視覺描寫、聽覺描寫以及內心的無限感觸三者緊密地結合起來，透露出清秋中悽楚的情愫。尾聯詩人心頭驀然開始懷念范蠡；渴望能夠像范蠡那樣得到君王的賞識與重用，實現匡時濟世的遠大理想，然而時運的不濟，只能讓詩人內心充滿對前程的茫然，恰如這眼前的如煙縹緲的景色。

　　全詩情景融鑄，思理含蓄，筆致清絕，俊爽明快，在《樊川詩集》中，是一篇「直造老杜門牆」（《一瓢詩話》）的代表性作品。作品蘊含著濃鬱的懷古傷今、借古抒懷的藝術手法，體現了作者內心的苦悶和茫然。

宣州送裴坦判官往舒州，時牧欲赴官歸京〔1〕

　　日暖泥融雪半銷〔2〕，行人芳草馬聲驕〔3〕。九華山〔4〕路雲遮寺，青弋江〔5〕村柳拂橋。君意如鴻高的的〔6〕，我心懸旆正搖搖〔7〕。同來不得同歸去〔8〕，故國逢春一寂寥〔9〕。

【注釋】

〔1〕此詩開成四年（839）初春作，時杜牧遷左補闕，將離宣城赴官入京。裴坦，字知進，河東（今山西太原）人。及進士第，入宣州觀察使府為幕吏，召拜左拾遺、史館修撰。歷楚州刺史，為職方郎中、知制誥，官至中書侍郎同中書門下

平章事。杜牧在宣州，與裴坦是同僚，裴亦為判官。開成四年（839）春，裴坦赴舒州辦公務，杜牧欲赴京尚未行，故先作詩送之。判官：官名。參見《自宣州赴官入京，路逢裴坦判官歸宣州，因題贈》詩。舒州：春秋時期係皖國封地，安徽省簡稱皖，即源出於此。唐屬淮南道，州治懷寧縣，今安徽潛山市。

〔2〕「日暖」句：和煦的陽光照耀大地，積雪大半已消融，解凍的路面布滿泥濘。泥融：泥濘。銷：融化。

〔3〕行人：行旅之人，指裴坦。馬聲驕：馬鳴歡快，情緒昂奮。

〔4〕九華山：古稱陵陽山、九子山，位於安徽省池州市青陽縣境內。是中國佛教四大名山之一，有「佛國仙城」之稱。有九十九峰，以天台、蓮華、天柱、十王等九峰最為雄偉，素有「東南第一山」之稱。傳說因唐朝李白《望九華贈青陽韋仲堪》詩：「昔在九江上，遙望九華峰。天河掛綠水，秀出九芙蓉。」而更名為「九華山」。參見《太平御覽》卷四六引《九華山錄》、顧野王《輿地志》及《太平寰宇記》等。

〔5〕青弋（yì）江：在安徽境內。源出石埭縣之舒溪，東北流經涇縣匯涇水為賞溪。又東北受幓溪、琴溪諸水，始為青弋江。經宣城及南陵、方山諸縣，西北流至蕪湖入長江。裴坦由宣州往舒州須經九華山、青弋江。

〔6〕「君意」句：意謂裴急於赴任如鴻悠悠高飛。的（dí）的：形容詞；猶言悠悠。這裡形容心情舒暢。

〔7〕「我心」句：謂詩人惜別之時心神不安，猶如懸掛在空中的旗幟般空虛。懸旆（pèi）：懸掛在空中隨風飄蕩的旌旗。同「懸旌」，比喻心神不定。搖搖：心神不安。《詩·王風·黍離》：「行邁靡靡，中心搖搖。」又《戰國策·楚策一》：「寡人臥不安席，食不甘味，心搖搖如懸旌，而無所終薄。」

〔8〕「同來」句：謂自己與裴坦一起從京城到宣州任職，裴坦前往舒州，自己將歸京赴任，不能同行。

〔9〕「故國」句：設想自己在風光明媚的春日裏，隻身回到京城，將會感到非常寂寞。故國：指杜牧故鄉長安。一：強調語氣的助詞。寂寥：寂寞。

【簡評】

贈別詩一般是情詞哀苦，此詩不然，它以質樸親切明快的語言，抒發了對於宣城美麗春景的熱愛和臨別時的淡淡哀愁。詩中樂景襯哀情、虛實結合手法和比喻修辭的運用，將該詩含蓄委婉的抒情特點體現得淋漓盡致，真摯的感情更是打動人心。

　　首聯勾勒出一幅春郊送別圖。芳草既是景色也暗含離別之情，馬的嘶叫聲勾起的更是離人的悲傷；既交代了送行的時間、環境，又渲染了離別時的氛圍。此聯體現了樂景襯哀情的手法。頷聯展示出兩幅美景，屬於想像與虛寫，前句是朋友征程要路過的遠景，後句是眼前的餞別景色，體現了虛實結合的手法。這裡以形象的描繪取代單調的敘述，語言洗練精美，富有韻味。這兩句一寫山，一寫水；一寫遠，一寫近。靜景中含有動態，畫面形象而生動，給人一種身臨其境的感覺。頸聯集中地寫出了送行者與行者不同的心態。前後兩個比喻修辭，使得此詩的表現手法豐富多樣，更增強了詩作情感表達的生動形象性。尾聯前句將朋友和自己的相逢與別離做了總結，後句則想像離別之後孤單寂寞和對彼此的思念，虛實結合的手法，表達了作者和友人之間深厚的情誼。

　　詩的上半寫景，下半抒情。景突出其明麗，情偏重於感傷，實以麗景反襯惆悵。作者緊扣初春的特點，把日光、泥土、殘雪、行人、芳草、馬蹄、山路、寺廟、雲霞、江村、楊柳有機地搭配在一起，勾勒出一幅春郊送別圖，而惜別之意，自在其中。下半集中寫詩人內心的失落與痛苦。環境描寫與詩人惆悵心情構成一種強烈對比。

　　牧之送別的裴坦，此時正值中舉，春風得意，而自己則已宦海浮沉多年，早不復當初的少年意氣了。縱有千言萬語想要囑咐於仕途還茫然無知的友人，卻是不合時宜，無從說起；待要再見，又不知是何年何月了。人生無根蒂飄如陌上塵，說到底，雪落了又融，春天來了又走，知交聚了又散，時間從未停駐，我們都是這天地間，寂寥而不由自主的客人。

句溪夏日送盧霈秀才歸王屋山將欲赴舉〔1〕

　　野店正紛泊〔2〕，繭蠶初引絲。行人〔3〕碧溪渡，繫馬綠楊枝。苒苒〔4〕跡始去，悠悠〔5〕心所期。秋山念君別，惆悵桂花時〔6〕。

【注釋】

〔1〕此詩開成三年（838）作，時杜牧在宣州為幕吏。句溪：溪名，在宣州。盧霈：
　　字子中，范陽人。開成三年赴進士試，次年客遊代州，南歸為盜所殺。見杜牧
　　《唐故范陽盧秀才墓誌》。秀才：應舉者的通稱。王屋山：在山西陽城、垣曲兩
　　縣間。一名天壇山。其山三重，其狀如屋，故名。
〔2〕紛泊：飛揚。《文選・左思・蜀都賦》：「毛羣陸離，羽族紛泊。」唐元稹《有鳥》：

「可憐鴉鵲慕腥膻，猶向巢邊競紛泊。」

〔3〕行人：出門遠行的人。

〔4〕苒苒：同「冉冉」，漸進的樣子；漸漸離去貌。

〔5〕悠悠：深思，憂思。唐喬知之《定情篇》：「去時思灼灼，去罷心悠悠。」

〔6〕惆悵：感傷的樣子。桂花時：既表明秋天時令，又暗寓盧霈赴舉，將欲折桂。唐人謂登進士第為折桂，故桂花時亦有舉進士之時節意。晉人郤詵以賢良對策中上第，自誇為天下第一。《晉書‧郤詵傳》：「（郤詵）以對策上第，拜議郎。……累遷雍州刺史。武帝於東堂會送，問詵曰：『卿自以為何如？』詵對曰：『臣舉賢良對策，為天下第一，猶桂林之一枝，崑山之片玉。』帝笑。」後遂將「中第」稱為「折桂」。朝廷科舉中選拔人才稱登科為「折桂」。

【簡評】

盧霈秀才從宣城返回其十餘年來居處、學習《孝經》《論語》的王屋山，將進京赴進士考試。杜牧作詩送行，表達自己的真誠祝願。登進士第猶如蟾宮折桂，乃人生至為榮耀、至為得意之事。杜牧希望自己在秋桂花開之時，於惆悵、等待中得到盧霈高中的消息。可惜盧霈秀才不但當年未得高中，且於次年客遊代州，竟為盜所殺。杜牧聞訊，悲痛失聲，為之作《唐故范陽盧秀才墓誌》，其中寫道：「生嘗曰：『丈夫一日得志，天子召座於前，以笏劃地，取山東一百二十城，唯我知其甚易爾。』因言燕趙間山川夷險，教令風俗，其所來由，明白如彩畫，一一可以目睹。」這段話道出了杜牧與盧秀才的心靈相通之處，在於收復燕趙、平定山東，統一河山，以消國破之憂；也使我們明白了宣州進京赴試者絕非盧霈一人，而杜牧唯作詩相贈予盧霈一人的因由所在。

清王夫之《唐詩評選》卷三評此詩：「於生新取光響，自有風味，此種亦不自晚唐始。中唐人盡棄古體，以箋疏尺牘為詩，六義之流風凋喪盡矣。樊川力回古調，以起百年之衰，雖氣未盛昌，而擺脫時蹊，自正始之遺澤也。顧華玉稱其溫厚，洵為知言。」

自宣城赴官上京〔1〕

蕭灑江湖十過秋，酒杯無日不遲留〔2〕。謝公城畔溪驚夢，蘇小門前柳拂頭〔3〕。千里雲山何處好，幾人襟韻一生休〔4〕。塵冠掛卻知閒事〔5〕，終把蹉跎〔6〕訪舊遊。

【注釋】

〔1〕本詩作於開成四年（839）初春，時杜牧三十七歲，離開宣城進京赴任左補闕、
史館修撰。宣城：即今安徽省宣城。上京：古代對京都的通稱。《陳書・廢帝紀》：
「仍遣使人蔣裕鉤出上京。」唐詩中指首都長安，義同帝京。唐韓愈《送李員
外院長分司東都》：「今歲春光動，驅馳別上京。」

〔2〕「蕭灑」二句：詩人自謂優游江湖，已逾十載，無日不流連醉酒。蕭灑：形容人
的超逸脫俗；今一般寫作「瀟灑」。杜牧於大和二年（828）十月入沈傳師江西
幕，後歷佐宣歙、淮南幕，內擢監察御史，復入宣州，至開成四年已閱十一年。
言「十過秋」，約舉整數。秋：猶謂年。「酒杯」句，參見《雨中作》：「酣酣天
地寬，悅悅秫劉伍。」「一世一萬朝，朝朝醉中去。」又七絕《遣懷》，亦概括
了詩人十載間醉酒忘情之況。遲留：沉溺；流連。

〔3〕「謝公」二句：自謂十年間的放浪生活；或登臨謝朓遺址以弔古，或棲身伎樓歌
館以行樂。謝公城：即宣城。南朝齊詩人謝朓曾任宣城太守，故稱。城中有謝
公樓、謝公亭等古蹟。溪：指句溪。唐李白《贈宣城宇文太守兼呈崔侍御》：「或
弄宛溪月，虛舟信洄沿。」蘇小：《樂府詩集・蘇小小歌序》：「蘇小小，錢塘名
娼也，南齊時人。」此處代指歌妓。唐韓翃《送王少府歸杭州》：「吳郡陸機稱
地主，錢塘蘇小是鄉親。」

〔4〕「千里」二句：謂雲山勝景莫過宣城，幾人能有我之襟韻，一生豈能就此罷休？
雲山：泛指山川秀色。襟韻：襟懷抱負與風度氣質。

〔5〕塵冠掛卻：辭去世俗官職。《後漢書・逢萌傳》：「時王莽殺其子宇，萌謂友人
曰：『三綱絕矣！不去，禍將及人。』即解冠掛東都城門。歸，將家屬浮海，客
於遼東。」塵冠：謂在塵世為官。掛冠即棄官。閒事：等閒之事，平常的事。

〔6〕蹉跎：失意，虛度光陰。

【簡評】

　　此詩借物抒懷，字裏行間透露出作者在宣州十年的逍遙快樂，對往昔的懷
念和對離別宣州眷念的不捨。今昔的對比，撫今追昔的情懷，都暗含著詩人現
實的塊壘和深藏於內心的悲苦。詩人不甘心沉湎酒色，虛度年華，亦不願寄身
宦海，與世沉浮。既欲優游林下，又欲一展懷抱，有所作為，於此可見詩人赴
官上京時矛盾複雜的思想感情。此詩運用了鋪陳手法，多角度、多層面地表達
了詩人對宣城的喜愛和眷戀、眷念、不捨之情。

　　首聯概括了詩人在江湖中瀟灑地過了十年，沒有一天不飲酒作樂的。江

湖是跟中央朝廷相對而言，無日不遲留是誇張之語。頷聯承首聯之意，再次點染。運用典故，寫「瀟灑」與「遲留」的具體內容：在宣城溪邊縱情遊樂，溪水潺潺之聲常入夢中，整日出入歌妓之門，門前楊柳依依拂人。作者和謝朓同樣熱愛並陶醉於宣城的快樂生活，含蓄的抒情體現的都是在離別宣城之際，對往昔快樂的追憶，對宣城的深深依戀。頸聯轉為感慨生平，反映出詩人雖然過著詩酒風流的生活，但並不甘心終老於此。作者突然跳出對宣城的讚美和迷戀，轉而疑問大江南北的美麗風光，這種欲擒故縱的表現手法，所形成的是用更多的迷人風光來烘托宣城對作者的重大意義，突出的仍然是對宣城的喜愛。尾聯收合全詩，點明「赴官上京」之意。面對現實中平庸無聊的官吏生活，詩人萌出「塵冠掛卻」的念頭，心中似乎對仕途擢升已有了幾分淡漠。

　　「瀟灑」是全詩所要極力表現的內容。淹留酒杯，溪聲驚夢，蘇小門前，楊柳拂頭，都是瀟灑，至「幾人襟韻一生休」對瀟灑境界作一歸結。與「落魄江湖載酒行，楚腰纖細掌中輕」（《遣懷》）異曲同工。落魄不是潦倒失意，而是放蕩不羈，和此詩中的「瀟灑」是一個意思。「瀟灑」和「蹉跎」的對比是這首詩的中心，江湖中是否真的瀟灑？官場中是否真的蹉跎？到底是應該一展抱負、經世濟民，還是應該全身避禍、出世任情？這是只有詩人自己能回答的問題。

春末題池州弄水亭〔1〕

　　使君〔2〕四十四，兩佩左銅魚〔3〕。為吏非循吏，論書讀底書〔4〕。晚花〔5〕紅豔靜，高樹綠陰初。亭宇〔6〕清無比，溪山畫不如。嘉賓能嘯詠〔7〕，官妓〔8〕巧妝梳。逐日〔9〕愁皆碎，隨時〔10〕醉有餘。偃須求五鼎〔11〕，陶只愛吾廬〔12〕。趣向人皆異，賢豪莫笑渠〔13〕。

【注釋】

〔1〕本詩作於會昌六年（846）暮春，時杜牧四十四歲，為池州刺史。弄水亭：詳見《題池州弄水亭》詩注、詩評。

〔2〕使君：州郡長官之尊稱，此詩人自謂。漢代州郡長官稱使君，唐代州郡的長官稱刺史。

〔3〕銅魚：隋唐時朝廷頒發的銅製魚形之符信。刻字於符陰，剖而分執之。左符交給刺史，右符藏於庫中。刺史到任，即以左右魚符合契以為憑信。程大昌《演

繁露》卷六：「唐世所用以貯魚符者，是之謂袋。袋中實有符契，即右一而與左
二合者也。凡有召或使令，即從中出半契，合驗以防詐偽。」唐朝官員五品以
上佩銅魚。杜牧接連任刺史於黃州和池州，故云「兩佩」。唐白居易《送蘇州李
使君赴郡二絕句》：「今日賀君兼自喜，八回看換舊銅魚。」

〔4〕「為吏」二句：意謂自己雖兩任刺史，並不能稱為循吏；作為讀書人也嘗論書衡
文，然究竟又讀了些什麼書？循吏：奉職守法的官吏。非循吏，為作者自謙。
底：何；什麼。唐人習見口語。唐王維《愚公谷三首》：「緣底名愚谷，都由愚
所成。」

〔5〕晚花：暮春之花。

〔6〕亭宇：泛指亭臺樓閣，這裡特指弄水亭。

〔7〕嘉賓：尊稱來賓；貴客。《詩·小雅·鹿鳴》：「我有嘉賓，鼓瑟吹笙。」嘯詠：
猶嘯歌；吟詠，歌唱。唐李節《贈釋疏言還道林寺詩》：「僞仰兮嘯詠，鼓長江
兮何時還。」

〔8〕官妓：入樂籍的女妓。唐時官場酬應會宴，有官妓侍候。可參看明王錡《寓圃
雜記》卷一「官妓之革」條。一作「宮妓」，誤。

〔9〕逐日：天天，連日。唐白居易《首夏》：「料錢隨月用，生計逐日營。」

〔10〕時：指季節、時令。

〔11〕「偃須」句：謂西漢名臣主父偃熱中功名利祿。偃：即主父偃，年少時貧窮無以
為生，多方遊歷都沒有得到賞識，但是他仍然不放棄對建功立業的執著追求，
上書給漢武帝。以力主削弱諸侯王勢力、抑制豪強、抗擊匈奴等深獲武帝賞識。
任郎中，一年之中四遷官，至中大夫。他曾表達自己的志向說：「丈夫生不五鼎
食，死則五鼎烹耳。」見《漢書·主父偃傳》。五鼎：古代祭禮，大夫用五鼎盛
羊、豕、魚等肉食。五鼎食，謂列五鼎而食。鼎，古代炊器，三足兩耳。後用
以形容貴族官僚生活的奢侈。亦喻高官厚祿。《史記·平津侯主父列傳》：「且丈
夫生不五鼎食，死即五鼎烹耳。」張晏注：「五鼎食，牛、羊、豕、魚、麋也。
諸侯五，卿大夫三。」

〔12〕「陶只」句：謂陶淵明願隱居不仕，只愛恬淡的田園生活。陶：東晉詩人陶淵
明，不為五斗米折腰，退隱鄉里。陶淵明《讀山海經》：「眾鳥欣有託，吾亦
愛吾廬。」

〔13〕「趣向」二句：謂人各有志，賢士豪傑欲建功立業無可非議，自己嚮往隱退躬耕
莫笑他人。趣向：志趣意向。賢豪：賢士豪傑。渠：他，第三人稱代詞。

【簡評】

此詩與《題池州弄水亭》意旨大體相同，而結構精巧，筆致流美，亦見風采。

詩之第一層寫為官心情。年過不惑，只兩守僻郡，筆底頗見牢騷。「為吏」二句更屬自嘲。第二層寫景物之美；將池州風光、弄水亭景色描摹如畫。寫景頗為工整，「晚花」二句最有思致。第三層寫詩人常與賓客吟詩唱和、聽歌賞舞，可見詩酒流連、美女侍側之風流。最後詩人表示不慕榮華富貴，不求功名利祿，但願趨步陶潛，掛冠去職，歸隱田園。面對如此好景，而欲效法陶淵明隱逸之志，也暗寓詩人不得志的感慨。曠達倜儻的表象後面，流露出詩人對社會人生的熾熱的關切。表現了詩人玩世不恭與不忘懷世情的矛盾複雜心情。當然，這種志向的表達，實際更多地還是在抒發自己的牢騷不平。

此詩為五言排律，四句為一組，對偶工整，融敘事、寫景、議論於一體。宋袁說友《東塘集》卷十八《池州弄水亭記》：「會昌中，刺史杜牧之為詩二章，其言草木組麗，風露光潔，山溪幽足，四時異趣，亭不勝其景也。」宋曾季貍《艇齋詩話》評曰：「春晚景物說得出者，惟韋蘇州『綠陰生晝寂，孤花表春餘』，最有思致。如杜牧之『晚花紅豔靜，高樹綠陰初』，亦甚工，但比韋詩，無雍容氣象爾。」

登池州九峰樓寄張祜〔1〕

百感中來不自由〔2〕，角聲孤起〔3〕夕陽樓。碧山終日思無盡，芳草何年恨即休〔4〕。睫在眼前長不見，道非身外更何求〔5〕。誰人得似張公子〔6〕，千首詩輕萬戶侯〔7〕。

【注釋】

〔1〕本詩作於會昌五年（845），杜牧時任池州刺史。池州：治所在秋浦，今屬安徽省貴池。九峰樓：杜牧《唐故處州刺史李君墓誌銘》云：「城東南隅樹九峰樓，見數千里。」為李方玄任刺史時建。九峰樓亦稱九華樓。唐霍總有《九華樓》詩。張祜：字承吉，南陽（今河南南陽）人，一作清河（今山東武城）人，寓居姑蘇（今江蘇蘇州）。屢舉進士不第，終生為處士。有詩名，與時流多有唱和。元和、長慶間，為令狐楚所器重，又客於淮南。大中中卒於丹陽隱居。事蹟見《唐才子傳》卷六《張祜傳》。關於本詩的寫作緣起，唐范攄《雲溪友議》卷四記之甚詳，《唐詩紀事》卷五二略同。

〔2〕「百感」句：言在樓上不由自主地百感叢生。百感中來：種種複雜的感情從心中湧來。中：指內心。不自由：不由自主。三國魏曹操《短歌行》：「憂從中來，不可斷絕。」

〔3〕角聲孤起：謂畫角之聲從遠處傳來，引起詩人內心的孤寂之感。

〔4〕「碧山」二句：謂遙望碧山，整日思念無盡；面對芳草，心中悵恨何年能消？碧山：喻指張祜隱居的青山。芳草：喻賢人；借指張祜。《楚辭·招隱士》：「王孫遊兮不歸，春草生兮萋萋。」戰國屈原《九章·思美人》：「惜吾不及古人兮，吾誰與玩此芳草。」

〔5〕「睫在」二句：謂睫毛就在眼前卻總是視而不見，大道本非身外何必到處追求？此二句批評白居易對張祜的不公正待遇。唐范攄《雲溪友議》載白居易任杭州刺史的時候，張祜和徐凝都到杭州去請白居易薦舉自己考進士。白居易當場讓兩人作詩，覺得徐凝作的詩更好，就推薦徐凝。張祜不服回了老家，徐凝也沒去應試，兩人都一輩子沒再考。「睫在」句，用《史記·越王句踐世家》典：「齊使者曰：『幸也越之不亡也！吾不貴其用智之如目，見豪毛而不見其睫也。今王知晉之失計，而不自知越之過，是目論也。』」《索隱》：「言越王知晉之失，不自覺越之過，猶人眼能見豪毛而自不見其睫。故謂之『目論』也。」道非身外：道德修養不是外在的東西。《孟子·離婁上》：「道在邇而求諸遠，事在易而求諸難。」

〔6〕得似：能像，能比得上。張公子：指張祜。漢成帝劉驁喜便裝出遊，自稱為富平侯家的張公子。詩歌中借指貴族公子或用為對張姓男子的美稱。《漢書·外戚傳·孝成趙皇后傳》：「先是有童謠曰：『燕燕尾涎涎，張公子，時相見……』」成帝每微行出，常與張放俱，而稱富平侯家，故曰『張公子』。」唐錢起《秋霖曲》：「貂裘玉食張公子，烹炙薰天戟門裏。」

〔7〕「千首」句：謂張祜以詩足以傲世，官高爵顯者都可蔑視。辛文房《唐才子傳》卷六《張祜傳》：「祜能以處士自終其身，聲華不借鐘鼎，而高視當代，至今稱之。」唐陸龜蒙《和過張祜處士丹陽故居》：「承吉短章大篇，為才子之最，賢俊之士及高位重名者，多與之遊。或薦之於天子，書奏不下；亦受辟諸侯府，性狷介不容物，輒自劾去。以曲阿地古淡有南朝遺風，遂築室種樹而家焉。」輕：作動詞，輕視、蔑視的意思。萬戶侯：食邑萬戶之侯，形容高官厚祿。語本《史記·李將軍列傳》：「如令子當高帝時，萬戶侯豈足道哉！」以上二句又暗用富平侯張安世事，安世為漢張湯子，擢尚書令，遷光祿大夫。昭帝時封富

平侯，「尊為公侯，食邑萬戶」。後與大將軍霍光定策廢昌邑王，立宣帝，以功拜大司馬。事蹟附見《漢書‧張湯傳》。詩句實以兩張公子做比較，謂張安世以功業得名當時，以封萬戶侯，而張祜則以千首詩超過張安世。

【簡評】

會昌五年，杜牧在池州刺史任上，秋九月與張祜登齊山，別後作此詩，表達了重九登高後的無盡愁緒和對友人的思念，讚頌了張祜的才華與瀟脫不羈的個性。白居易任杭州刺史時，張祜曾前往拜謁，並請求他推薦自己參加進士試，為其所拒。杜牧有感於白居易非難張祜，以「誰人得似張公子，千首詩輕萬戶侯」之句，為張祜鳴不平，也暗寓自己失意的牢騷。此詩把詩人自己對白居易的不滿與對張祜的同情、慰勉和敬重，非常巧妙而有力地表現了出來。

首句用逆挽之筆，傾瀉了滿腔感喟。眾多的感慨一起湧上心頭，已經難於控制了。「角聲」句勢遒而意奇，為勾起偌多感歎的誘因。此聯以先果後因的倒裝句式，造成突兀、警聳的藝術效果。頷聯承上而來，抒發別情。離思是無形的，把它寄寓在路遠山長的景物中，便顯得豐滿、具體，情深意長了。詩人利用具有多層意蘊的詞語暗示讀者，引發出豐富的聯想，思致活潑，婉轉關情。

頸聯思筆俱換，由抽象的心中的懷想，轉為安慰對方。目不見睫，喻人之無識，這是對白居易的微詞。「道非身外」，稱頌張祜詩藝之高，有道在身。自此，詩的境界為之一換，格調也迥然不同，可見作者筆姿的靈活多變。尾聯則就將此發揮得淋漓盡致了。「誰人得似」，推崇之高，無以復加。「千首」句補足「誰人得似」句意，大開大合，結構嚴謹。在杜牧看來，張祜把詩看得比高官厚祿更重，有誰及得上他的清高豁達呢？

全詩從「百感」二字寫起，「角聲孤起」於夕照下的高樓，更渲染出登高望遠，觸興感懷，情不由己之況。頷聯對偶精雅，情詞委婉，既有對張祜的思念，也有無限不平之感。後四句則進一步展開不平之鳴，挑戰錢塘定案。「誰人」二字，鏗鏘有力而音節瀏亮，矯傲恢奇而自然暢達，是對詩友最高的肯定和最好的慰藉。

此詩為抒情佳作，氣格清高俊爽，興寄深遠，情韻悠長；由後向前，層層揭起，恰似倒捲簾櫳，一種如虹意氣照徹全篇，化盡涕洟，並成酣暢。這種旋折迴蕩的藝術腕力，是很驚人的。詩裏表現出多種複雜的感情，有紛雜的悵觸，綿渺的情思，氣類的感憤，理趣的闡發和名士所特具的瀟脫與豪縱。

風骨錚錚，窮極變化。它將對朋友的思念、同情、慰勉、敬重等，一一恰到好處地表現出來，含蓄婉轉而又激情蕩漾。

張祜看到這首詩後，和作一篇《和杜使君九華樓見寄》，可參看。

齊安郡晚秋〔1〕

柳岸風來影漸疏〔2〕，使君家似野人〔3〕居。雲容水態還堪賞，嘯志歌懷亦自如。雨暗殘燈棋欲散，酒醒孤枕雁來初〔4〕。可憐赤壁〔5〕爭雄渡，唯有蓑翁〔6〕坐釣魚。

【注釋】

〔1〕本詩約會昌三年（843）作，時杜牧在黃州刺史任。齊安郡：即黃州，南齊置齊安郡、縣，隋廢郡，省縣入黃岡。故址在今湖北黃岡西北。唐文人習慣稱州為郡，刺史為太守，故此處言齊安郡。

〔2〕「柳岸」句：謂秋風蕭瑟，岸畔柳葉凋落稀疏。

〔3〕使君：州郡長官之尊稱，此詩人自謂。漢代州郡長官稱使君，唐代州郡的長官稱刺史。野人：鄉野之人，平民。

〔4〕「雲容」四句：描寫詩人閒淡孤寂的生活：白天賞玩雲煙水色，閒來吟嘯抒懷；殘燈暗淡的雨夜與友人一起下棋，酒醒後孤枕難眠又看到北雁南飛。還：猶言卻。此句言雖如野居，其地山水卻可觀賞。嘯志歌懷：嘯歌，《詩·召南·江有汜》：「之子歸，不我過。不我過，其嘯也歌。」嘯，撮口作聲。「嘯志」與「歌懷」同義，表達情感志向；含意是吟詠歌唱，消遣情懷。自如：不拘束，活動不受阻礙。

〔5〕可憐：可歎。赤壁：指黃州附近的赤壁磯，亦名赤鼻磯。此並非當年三國鏖兵處，然作者和宋代蘇軾在黃州時都藉以抒發歷史感慨。參見《赤壁》詩注〔1〕。

〔6〕蓑（suō）翁：穿著蓑衣的漁翁。蓑，一種草或棕做的雨衣。

【簡評】

黃州在唐朝是個僻遠小州，戶口不足兩萬。作者守黃州，是被人排擠出朝的，因而頗有投閒置散之感。詩寫外放之後的寂寞苦悶情懷，也透露出閒逸的情思。且通過古今對比，抒發人世滄桑之感。全詩筆意流暢，神韻疏朗。首尾呼應，構思巧妙，無一閒筆。全篇鍊字精工，謀篇嚴謹，騰挪跌宕，意脈緊湊，是不可多得的精品。

首聯點題。「柳岸風來」本是尋常之筆，而詩人接以「影漸疏」三字，則

情境迥異。頷聯、頸聯四句則選取不同的場景具體地描繪日常生活情趣。詩人白天流連於山水之間、嘯歌於林泉之下的情景,流露出淡然自足、樂在其中的意趣。面對漫長秋夜,秉燭對局,本為清雅之事;然而「雨暗」「殘燈」,那投射在零散棋盤上的身影顯得多麼孤寂。「酒醒」一句使人想到酒醉的情形。「棋欲散」與「雁來初」相對,從低頭所見轉到傾耳所聞,場景的轉換,使人意會到:就在這寂寞清冷之中,漫長的秋夜悄然度過了。黃州的生活貌似閒散自在,其實是寂寞冷清的。寂寞苦悶中隱含淡淡鄉愁。

以上三聯以散淡的筆法描寫日常生活場景,畫面轉換平緩,語調平靜,而詩人不平靜的情感隱藏在畫面之中。而尾聯筆勢一轉,畫面一下子跳到往昔,情感的流動也猛然加快。言外之意,我雖有建功立業的雄心,如今被排擠到黃州,不得不逍遙於山水林泉之間,與樵夫漁翁為伴了。昔日英雄而今安在,往日壯志而今難酬!一聲喟然長歎,將詩人不得意的情懷婉轉深沉地傾訴出來。

全詩所寫並非一時之事,而是一段時間內生活與情緒的總和。頸聯雨暗、燈殘、棋散、酒醒、枕孤、雁來之事,並非一定同時發生,而被作者選取出來營造出一特殊境界。造境而非寫境,這是中晚唐詩歌的特徵之一。從章法而論,首聯賦景、頷聯寫事、頸聯抒情、尾聯議論,布局清晰。兩個對偶句,頷聯用虛詞提神,頸聯則全用實詞,句法富於變化。

九日齊山登高〔1〕

江涵秋影〔2〕雁初飛,與客攜壺上翠微〔3〕。塵世難逢開口笑,菊花須插滿頭歸〔4〕。但將酩酊酬佳節,不用登臨恨落暉〔5〕。古往今來只〔6〕如此,牛山何必獨沾衣〔7〕。

【注釋】

〔1〕本詩作於會昌五年(845)重陽日,杜牧時任池州刺史。會昌五年秋,張祜來池州拜訪杜牧,同登齊山,杜牧作此詩。九日:陰曆九月九日,為重陽節,古有登高飲酒佩茱萸以驅邪之習。《續齊諧記》:「桓景隨費長房遊學累年,長房謂曰:『九月九日,汝家中當有災,宜急去,令家人各作絳囊,盛茱萸以繫臂,登高飲菊花酒,此禍可除。』景如言,舉家登山,夕還,見雞犬牛羊一時暴死。長房聞之曰:『此可代也。』今世人九日登高飲酒,婦人帶茱萸囊,蓋始於此。」齊山:在安徽省貴池縣東南,怪石嶙峋,洞窟幽深,岩壑秀美,峽峪險峻,為江南名山之一。馮集梧注引《四庫全書總目》曰:「齊山有十餘峰,以其正相齊

等，故曰齊山。或曰：唐刺史齊映有善政，嘗好遊，因而得名。」

〔2〕江涵秋影：指空中諸景倒映於澄靜的秋江。涵：涵括、包容。秋影：猶秋色、秋景。此詩之秋，意境深遠，曠達悲壯；不是頹廢而更顯灑脫。

〔3〕客：謂張祜。攜壺：攜帶酒具。翠微：山色清翠縹緲稱為翠微。多借指環境美好，猶如仙境一般。也指青翠掩映的山腰幽深處。詩中常代稱青山。杜牧詩亦特指齊山的翠微洞與翠微亭。翠微洞，《輿地紀勝》卷二二《江南東路·池州》：「刺史李方玄會昌中摩崖刻有《侍岩記》：『有洞五：曰翠微，曰寄隱，曰子招，曰妙峰，曰紫微，而翠微特高。』即唐杜牧九日所登。」翠微亭，杜牧為刺史時所建。宋周必大《九華山錄》：「其上即翠微亭，是為山巔。杜牧之云：『江涵秋影雁初飛。』此地此時也。」（《說郛》卷六四下引）

〔4〕「塵世」二句：謂人生難得歡樂，遇此佳節，又得與友人同登齊山，自應插花滿頭，盡興而歸。塵世：猶言人世，人間。開口笑：世俗生活中，開口笑的日子很少；指難得的歡樂心情。《莊子·盜跖》：「人上壽百歲，中壽八十，下壽六十，除病瘦死喪憂患，其中開口而笑者，一月之中，不過四五日而已矣。」菊花：古代重陽節有頭上插菊花的習俗。《太平廣記》卷四十引《續神仙傳》：「許碏插花滿頭，把花作舞，上酒家樓醉歌，升雲飛去。」杜牧即化用其意。

〔5〕「但將」二句：意謂當此佳節勝景，只須盡情痛飲，不必悵惘傷感。酩酊（míng dǐng）：酣醉的樣子。《晉書·山簡傳》：「童兒歌曰：『山公出何許，往至高陽池。日夕倒載歸，酩酊無所知。』」此句暗用晉朝陶淵明典故，《藝文類聚》卷四引《續晉陽秋》：「陶潛嘗九月九日無酒，宅邊菊叢中摘菊盈把，坐其側，久望，見白衣至，乃王弘送酒也。即便就酌，醉而後歸。」登臨：登山臨水或登高臨遠，泛指遊覽山水。落暉：夕陽餘暉；人生遲暮的象徵。

〔6〕只：盡，全。

〔7〕「牛山」句：謂何必像當年齊景公那樣感念生死而落淚呢？形容不必要地對景興悲。牛山：在今山東省淄博市。《晏子春秋·內篇·諫上》載：齊景公遊牛山，北望國都流著淚說：真美啊！我為什麼還會離開它去死呢？艾孔和梁丘據也跟著垂淚，晏子卻在旁邊發笑。景公問他為何發笑，晏子回答說：要是賢明的君主能長久擁有自己的國家，那麼太公、桓公就會長久地擁有了；要是勇敢的君主能長久地擁有自己的國家，那麼莊公、靈公就會長久地擁有了。是他們相繼成為國君，又相繼死去，才輪到您，您卻為此流淚，這是不仁義的。我看到了一個不仁義的君主，又看到了兩個阿諛奉承的大臣，所以發笑。景公慚愧，

舉杯自罰。其事亦見《韓詩外傳》卷十一。何必：不必。

【簡評】

杜牧與張祜都懷才不遇，同命相憐，故九日登齊山時，感慨萬千，因而此詩是抒發憤慨之作。但杜牧卻故作曠達語，抑鬱的情思難以排遣，而又不得不強自排遣。歡聚逢重陽，登臨勝境，表面欣喜，實則悲恨填胸，心內淒惻。從詩句中，可以清楚的讓人感受到詩人情感上的掙扎。

首聯一開始描繪了滿目秋景，遊興勃勃。詩人登山遊目覽觀所見。可算得良辰、美景、賞心、樂事兼具，賢主、嘉賓歡聚一堂。「涵」字極有氣勢，點出長江的浩蕩無際。頷聯夾敘夾議，寫出了詩人矛盾的心情。語雖達觀而意含抑鬱；詩人以曠達的言辭、近於失態的舉動來掩飾心中的失落。頸聯是慰客自慰，感情的轉折由隱而顯。一個是遠州刺史，一個是失意處士，二人懷才不遇，同病相憐。身處逆境，他們只好故作曠達。尾聯由眼前登山，聯想到齊景公的牛山墜淚，感受到人生無常，是古往今來盡皆如此的。詩人的曠達，在語言情調上表現為爽利豪宕。

首句尤受激賞，《唐詩鼓吹箋注》卷六曰：「江涵秋影，俯有所思也；新雁初飛，仰有所見也。此七字中已具無限神理，無限感慨。」頷聯為唐詩名句，既然塵世難逢開口笑，又何不菊花插得滿頭歸呢？詩人將無限抑鬱的情思化成名士登高的清狂和笑看古往今來的體悟，給人器大韻高、豪爽真率之感，讓人想見作者曠達的胸襟和俊朗的氣度。此聯，尤為警策，是歷來為世人傳誦的名句。

全詩爽快健拔而又含思淒惻，向被推為佳作。後來繼作者甚多。後世以「齊山詩酒」為重陽登高飲酒賦詩的典故。宋劉克莊《心園春·答九華葉賢良》：「與牧之高會，齊山詩酒，謫仙同載，采石風濤。」總之，這首登山抒懷詩，以生花之筆，寫曠達之懷；用文學作品，談哲學道理。筆力雄渾，寄寓深遠，在眾多詠重陽的詩作中盡顯風流。

池州春送前進士蒯希逸〔1〕

芳草復芳草〔2〕，斷腸〔3〕還斷腸。自然堪下淚，何必更殘陽〔4〕。楚岸〔5〕千萬里，燕鴻三兩行〔6〕。有家歸不得，況舉別君觴〔7〕。

【注釋】

〔1〕本詩約作於會昌五年（845）或六年（846）春，時杜牧在池州刺史任上。前進

士：唐代稱進士及第而尚未授官者。蕭希逸：字大隱，會昌三年（843）登進士第。《全唐詩》存詩一首。為杜牧詩友。生平見《唐摭言》卷三及卷十、《唐詩紀事》卷五五、《登科記考》卷二二。

〔2〕「芳草」句：以眼前景起興，用無邊之芳草象徵綿綿不盡之情意。芳草：即香草。復，表示強調。

〔3〕斷腸：形容極度思念或悲傷。傳說桓溫率軍過三峽，部下捉到幼猿，母猿尾隨百餘里，腸寸斷而死。也作腸斷、斷猿。唐詩用此典多見於贈別、哀傷、吟猿等詩作。《世說新語‧黜免》：「桓公入蜀，至三峽中，部伍中有得猿子者。其母緣岸哀號，行百餘里不去，遂跳上船，至便即絕。破視其腹中，腸皆寸寸斷。公聞之怒，命黜其人。」唐李群玉《人日梅花病中作》：「去年今日湘南寺，獨把梅花愁斷腸。」

〔4〕「自然」二句：謂離別之情已足催人淚下，而況當此夕陽殘照之時。堪：足以。何必：副詞；用反問的語氣表示不必。更：還，再。

〔5〕楚岸：楚地的江岸。因池州古屬楚國，故稱。

〔6〕燕鴻：向北飛去的鴻雁。燕（yān），先秦姬姓諸侯國名，在今河北省一帶，後因以指代北方。因為雁從北方飛來，現在又飛回北方，故稱燕鴻。三兩：表約數。

〔7〕「有家」二句：詩人家長安，故以不得歸家寫其被外放而不能供職朝廷之苦悶鬱塞心情，亦兼表送別之意。觴（shāng），酒杯。

【簡評】

此詩運用寫景興情的方法，抒發了送友惜別之意和自己的愁悶心情。全詩情思縈懷，盤旋往復，將與友人惜別之際心潮起伏之狀表現得十分細膩。以物興意，流暢自然，抒情平淡而真摯。此詩寫法與通常五律不同，用倒捲簾法，先賦而後興，首聯頷聯抒情，頸聯方始寫景。

首聯對偶，「芳草」與「斷腸」複沓使用，渲染出沉鬱低迷的送別氣氛，將別離之恨劈空寫出，給讀者以強烈的印象。「復」字之妙，不僅表重疊，更加強了往來反覆之意；不僅寫出芳草連天之景，更寫出了「離恨恰如春草，更行更遠還生」（李煜《清平樂》）的動態感。「斷腸」句也是極盡騰挪、一翻再翻的寫法，可見其痛之深。頷聯以情語接情語，內容上承接首聯進一步渲染別恨之深重，從邏輯上講則是倒敘。腸已斷盡，再言下淚及殘陽，則將先前如瀑布倒捲一般堆起的感情，一瀉而下，力重千鈞。一輪殘陽如血，把日

將暮的陰影投落在裝滿離愁的心上，更添幾分慘淡之色。「自然」「何必」都是虛字對仗，以議論來言情，使得情感更為強烈，幾帶淒厲之聲。這幾句詩從「芳草」到「殘陽」，景中帶情，娓娓敘來，將離情別緒層層深化，真情溢於言表！

頸聯方始真正寫景。詩人運用寫景興情的手法，以鴻雁北飛興起羈留他鄉的愁緒。高闊的楚天之上，鴻雁「三兩行」，景象空漠淡遠，同時又給人以清淒落寞的感覺，宛如是詩人此時心境的寫照。晚唐張泌《河傳》：「夕陽芳草，千里萬里，雁聲無限起。」此即從杜牧詩而來。尾聯辭淺情深，將先前憾恨之由輕輕拈出。先前斷腸所恨者，不僅是今日之別離，更是數年來之思鄉。隨著時間越長而蘊藏越深，因此思鄉之詩往往偏於深沉哀婉。詩人將思鄉之苦借送別之機，用一種富有激情和爆發力的筆調寫出，構思新穎。

杜牧寫詩好用拗峭之筆，此詩是一例，從構思到章法到句法到字法到音律，無不拗峭，以拗峭得抑揚頓挫之節、悲思慷慨之妙，且全詩純用白描，未用典故，將拗峭之思用極為精巧而自然的語言表達出來，富有強烈的感染力，實為送別詩中的精品。

齊安郡中偶題二首〔1〕

　　兩竿〔2〕落日溪橋上，半縷輕煙柳影〔3〕中。多少綠荷相倚恨，一時回首背西風〔4〕。

　　秋聲無不攪離心〔5〕，夢澤兼葭楚雨深〔6〕。自滴階前大梧葉，干君何事〔7〕動哀吟。

【注釋】

　〔1〕本詩約作於會昌三年（843）秋，時杜牧為黃州刺史。齊安郡：參見《齊安郡晚秋》詩注〔1〕。偶題：偶然寫成。多用作詩題。

　〔2〕兩竿落日：落日僅有兩竹竿高。日落西山給人衰落淒涼之感，表達悲傷的情緒。「兩竿」由「三竿」演化而來，原以形容太陽升高，時近中午。如《南齊書・天文志》：「日出高三竿。」唐劉禹錫《竹枝詞九首》：「日出三竿春霧消，江頭蜀客駐蘭橈。」而此則用以描寫落日之景，不言「三竿」而稱「兩竿」，狀日之將落，即傍晚時分。

　〔3〕半縷：從「一縷」演化而來，「一縷」已甚輕細，何況「半縷」。造語清新。輕煙柳影：指輕霧籠罩著柳樹，影影綽綽。

〔4〕「多少」二句：謂滿溪荷葉相簇相擁，西風吹過，隨風翻轉，似含無限愁情。一
　　　時：副詞，猶言一齊、同時。

〔5〕秋聲：秋風蕭瑟之聲。攪離心：攪動著離別家園之情。

〔6〕夢澤：即云夢澤。此處代指黃州附近的湖澤。詳見《雲夢澤》詩注〔1〕。蒹葭
　　　（jiān jiā）：蒹，荻；葭，蘆葦；為常見值賤的水草。《詩・秦風・蒹葭》：「蒹
　　　葭蒼蒼，白露為霜。所謂伊人，在水一方。」楚雨：黃州在雲夢澤地區，古屬
　　　楚國，故稱。楚，古國名，指湖南、湖北一帶。

〔7〕干君何事：如俗語「關你什麼事？」干：觸犯，冒犯；關連，涉及。

【簡評】

　　杜牧任黃州刺史是受李德裕的排擠，心情不佳，他便將這種情緒融注於所
描寫的草木之中。這兩首絕句都是即景抒情之作；輕倩秀豔，意境蘊藉，引人
入勝；寫景極佳，而筆筆有情。「多少綠荷相倚恨」，「秋聲無不攪離心」，都是
典型的移情表現。

　　第一首寫黃州初秋暮景，如一幅黃昏風荷工筆圖。畫面上落日斜墜溪橋，
柳影迷蒙，輕煙若有若無。水面上綠荷被西風吹動，剎那間都葉葉相倚，含恨
回首。秋日黃昏所見之風荷景象，優美如畫。

　　開篇兩句純寫景物，落日、煙柳之景，畫面略帶暗淡，情調略帶感傷。
對偶工整，構思精巧，造語清新。這是為引逗出下半首的綠荷之「恨」而安排
的合色的環境氣氛。三、四兩句運用擬人手法寫綠荷之隨風翻動，與前淒清
淡遠之氛圍融為一體。既在寫景之時刻畫入微地曲盡風荷的形態、動態；又
在感物之際別有所會地寫出風荷的神態、情態。筆下傳神，字裏含情。一葉
落而知天下秋，每讀古人的詩句，總是會被濃濃的悲秋情緒緊緊包裹，悲秋
之情古已有之。時至唐代，悲秋之聲達於頂峰，詩作中俯拾皆是。「多少綠荷」
一聯，描寫荷葉暗寓傷秋的情緒；含有詩人之恨，表露了傷感不平之情；在
詩人的眼底、筆下，連無情的綠荷，也彷彿充滿了哀愁。

　　第二首是一幅暮雨寫意圖。此詩描寫秋天的齊安景物，寄託了詩人背井
離鄉的悵恨心情。寫秋日雨景，通過秋聲楚雨，階前梧葉，構成秋雨圖畫。楚
雨、蘆荻、大澤，大筆塗抹遠景，接著鑲上階前梧桐滴雨的近景，粗枝大葉，
別具風流，以「雨」連接，融合渾然。詩中字字皆秋色，句句皆秋色，吟之身
寒，且融入「哀吟」等主觀情緒，愁恨嫵淡，一詠三歎。結句以反問句式襯托
悵惘之情，將秋聲催動鄉思，喚醒離情，寫得含蓄蘊藉，婉轉動人。作者將哀

情移於梧葉之上,從而達到情景交融的境地。白居易《長恨歌》「春風桃李花開夜,秋雨梧桐葉落時」,以景傳情,二者可謂異曲同工。而溫庭筠之《更漏子》「梧桐樹,三更雨。不道離情正苦。一葉葉,一聲聲,空階滴到明。」其意境與句式則顯從杜牧詩中化出。

齊安郡後池絕句〔1〕

菱透浮萍綠錦池〔2〕,夏鶯千囀弄薔薇〔3〕。盡日〔4〕無人看微雨,鴛鴦相對浴紅衣〔5〕。

【注釋】

〔1〕本詩約作於會昌三年(843)夏,時杜牧為黃州刺史。齊安郡:參見《齊安郡晚秋》詩注〔1〕。

〔2〕「菱透」句:謂翠菱掩露青萍綠透一池錦水。菱:一年生水生草本植物,葉子略呈三角形,葉柄有氣囊,夏天開花,白色。果實有硬殼,四角或兩角,俗稱菱角,可以食用。浮萍:浮生在水面上的一種草本植物。葉扁平,呈橢圓形或倒卵形,表面綠色,背面紫紅色,葉下生鬚根,花白色。綠:此處作動詞用,使動用法。錦池:池塘的美稱;即題中的「齊安郡後池」。

〔3〕「夏鶯」句:謂鶯兒在薔薇枝上宛轉嬌啼。鶯:一種鳥,聲音清脆。囀(zhuàn):指鳥婉轉地鳴叫。薔薇:植物名。落葉或常綠灌木,種類很多,莖直立、攀緣或蔓生,枝上密生小刺,羽狀複葉,小葉倒卵形或長圓形,花有多種顏色,有芳香味,可供觀賞。有的花、果、根可入藥。薔薇在中國是特指那種藤蔓上的薔薇花。常常用於農家的籬笆,庭院的綠牆上。薔薇也有家生和野生之分,其區別就在於前者的樹叢和花朵較為大些。玫瑰、月季和薔薇在薔薇科中並稱「三傑」。南朝梁江洪《詠薔薇》:「當戶種薔薇,枝葉太葳蕤。」

〔4〕盡日:猶終日,整天。《淮南子‧泛論訓》:「盡日極慮而無益於治,勞形竭智而無補於主。」

〔5〕鴛鴦:水鳥名。詳見《春日言懷寄虢州李常侍十韻》注〔7〕。浴:洗。紅衣:指鴛鴦的彩色羽毛。宋祖可《菩薩蠻》:「鴛鴦如解語,對浴紅衣去。」

【簡評】

此詩寫夏日景物,筆意輕靈,色彩豐富,情趣盎然。是寫景的佳作。全詩含蓄凝煉,情景交融,宛如一幅風景畫。最大特點是觀察入微,選景不僅具有典型性,且切合自己的情趣,因而顯得天衣無縫。

　　第一句寫的是靜景。第二句寫池塘之外的景色。三、四兩句寫閒時所見之景。滿池的浮萍透出菱葉，宛如一片綠錦，黃鶯在薔薇中聲聲囀啼。因微雨濛濛，故無人賞景，鴛鴦相對戲浴得就更加歡快。詩人把這些生機盎然、雜呈眼底的景物，加以剪裁，組合成詩，向讀者展示了一幅清幽而妍麗的畫圖。

　　此詩運用了以動表靜、以聲響顯示幽寂的手法。它所要表現的本是一個極其靜寂的環境，但詩中不僅有禽鳥浴水、弄花的動景，而且還讓薔薇叢中傳出一片鶯聲。動與靜、聲與寂，看似相反，其實相成。南北朝王籍《入若耶溪》詩「蟬噪林逾靜，鳥鳴山更幽」一句，正道破了這一奧秘。「盡日」二句，以動襯靜，寫出了後池的幽深和寂靜，作者對此獨注情感；更以「無人」反襯後池之清幽與詩人終日觀賞之悠閒，極為傳神。後人作詞，常翻用其境。如《樂府雅詞》載無名氏《九張機》：「四張機，鴛鴦織就欲雙飛。可憐未老頭先白，春波碧草，曉寒深處，相對浴紅衣。」

　　此詩之使人產生美感，還因為它的設色多彩而又協調。在色彩的點染上，交錯使用了明筆與暗筆。「綠錦池」「浴紅衣」，明點綠、紅兩色：「菱」「浮萍」「鶯」「薔薇」，則通過物體暗示綠、黃兩色。出水的菱葉和水面的浮萍都是翠綠色，夏鶯的羽毛是嫩黃色，而初夏開放的薔薇花也多半是黃色。就整個畫面的配色來看，第一句在池面重疊覆蓋上菱葉和浮萍，好似織成了一片綠錦。第二句則為這片綠錦繡上了黃鳥、黃花。不過，這樣的色彩配合也許素淨有餘而明豔不足，因此，詩的末句特以鴛鴦的紅衣為畫面增添光澤，從而使畫面更為醒目。「綠」「弄」「浴」，都是精心鍛鍊的字眼，十分傳神，使詩平添了許多生氣。

題齊安城樓〔1〕

　　嗚軋江樓角〔2〕一聲，微陽瀲瀲落寒汀〔3〕。不用憑欄〔4〕苦回首，故鄉七十五長亭〔5〕。

【注釋】

〔1〕本詩約作於會昌三年（843）秋，時杜牧為黃州刺史。齊安：唐郡名。參見《齊安郡晚秋》詩注〔1〕。

〔2〕嗚軋（yà）：象聲詞，號角吹響的聲音。古時在城樓吹號角以報時。江樓：指黃州的城樓。角：古軍樂器名，其聲嗚然，催人奮發。

〔3〕微陽：夕陽餘輝。晉潘尼《上巳日帝會天淵池詩》：「谷風散凝，微陽戒始。」

漱（liàn）漱：猶冉冉；緩慢、漸近貌。寒汀：秋冬時節的水中小洲。汀，水邊平地。

〔4〕憑欄：身倚欄杆。

〔5〕「故鄉」句：此用唐李白《淮陰書懷寄王宋城》「沙墩至梁苑，二十五長亭」詩意，表達詩人思鄉之情。故鄉，謂杜牧家鄉長安。七十五長亭：唐制三十里置一驛，驛有亭，以供行人休憩。據唐杜佑《通典·州郡十三》載：「（齊安郡）去西京二千二百五十五里。」黃州距長安正好是七十五個驛亭。長亭：秦漢時於道路每隔十里設長亭，故亦稱「十里長亭」。為行人休憩及餞別之處。南北朝庾信《哀江南賦》：「十里五里，長亭短亭。」

【簡評】

此詩以平淡口吻描摹眼前景物，抒發思鄉之情，也含蓄地透露出他對黃州外任的不滿。杜牧在黃州，遠離故鄉長安，登上齊安城樓，聞畫角初動，引起低徊漫想；而夕陽西下，憑欄遠眺，煙波茫茫，更牽動對家鄉的思念。

第一句來勢突兀，用得恰到好處。象聲詞「嗚軋」用在句首，造成一種晴空霹靂的感覺。二句承上，號角聲造成的是一種淒涼的氣氛；一「寒」字既寫出了水中汀州在黯淡無光的夕陽照射下的清冷場景，也暗示了詩人的淒涼心境。三句轉折：在日夕時分，最易牽動的是思鄉懷人的情腸。四句道出原委：故鄉遙遠，雖有思鄉之情，也不能馬上回返，只能是空自煩惱。這裡以否定的語勢，形成唱歎，起到了強化詩情的作用。此詩先寫齊安城樓之景，一為耳聞，一為目見。後寫登高所引起之鄉思，隱隱流露不滿於刺史職位之意。末以「七十五長亭」之數，屈指計程，狀故鄉之遙，示鄉思之深。詩句之妙處，一為寫實，二用數字，三是融注感情。

此詩末句用數字入詩，是為了表達情感，讓人覺得真切，稱得上運用數字入詩的妙手。這裡的數字垛積還別有妙處，它以較大數目寫出「何處是歸程，長亭更短亭」的家山遙遠的情景，修辭別致；而只見歸程，不見歸人，意味深長；同時助推了詩旨的深化。別具一格的數字入詩，此為著名一例。

此詩語言質樸，景色描寫簡約卻飽含情感，簡單幾個意象就勾畫了獨立於暮色的情景，這是典型的白描手法的體現。在情感的抒發上更是真切動人，句句滿含那不能歸家的悲傷。悲苦心境，溢於言表。全詩寫得語盡意綿，又灑脫自如。

池州李使君歿後十一日處州新命始到後見歸妓感而成詩〔1〕

　　縉雲〔2〕新命詔初行，才是孤魂壽器〔3〕成。黃壤不知新雨露〔4〕，粉書空換舊銘旌〔5〕。巨卿哭處雲空斷〔6〕，阿鷔歸來月正明〔7〕。多少四年遺愛事〔8〕，鄉閭生子李為名〔9〕。

【注釋】

〔1〕本詩會昌五年（845）作。李使君：李方玄，字景業，荊州石首人。進士及第，任江西幕判官、池州刺史，有善政。罷池州，任處州刺史，未及到任，會昌五年卒於宣城客舍。傳見《新唐書・李方玄傳》。杜牧另有《唐故處州刺史李君墓誌銘》《上池州李使君書》《祭故處州李使君文》。

〔2〕縉雲：郡名，即處州。唐治所在今浙江麗水。《新唐書・地理志》：「江南道處州縉雲郡。」

〔3〕壽器：棺材，棺木。《後漢書・孝崇匽皇后傳》：「斂以東園畫梓壽器。」注：「稱壽器者，欲其久長也。猶如壽堂、壽宮、壽陵之類也。」

〔4〕新雨露：指皇帝新下詔書任命其為處州刺史事。雨露，喻帝王恩澤。

〔5〕「粉書」句：謂銘旌上所寫的官銜因為新詔已下而更換。銘旌：靈柩前的旗幡。用絳帛粉書。品官則借銜題寫曰某官某公之柩，士稱顯考顯妣；另紙書題姓名，黏於旌下。大斂後，以竹槓懸之依靈右。葬時去槓及題者姓名，以旌加於柩上。據唐杜佑《通典》記載：銘旌以絳，廣充幅，三品以上，長九尺，五品以上，長八尺，六品以下七尺，皆書某官封姓名之柩。宋代與唐制基本相同，尺寸略有異。宋朱熹《家禮・喪禮・立銘旌》亦載。

〔6〕「巨卿」句：以範式與張劭的關係喻杜牧與李方玄的友情。巨卿：東漢範式字巨卿。範式與張劭（字元伯）為友，張劭卒後，範式夢見張劭呼喊：「巨卿，吾以某日死！」醒後趕往張劭家時，靈柩已至墓穴而不肯進，「遂停柩移時，及見有素車白馬，號哭而來。其母望之曰：『是必范巨卿也。』巨卿既至，叩喪言曰：『行矣元伯！生死路異，永從此辭。』」事見《後漢書・範式傳》。巨卿哭，借指哭悼亡友。

〔7〕「阿鷔」句：用鍾繇嫁妾事喻杜牧對李方玄後事的關心。《三國志・魏書・朱建平傳》：「荀攸、鍾繇相與親善。攸先亡，子幼。繇經紀其門戶，欲嫁其妾，與人書曰：吾與公達曾共使朱建平相，建平曰，荀君雖少，然當以後事付鍾君。吾時啁之曰：惟當嫁卿阿鷔耳。何意此子竟早殞沒，戲言遂驗乎！今欲嫁阿鷔，使得善處。」阿鷔，荀攸之妾的小名，後用以代稱他人的妻妾。此借指歸妓。

〔8〕「多少」句：謂李方玄為池州刺史四年，很受州人愛戴。李方玄會昌元年至四
　　年為池州刺史。遺愛：遺留給世人之仁愛，此處指李方玄在池州之善政。杜牧
　　《唐故處州刺史李君墓誌銘並序》：「凡四年，政之利病，無不為而去之，罷去
　　上道，老民攀苦。」

〔9〕「鄉閭」句：謂池州鄉間百姓生子以李作為姓名。鄉閭，鄉里。此句化用古代
　　賢吏任延故事以稱讚李方玄。《後漢書·任延傳》：東漢任延為九真太守，「九
　　真俗以射獵為業，不知牛耕，……延乃令鑄作田器，教之墾闢。田疇歲歲開
　　廣，百姓充給。又駱越之民無嫁娶禮法，……延乃移書屬縣，各使男年二十
　　至五十，女年十五至四十，皆以年齒相配。其貧無禮娉，令長吏以下各省奉
　　祿以賑助之。同時相娶者二千餘人。是歲風雨順節，穀稼豐衍。其產子者，始
　　知種姓。咸曰『使我有是子者，任君也。』多名子為『任』」。

【簡評】

　　詩寫李方玄在池州的功績與池州人民對他的愛戴，表現杜牧對李方玄的
懷念之情，真摯感人。

見劉秀才與池州妓別〔1〕

　　遠風南浦〔2〕萬重波，未似生離別恨多。楚管能吹柳花怨〔3〕，吳姬爭唱竹
枝歌〔4〕。金釵橫處綠雲〔5〕墮，玉箸凝時紅粉〔6〕和。待得枚皋〔7〕相見日，
自應妝鏡笑蹉跎〔8〕。

【注釋】

〔1〕此詩約會昌四年至六年（844～846）作。秀才：優異之才。《史記·屈原賈生列
　　傳》：「吳廷尉為河南守，聞其秀才，召置門下，甚幸愛。」唐代的「秀才」也
　　和後來不同。唐初曾設置「秀才科」與明經、進士並設為舉士科目，但不久廢
　　除。之後「秀才」成了應舉之人的泛稱。參見《送劉秀才歸江陵》詩注〔1〕。

〔2〕南浦：泛指面南的水邊。戰國屈原《九歌·河伯》：「子交手兮東行，送美人兮
　　南浦。」南朝江淹《別賦》：「春草碧色，春水淥波，送君南浦，傷如之何。」
　　後因泛指水邊送別的地方。詩歌中多描寫分離送別時的傷感情懷。古人水邊送
　　別並非只在南浦，但由於長期的民族文化浸染，南浦已成為水邊送別之地的一
　　個專名了。人們便用「南浦」作為送別詩的意象。唐王維《齊州送祖二》：「送
　　君南浦淚如絲，君向東州使我悲。」

〔3〕楚管：楚地的樂管，楚笛。柳花：楊花，古時楊柳常通用。南北朝庾信《春

賦》：「新年鳥聲千種囀，二月楊花滿路飛。」此指柳絮。詩中指歌曲《楊白華》。《樂府詩集·無名氏·楊白花》：「《梁書》曰：楊華，武都仇池人也。少有勇力，容貌雄偉，魏胡太后逼通之。華懼及禍，乃率其部曲來降。胡太后追思之不能已，為作《楊白華》歌辭，使宮人晝夜連臂踏足歌之，聲甚淒婉。……陽春二三月，楊柳齊作花。春風一夜入閨闥，楊花飄蕩落南家。含情出戶腳無力，拾得楊花淚沾臆。秋去春還雙燕子，願銜楊花入窠裏。」唐孟浩然《賦得盈盈樓上女》：「燕子家家入，楊花處處飛。」事見《梁書·楊華傳》。

〔4〕吳姬：吳地的美女。吳，即今江蘇省一帶，這裡古代是吳國的地域。姬，美女。竹枝歌：《竹枝》，樂府《近代曲》之一。為巴渝一帶的民歌。唐劉禹錫據以改作新詞，歌詠三峽風光和男女戀情，盛行於世。劉禹錫、白居易等俱有《竹枝》《竹枝詞》之作。唐張籍《江南行》：「娼樓兩岸臨水柵，夜唱竹枝留北客。」又，唐教坊曲名，後用為詞牌。唐孟郊《教坊歌兒》：「能嘶竹枝詞，供養繩床禪。」

〔5〕金釵：婦女首飾的一種，由兩股合成。詩歌中亦以之代指女子。三國魏曹植《美女篇》：「頭上金爵釵，腰佩翠琅玕。」綠雲：喻女子之鬢髮。

〔6〕玉箸：筷子；此為比況之辭，形容婦女的淚水。南朝劉孝威《獨不見》：「誰憐雙玉箸，流面復流襟。」用以比喻眼淚，後沿用為典。唐高適《燕歌行》：「鐵衣遠戍辛勤久，玉箸應啼別離後。」紅粉：美女。

〔7〕枚皋：西漢詞賦家。《漢書·枚乘傳》：「乘在梁時，取皋母為小妻。乘之東歸也，皋母不肯隨乘，乘怒，分皋數千錢，留與母居。年十七，上書梁共王，得召為郎。……皋亡至長安。會赦，上書北闕，自陳枚乘之子。上得大喜，召入見待詔，皋因賦殿中。詔使賦平樂館，善之。拜為郎，使匈奴。」

〔8〕「自應」句：馮集梧注引《太平御覽》記東漢秦嘉為郡上掾，其妻徐淑還家，不獲面別，乃贈鏡及詩，又作書云：「頃得此鏡，既明且好，形貌文藻，世所稀有，意甚愛之，故以相與。明鏡可以鑒形。」淑答書曰：「今君征未旋，鏡將何施行？明鏡鑒形，當待君至。」秦嘉、徐淑夫妻的愛情故事，因為他們的詩文贈答而成為文學史上的佳話。秦嘉贈詩作為五言抒情詩的成熟之作，被視為東漢文人五言詩創作進入繁榮期的標誌。秦嘉、徐淑夫妻贈答詩，最早見於南朝陳徐陵所編《玉臺新詠》卷一。蹉跎：虛度光陰。

【簡評】

　　這是以旁觀者身份所作的詩。開篇兩句寫的是生別離之多之悲；詩人化

抽象為具體，「生離別恨」彷彿隨著「遠風」泛起的「南浦萬重波」；由無形的思念變為有形的牽掛和想往，把思念的情感推向極致。中間四句，寫分別之際，劉秀才和池州妓的依依難捨的情景；令人魂牽夢縈欲罷不能。最後兩句是設想以後重逢之景。

　　杜牧具有暢快、倜儻、疏爽、豪放的性格，但本質仍是豪放剛直的。即使在豔情詩中也時時露出一種豪氣。此詩儘管全寫的是與歌妓的離別之情，但最後卻以感歎歲月蹉跎作結，其意不僅在青樓紅粉、舞榭歌臺一面，其中也包含了壯志難酬、不能及時建功立業的感慨。全詩語言沖淡自然，筆法細膩。「遠風」二句堪稱千古名句。對仗詞句登峰造極，妙不可言。

池州廢林泉寺〔1〕

　　廢寺碧溪上，頹垣倚亂峰〔2〕。看棲歸樹鳥，猶想過山鍾。石路尋僧去，此生應不逢。

【注釋】

〔1〕林泉寺：馮集梧注：「《一統志》：太平羅漢寺，在貴池縣內西街，唐林泉寺地也。宋太平興國初改建，唐杜牧有《廢林泉寺》詩。」據此詩所云，詩當作於會昌間武宗毀佛之後，且於杜牧任池州刺史時。又杜牧會昌四年秋至六年九月在池州刺史任，則此詩約作於會昌五年八月至六年（845～846）九月間。

〔2〕頹垣：倒塌的牆。亂峰：雜亂錯落的山峰。唐於武陵《斜谷道》：「亂峰連迭嶂，千山綠峨峨。」

【簡評】

　　此詩描寫的是一座因會昌法難而被拆毀的寺廟，流露出了一種「寺廟雖毀，禪心猶存」的思想。杜牧對於武宗的反佛也持支持態度，他主要是從國計民生方面考慮，又認識到有人假佛以行惡。不過，對於大肆毀佛而造成的寺毀僧逃慘象，他也懷著些許同情憐惜之情。他初來池州時曾遊覽過林泉寺。此次再遊，寺卻被拆毀了；面對殘垣頹壁，他不由得一陣傷感。

　　晚唐會昌年間，唐武宗大力打擊佛教勢力。在全國開展了一次大規模的「滅佛」運動，史稱「會昌法難」。會昌四年（844）下令拆毀天下山房蘭若並令被拆寺僧尼還俗。據會昌五年武宗詔載，天下共拆寺四千六百餘所，還俗僧尼二十六萬零五百人。拆招提蘭若四萬餘所。經過這次打擊，佛教許多宗派一蹶不振，而「教外別傳，不立文字」的佛教禪宗，在晚唐卻更加興盛起來。禪

的重精神領悟而不拘修道形式是經過中國文化改造而適合中國文化的宗教主旨。

　　杜牧親身經歷了「會昌法難」，該詩讓世人讀到在寺院毀棄後，禪的精神的存在。寺院廢棄了，但它旁邊的溪水仍清澈地流淌；寺牆坍塌了，但它四周的山峰依然聳立。大自然的生生不息似乎象徵了禪的精神。暮鳥依然歸來，遊人在懷念山寺裏傳出的鐘聲。這代表了一種人們在情感上的皈依，佛的力量、禪的根性已種入了人們心中。僧人已經不見蹤影，可能已被迫還俗，可能已混跡世間，可能已雲遊他方。然而，只要佛心在、佛性在，一念悟，眾人即佛，又何必一定要有出家僧呢。會昌之後，禪宗分宗立派更加興盛，就是因為它的不拘形式的禪道為大多數人所接受。

憶齊安郡〔1〕

　　平生〔2〕睡足處，雲夢澤〔3〕南州。一夜風欺竹，連江雨送秋〔4〕。格卑常汩汩〔5〕，力學強悠悠〔6〕。終掉塵中手〔7〕，瀟湘釣漫流〔8〕。

【注釋】

〔1〕本詩約作於會昌四年（844）九月至會昌六年（846）九月期間，時作者任池州刺史。齊安郡：指黃州，治所在今湖北黃岡。

〔2〕平生：平素、往常。

〔3〕雲夢澤：古澤藪名。詳見《雲夢澤》詩注〔1〕。黃州在其南，因稱黃州為「雲夢澤南州」。在《雪中書懷》詩中杜牧稱它「孤城大澤畔」。參見《齊安郡中偶題》詩注〔6〕。

〔4〕風欺竹：竹枝被厲風刮得很猛。連江：滿江。

〔5〕「格卑」句：自謙品格低下，常常沉溺在俗世之中。格卑：格調不高。暗喻官秩、等級卑下。格，品等，差秩。唐羅隱《哭張博士太常》：「格卑雖不稱，言重亦難忘。」汩（gǔ）汩：水急流貌，喻指文思源源不斷。

〔6〕「力學」句：謂努力學習，勉強做出悠然超脫的樣子。力學：努力學習。強：勉力，努力。悠悠：安閒靜止，超脫。

〔7〕「終掉」句：謂最終放棄了塵世。掉手：俗語，轉換、換手的意思。塵中：世俗之中，此謂仕途、官場。宋文同《彥思示望南山詩因答》：「掉手入岩峪，琴樽樂幽曠。」

〔8〕「瀟湘」句：謂在瀟湘一帶釣魚隱居。瀟湘：水名。詳見《早春寄岳州李使君，

李善棋愛酒，情地閒雅》詩注〔5〕。漫流：水流豐沛、四處流淌的河流。此指瀟湘的水流。唐戎昱《宿湘江》：「九月湘江水漫流，沙邊唯覽月華秋。」唐皎然《西溪獨泛》：「道情何所寄，素舸漫流間。」

【簡評】

　　這是作者離開黃州後所寫，詩中回憶了黃州的風光景物和在黃州的日常生活，表達了對黃州的思憶之情。前二韻回憶在黃州的日子，任風任雨；安閒自在。「一夜」二句，清峭中顯露風神，句工格高。後二韻寫現狀與心理。格調凡俗的生活在川流不息，自己力求忘情於世俗，勉強還能安閒悠靜。詩人表示終究要從仕途中徹底擺脫出來，棲身瀟湘，垂釣漫流。

　　首聯寫作者在黃州作刺史時睡足了大覺。頷聯寫黃州多風雨，整夜風吹竹響，雨連江而來，陰雨連綿，秋意彌漫。此二句筆力深厚，秋日本來已經是容易沾惹愁緒，而寒風連秋也不放過，一夜之間寒氣頓生，這兩句將冬秋交替寫得蕭殺悽楚，讓人感慨萬千。杜牧在黃州的住處多竹子，「玉子紋楸一路饒，最宜簷雨竹蕭蕭」（《送國棋王逢》）、「竹岡蟠小徑，屈折鬥蛇來。屈折歸去，知繞幾千回？」（《黃州竹徑》）杜牧在黃州時公務不多，黃州又地僻多雨，使他心情抑鬱，孤寂苦悶：「雨暗殘燈棋散後，酒醒孤枕雁來初。」（《齊安郡晚秋》）

　　頸聯言詩人在黃州寫了不少詩文，文思汩汩，且努力學習，希望在學問方面有所進益，超脫俗世。杜牧一向勤學，他在黃州雖然不得志，但是詩歌創作和學問文章都很有收穫。他在黃州的詩作遍及古詩、律詩、絕句各種體裁，其中佳句迭出，名篇很多。有優美的寫景絕句《齊安郡後池絕句》《齊安郡中偶題》；有思鄉念友的《寄浙東韓乂評事》《題齊安城樓》；有懷古攬勝的《蘭溪》《題木蘭廟》；有詠史的《雲夢澤》《赤壁》；有感慨國事的《早雁》《即事》；有感傷抒懷的《齊安郡晚秋》《雨中作》；有敘說志向的長篇五古《郡齋獨酌》《雪中書懷》等等。尾聯說他總有一天辭官不做，棄絕俗世，到瀟湘澤畔做個釣翁。杜牧僻處黃州，和被放逐江南的屈原有相似之處，所以此處隱約有屈騷之情。「瀟湘釣漫流」云云，放志抒懷之語，詩人當然不可能真的辭官歸隱，但既然不得志，與其蹉跎官場，不若暫時退隱，只是因為不能有所作為而在詩中抒發一下出世之志。

　　全詩語言清拔，風格淡逸。在研究黃州刺史以後杜牧的思想和心態方面，本詩是非常值得注意的作品。

池州清溪〔1〕

　　弄溪終日到黃昏，照數秋來白髮根〔2〕。何物賴君千遍洗，筆頭塵土漸無痕〔3〕。

【注釋】

　　〔1〕本詩約作於會昌五年（845）秋，時杜牧在池州刺史任。清溪：溪名。唐李白《秋浦歌》：「清溪非隴水，翻作斷腸流。」王琦注：清溪在池州府城北五里，源出考溪，與上路嶺水合流，經郡城至大江。

　　〔2〕「弄溪」二句：謂終日盤桓溪邊，溪水清澈如鏡，秋來新添之白髮根根可數。弄溪：賞玩溪水。唐王建《酬柏侍御答酒》：「這度自知顏色重，不消詩里弄溪翁。」數（shǔ）：計。

　　〔3〕「何物」二句：意謂長期受清溪環境薰染，雜念全消，情懷高潔，詩筆亦隨之清新高雅。

【簡評】

　　這是一首很有情味的小詩，全部神理都從詩題一個「清」字生出。因其溪「清」，故詩人整日流連，不願離去；而水清鑒人，秋來新添的白髮都了然可見。這兩句是實寫。後二句筆致宕開，用設問語氣說，為何經清水洗滌，心中塵俗、筆下雜念，全然蕩盡，情懷變得高潔，詩意也臻於清新。是什麼使他千百遍地在此濯洗？是心頭的無限憂悒、憂思、才思、文思、詩思。正是憑藉著這清溪之水，清洗了他的筆頭，使他的文思、才思清朗明晰，能夠筆底生花。明胡震亨《唐音戊籤》卷五五三評曰：「詠水至此，大出人意表，奇哉！」

遊池州林泉寺金碧洞〔1〕

　　袖拂霜林下石棱，潺湲〔2〕聲斷滿溪冰。攜茶臘月遊金碧，合有文章病茂陵〔3〕。

【注釋】

　　〔1〕此詩約作於會昌四年（844）冬，時杜牧在池州刺史任。馮集梧注：「《名勝志》：池州金碧洞，在城中之廢林泉寺，宋時為太平寺，今廢，徙建於景德寺右。」

　　〔2〕潺湲：水流貌。戰國屈原《九歌·湘夫人》：「荒忽兮遠望，觀流水兮潺湲。」唐王維《輞川閒居贈裴秀才迪》：「寒山轉蒼翠，秋水日潺湲。」

　　〔3〕文章：詩文辭賦，辭采，才華。茂陵：漢代辭賦家司馬相如，病後退居茂陵，

後世因以茂陵代稱司馬相如。亦代指貧病的文士。詩歌中多以司馬相如自喻。《史記・司馬相如列傳》:「相如既病免,家居茂陵。天子曰:『司馬相如病甚,可往從悉取其書;若不然,後失之矣。』使所忠往,而相如已死,家無書。問其妻,對曰:『長卿固未有書也。……長卿未死時,為一卷書,曰有使者來求書,奏之。無他書。』其遺札書言封禪事,忠奏其書,天子異之。」唐許渾《送前東陽於明府由鄂渚歸故林》:「茂陵久病書千卷,彭澤初歸酒一瓢。」

【簡評】

初冬時節,遊金碧洞以自遣。杜牧曾作有《池州廢林泉寺》,從側面反映了池州毀禁佛教的雷厲風行。林泉寺在貴池縣內西街,為池州香火最旺盛的大寺。滅佛前,會昌四年臘月,杜牧曾遊此寺,賦此詩。那時,他興致勃勃,但聞流水潺湲之聲,雜之溪冰,攜茶踏霜而行,尋覓靈感,謀求司馬相如般的文章。末句,深有慨歎,出守小郡之抑鬱情懷,時襲而來;空有濟世之心、經邦之志,終不見用。

即事黃州作〔1〕

因思上黨〔2〕三年戰,閒詠周公七月詩〔3〕。竹帛未聞書死節〔4〕,丹青空見畫靈旗〔5〕。蕭條井邑如魚尾〔6〕,早晚干戈識虎皮〔7〕。莫笑一麾東下計〔8〕,滿江秋浪碧參差〔9〕。

【注釋】

〔1〕本詩為會昌四年(844)秋作,時杜牧在黃州刺史任。即事:就眼前事物賦詩抒懷。黃州:地名,春秋時為弦子國,後並於楚。秦屬南郡,兩漢屬江夏郡。隋置黃州。唐治所在黃岡(今屬湖北)。

〔2〕上黨:地名。詳見《東兵長句十韻》注〔2〕。三年戰:唐武宗會昌三年(843)四月,昭義節度使劉從諫卒,他的侄子劉稹發動叛亂,朝廷派兵征討,次年平定。

〔3〕周公七月詩:指《詩・豳風・七月》。《毛詩序》云:「《七月》,陳王業也。周公遭變,故陳后稷先公風化之所由,致王業之艱難也。」此處借詠《七月》詩,以表現國事之艱難。

〔4〕竹帛:竹簡和絹帛,古時用以書寫文字的載體。死節:為節義而赴死。臣為國死曰節,為道死稱義。此處指為國捐軀。

〔5〕丹青：本指丹砂青䓉兩種礦石顏料，因其不易褪色，故史家以此比喻一個人業績昭著，又因為丹冊多記勳，青冊多記事，故丹青猶言史籍。此句含蓄表示河北藩鎮的危機仍然存在，征討並不能說取得徹底勝利。靈旗：古代畫有招搖星（北斗第七星）的軍旗，征伐時所用的戰旗。《漢書・禮樂志》：「招搖靈旗。」注：「畫招搖於旗以征伐，故稱靈旗。」詩意寓託靈以迅速平定叛亂之意。

〔6〕「蕭條」句：謂當時內戰發生，徵調頻繁，人民勞苦，農村蕭條。蕭條：疏散，稀少。唐張泌《邊上》：「山河慘淡關城閉，人物蕭條市井空。」井邑：鄉村和城鎮。參見《江南懷古》詩注〔7〕。魚尾：典出《詩・周南・汝墳》：「魴魚赬尾，王室如燬。」漢毛亨傳云：「魚勞則尾赤。」魚的體力過分消耗則尾巴發紅，比喻百姓不堪勞頓和虐政。宋蘇軾《遊金山寺》：「微風萬頃靴文細，斷霞半空魚尾赤。」此魚尾赤形容江上天邊的晚霞。

〔7〕早晚：什麼時候，何日。干戈：干，盾；戈，戟。干戈為古代戰爭常用兵器，故也用為兵器的通稱。詩文中多借指戰爭。《史記・主父偃傳》：「乃使劉敬往結和親之約，然後天下忘干戈之事。」虎皮：比喻戰爭。周武王滅商之後，為了表示不再征戰，把武器用虎皮包起來，將帥們都封侯。《史記・樂書》：「倒載干戈，苞之以虎皮。」《集解》：「鄭玄曰：『包干戈以虎皮，明能以武服兵也。』」後世用作詠罷兵息戰的典故。這裡用武王事，自述停止戰爭的願望。

〔8〕一麾東下：此處指會昌四年九月，杜牧由黃州刺史移任池州事。參見《將赴吳興登樂遊原一絕》詩注〔4〕。

〔9〕參差：高低不平，形容水波蕩漾。

【簡評】

　　杜牧身處江城，遠離朝廷，有感於上黨戰事而作此詩。表達了對藩鎮割據的擔憂，人民為戰爭所困的窘迫，以及平叛必勝的信心。「蕭條」兩句所表現的對國難的憂患感，可謂披肝瀝膽。詩末自嘲一麾東下，出守黃州，久處江城，遠離了戰爭的氛圍，語調似開朗曠達，意味卻深厚沉重。

贈李秀才是上公孫子〔1〕

　　骨清年少眼如冰〔2〕，鳳羽參差五色層〔3〕。天上麒麟〔4〕時一下，人間〔5〕不獨有徐陵。

【注釋】

〔1〕上公：周制，三公（太師、太傅、太保）八命，出封時加一命，稱為上公。晉

制，太宰、太傅、太保皆為上公。李秀才，馮集梧注：「疑是西平王（李晟）家子孫，以集中多及此一家也。」

〔２〕骨清：骨相清奇。眼如冰：形容目光炯炯有神。

〔３〕鳳羽：即鳳毛。詳見《春日言懷寄虢州李常侍十韻》詩注〔10〕。參差：不整齊的樣子。五色：指羽毛色彩絢麗。唐李嶠《鳳》：「九苞應靈瑞，五色成文章。」

〔４〕天上麒麟：麒麟，古代傳說中仁獸名。其狀如鹿，獨角，全身生鱗甲，尾像牛。多作為吉祥的象徵。《禮記·禮運》：「麟鳳龜龍，謂之四靈。」《陳書·徐陵傳》載：傳說徐陵降生前，母有異兆，生後早慧，幾歲時，有僧人說他是「天上石麒麟」。詩中多借喻傑出的人物。常被用來稱譽他人之子。唐杜甫《徐卿二子歌》：「孔子釋氏親抱送，並是天上麒麟兒。」

〔５〕人間：塵世，凡世。對天上、仙境而言。

【簡評】

此極贊李秀才年少才眾之作。骨節清逸，眼明犀利，如冰之透徹。徐陵多才，人稱「天上石麒麟」，李秀才之才堪與之相比。作為贈詩，往往有過譽之嫌，此詩亦不免入俗。

寄李起居四韻〔1〕

楚女梅簪〔2〕白雪姿，前溪碧水凍醪〔3〕時。雲罍心〔4〕凸知難捧，鳳管簧寒不受吹〔5〕。南國劍眸能盼眄〔6〕，侍臣香袖愛偎垂〔7〕。自憐窮律窮途客〔8〕，正劫孤燈一局棋〔9〕。

【注釋】

〔１〕本詩作於大中四年（850）冬，時杜牧在湖州刺史任。李起居：未詳何人。起居：起居郎或起居舍人之省稱，唐代門下省設起居郎二人，中書省設起居舍人二人，官階從六品上。掌錄天子起居法度。參見《新唐書·百官志》。

〔２〕楚女：指絕色美女。戰國宋玉《登徒子好色賦》：「天下之佳人莫若楚國，楚國之麗者莫若臣裏，臣裏之美者莫若臣東家之子。東家之子，增之一分則太長，減之一分則太短，著粉則太白，施朱則太赤。眉如翠羽，肌如白雪，腰如束素，齒如含貝。嫣然一笑，惑陽城，迷下蔡。」梅簪：頭上簪著梅花。

〔３〕前溪：古地名。在今浙江省德清縣。南朝隋唐時江南舞樂多出於此。唐無名氏《大唐傳載》：「湖州德清縣南前溪村，前朝教樂舞之地，今尚有數百家，盡習樂。江南聲妓多自此出。所謂『舞出前溪』者也。」凍醪（láo）：冬天釀造、春

天飲用的酒。

〔４〕雲罍（léi）：刻著雲雷紋圖案的盛酒器。心：罍頂蓋。

〔５〕鳳管：笙管；樂器。不受吹：指因簧寒而吹不響。唐盧照鄰《辛法司宅觀妓》：
　　　「長裙隨鳳管，促柱迭鸞杯。」

〔６〕南國：南方美女。劍眸：猶清眸；指女子的眼神；清眸顧盼，如劍刺人。唐韓
　　　愈《感春三首》：「豔姬蹋筵舞，清眸刺劍戟。」盼盼：顧盼。

〔７〕侍臣：侍奉在皇帝左右的臣子，此當指李起居。僛（qī）垂：醉舞的樣子。《詩·
　　　小雅·賓之初筵》：「亂我籩豆，屢舞僛僛。」僛僛，《傳》：「舞不能自正也。」

〔８〕窮律：古代音樂的調律分為陽律和音律，共十二律，對應十二月，窮律為十二
　　　月份。「窮律」者，十二調盡，無調可奏也。又，古人以律與歷附會，以十二
　　　律指十二月，唐人多如此。本詩前云「白雪凍醪」，又云「鳳管簧寒」，則知此
　　　處「窮律」乃取其時間與樂調之復義。窮途客：三國魏名士阮籍感時鬱悶，常
　　　駕車獨遊，逢絕路則痛哭而返。後常用於遭受挫折、陷於困境，心情悲愴。此
　　　典入詩多見於失意之作。《三國志·魏書·王粲傳》附《阮籍傳》注引《魏氏
　　　春秋》：「（阮籍）時率意獨駕，不由徑路，車跡所窮，輒慟哭而反。」唐鮑溶
　　　《寓興》：「那言阮家子，更作窮途慟。」

〔９〕劫：圍棋術語；下圍棋的一種方法，爭奪某一從屬未定的棋眼。劫棋，圍棋打
　　　劫時互攻互應，來回提子的戰局。《周書·樂遜傳》：「譬猶棋劫相持，爭行先後。
　　　若一行非當，或成彼利。」據《資治通鑑·晉紀·注》，晉代阮籍為開封令，縣
　　　城有劫賊，有人報告情況緊急，阮籍下圍棋正入迷，說：「局上有劫，亦甚急。」
　　　一局棋：一盤棋。亦用以比喻世事。唐張祜《喜王子載話舊》：「累話三朝事，
　　　重看一局棋。」

【簡評】

　　此詩前二韻寫時地與心境。時值冬末，梅簪白雪，若眉翠肌白之楚女玉
立。然凍醪不能飲，鳳管難成聲，無歡可言，究其因乃「心凸」「簧寒」，此
四字正是詩人心情的暗喻。後二韻先轉過一筆寫李起居。其有南國美女與之
共舞，香袖飄飄，不勝風流。繼而回到自我描寫。窮律窮途，寫其淒悲之情；
孤燈劫棋，喻其孤寂惶惑。「自憐」句連用兩個「窮」字，又用圍棋造劫，寫
出湖州冬日生活百無聊賴。整首詩前後呼應，語語相扣，在一系列比照託寓
中，將孤獨悽惶的形象表現得淋漓盡致。此外，作為一首寄送給友人的詩歌，
亦委婉地表達了對友人的思念。

題池州貴池亭〔1〕

勢比凌歊宋武臺〔2〕，分明〔3〕百里遠帆開。蜀江雪浪西江〔4〕滿，強半〔5〕春寒去卻來。

【注釋】

〔1〕本詩作於會昌五年或六年（845 或 846）春，時杜牧任池州刺史。據《清一統志》，貴池亭在安徽省貴池縣南齊山。又《九華山錄》云：「貴池亭，俗呼望江亭，以其見大江可望淮南也，亦見九華諸峰。」

〔2〕凌歊（xiāo）：即凌歊臺。遺址在今安徽當塗。凌歊，避暑之意。《太平寰宇記》：「太平州當塗縣黃山，在縣西北五里，上有宋凌歊臺，周回五里一百步，高四十丈。」南朝宋武帝劉裕曾登此臺，並於此處建有離宮。唐李白《書懷贈南陵常贊府》：「置酒凌歊臺，歡娛未曾歇。」

〔3〕分明：明確，清楚。

〔4〕蜀江：此指長江流經蜀地三峽之一段。《元豐九域志》：「峽州夷陵有蜀江。」峽州，今三峽一帶。西江：詳見《西江懷古》詩注〔1〕。

〔5〕強半：過半，大半，一半以上。唐張籍《寄故人》：「故人只在藍田縣，強半年來未得書。」

【簡評】

貴池亭氣勢雄偉，其高峻之勢可與宋武凌歊臺相比，臨高眺遠，百里之遠帆歷歷可見；此外，亦可見九華諸峰；氣勢何等壯觀。蜀江雪浪，西江寒水，長年不息；春時暴漲，清流為之改色。佇立貴池亭，觀此景，真可心曠神怡矣。「雪浪」一筆為遠帆增添壯行色彩，同時又使「春寒」二字有根。說蜀江浪湧而西江泱泱，情景恢弘壯闊，末句謂寒意欲去還來，頓挫有致，頗有餘味。莫非這「去卻來」的春寒，即是心中對朝政、對民生、對自身處境的憂悒、憂憤的象徵？

蘭 溪〔1〕

蘭溪春盡碧泱泱〔2〕，映水蘭花雨發香〔3〕。楚國大夫憔悴日，應尋此路去瀟湘〔4〕。

【注釋】

〔1〕本詩作於會昌四年（844）暮春，時杜牧在黃州刺史任。詩有原注：「在蘄州

西。」蘄（qí）州即今湖北蘄春縣。蘭溪即黃州蘭溪鎮，鎮東有竹林磴，為箸竹山群峰之一，其處多蘭，其下有溪，故稱蘭溪；蘄水別名。蘭溪在黃州南七十里，自麻城出，東流入長江。蘭溪古屬楚國。

〔2〕泱（yāng）泱：形容水深遠廣闊。《詩·小雅·瞻彼洛矣》：「瞻彼洛矣，維水泱泱。」

〔3〕「映水」句：謂岸邊蘭花與溪水互相照映，經春雨滋潤而流溢清香。

〔4〕「楚國」二句：謂當年屈原流放江南，形容憔悴，大概就是沿蘭溪一路前往瀟湘的罷。楚國大夫：屈原，曾任楚國三閭大夫。憔悴日：指屈原被流放的那段時間。屈原熱愛國家，受到排擠，先後兩次被放逐。《史記·屈原列傳》：「屈原至於江濱，被髮行吟澤畔，顏色憔悴，形容枯槁。」瀟湘：水名，這裡用來指代湖南地區。亦泛指屈原流放地。詳見《早春寄岳州李使君，李善棋愛酒，情地閒雅》詩注〔5〕。

【簡評】

　　蘭是屈原作品中常加以歌頌的香草，其辭賦中多用以比喻忠直之士和高潔之志。詩人春日賞盛開之蘭花，移情於水濱；況溪水碧綠，伴水畔蘭花雨後之芳香，誠為快事。詩人乃滿腹壯志之士，時值邊防多警、國家用人之際，而其出守邊僻之郡，有志難展，想到屈原「忠而見謗，信而見疑」，最終被貶之慘景，念及先賢亦生同情之慨。因以詩作憂傷時事，傾吐胸懷。

　　開篇兩句，描物以蓄勢。首句，從大處寫蘭溪春水，抓住一個「碧」字：陽春三月，春意盎然，溪水碧碧；第二句，從小處寫水畔蘭花，著眼一個「香」字：岸上蘭花，影映水中，春雨細柔，蘭香幽幽。「楚國」二句，詠史以抒懷。由眼前的蘭花聯想到了一千多年前的屈原。他似乎看到了屈原面容憔悴，手握蘭花，行吟澤畔，在風雨中徘徊。詩人在同情屈原之中，藉以抒發了人生悲愴、命運多舛的感慨，極盡用武無地、欲哭無聲的哀傷。明寫屈原，暗喻自己，實為點睛之筆。

　　此詩借歌頌屈原、歌頌蘭花之名抒發自己報國無門、懷才不遇的感慨，逸韻遠神，實為晚唐七絕珍品。

睦州四韻〔1〕

　　州在釣臺〔2〕邊，溪山實可憐〔3〕。有家皆掩映〔4〕，無處不潺湲〔5〕。好樹鳴幽鳥〔6〕，晴樓入野煙。殘春杜陵客〔7〕，中酒〔8〕落花前。

【注釋】

〔1〕本詩作於大中二年（848）暮春，時杜牧在睦州刺史任。睦（mù）州：治所在今浙江建德。四韻：指律詩。

〔2〕釣臺：東漢嚴子陵垂釣隱居處，故址在今浙江桐廬縣富春山，下有富春渚，有東西二臺，各數百丈。《元和郡縣志》：「睦州桐廬縣，嚴子陵釣臺在縣西三十里浙江北。」參見《正初奉酬歙州刺史邢群》詩注〔3〕。

〔3〕可憐：可愛。唐崔顥《渭城少年行》：「長安道上春可憐，搖風蕩日曲河邊。」

〔4〕「有家」句：謂山中住家皆為蔥蘢樹木所遮掩映帶。掩映：遮蔽。

〔5〕潺湲（chán yuán）：水流緩慢的樣子。唐羅鄴《洛水》：「一道潺湲濺暖莎，年年惆悵是春過。」

〔6〕幽鳥：在幽深的地方棲息的鳥。幽，深而靜。

〔7〕杜陵客：詩人自謂。杜牧家在長安萬年縣杜陵原，故稱。杜牧《贈沈學士張歌人》：「憑君更一醉，家在杜陵邊。」又《登九峰樓》：「為郡異鄉徒泥酒，杜陵芳草豈無家。」

〔8〕中（zhòng）酒：酒酣，醉酒。《史記·樊噲列傳》：「項羽既饗軍士，中酒，亞父謀，欲殺沛公。」《漢書·樊噲傳》：「項羽既饗軍士，中酒，亞父謀欲殺沛公。」注：「張晏曰：『酒酣也。』師古曰：『飲酒之中也。不醉不醒，故謂之中。』」

【簡評】

　　會昌二年（842），杜牧受當時宰相李德裕的排擠，遠離家鄉親人，被外放為黃州刺史，其後又轉池州、睦州等地，此詩便是任睦州刺史時所作。

　　首聯總領全詩，介紹了睦州的位置，描繪了睦州美好的春光，並對睦州山水做出了評價「實可憐」，讚賞有加。此聯雖平平而起，然「釣臺」「溪山」都顯示出詩人的精神祈向。頷聯、頸聯便細說睦州的山山水水，鳥樹風光。詩人選用平字，「好樹」「幽鳥」「晴樓」「野煙」都是靜態意象，中間加上「鳴」字、「入」字則使這些不同的意象連接並生動起來，有力的傳達了詩人豐富的情感。「有家」二句對偶工整自然，毫無著力雕琢之態。「幽」字、「野」字亦不煉而成，渲染出一種閒處退居的氣氛。尾聯「殘春」「落花」，透露出傷春之感；「杜陵客」反映出詩人的思鄉之情。最後以「中酒落花前」收結，淡泊生情。結合詩人此時外遷的經歷，詩人內心苦悶，對仕途坎坷無奈之情溢於言表。前六句寫睦州之景，突出其秀麗。末二句表現思鄉之情，有王粲《登樓賦》「雖信美而非吾土兮，曾何足以少留」的意趣。

此詩將睦州的風光描寫得淋漓盡致，盡善盡美。又感於時節，將詩人內心的情感表露。景色鮮明，節奏明快。

秋晚早發新定〔1〕

解印書千軸〔2〕，重陽酒百缸〔3〕。涼風滿紅樹〔4〕，曉月下秋江〔5〕。岩壑會歸去，塵埃終不降〔6〕。懸纓未敢濯，嚴瀨碧淙淙〔7〕。

【注釋】

〔1〕本詩作於大中二年（848）九月重陽，時杜牧由睦州刺史入京為司勳員外郎、史館修撰，從睦州啟程。新定：郡名，即睦州，故治在今浙江建德。

〔2〕解印：解下印綬，指辭官。此謂免去刺史之職，與新任刺史交接完畢。書千軸：寫千百首詩。軸，書畫卷軸。唐代書籍仍為卷裝，類似今日國畫，每卷中心有一根軸。

〔3〕「重陽」句：謂時至重陽佳節，當開懷暢飲。重陽：農曆九月九日。「九」在我國古老術數中屬於陽數，九月九日雙陽重逢，故名重陽，又作重九。唐代的重陽節十分熱鬧，每逢重九，京城長安萬人空巷，士女們蜂擁而出，湧向曲江池畔的樂遊原登高賞秋。但是，唐詩中描寫盛大登高聚飲場面的詩作卻不多。唐代的文人雅士多喜歡三兩朋友在一起登高聚會，他們一杯菊酒，互酬互唱，顯示了淡泊清雅的情趣。古代的重陽有如我們今天的中秋，是家人團聚的重要節日，對於遠離家鄉的游子來說，重陽不能分享與家人一起登高的歡快，往往增添思鄉之情。唐孟浩然《秋登萬山寄張五》：「何當載酒來，共醉重陽節。」

〔4〕涼風：初秋的風。紅樹：經霜的樹；指在秋天樹葉變紅的樹木。

〔5〕秋江：杜牧《朱坡絕句》對睦州治所建德亦稱「江城」，東陽江、新安江合於州城南十里。

〔6〕「岩壑」二句：意謂應歸隱山林，超塵脫俗。岩壑：山林與溝壑。喻歸隱之地。《宋書·隱逸傳贊》：「岩壑閒遠，水石清華。」唐楊炯《和石侍御山莊》：「煙霞非俗宇，岩壑只幽居。」會：會須；應當。塵埃：塵俗；喻污染。戰國屈原《漁父》：「安能以皓皓之白而蒙世俗之塵埃乎？」唐韋應物《天長寺上方別子西有道》：「高曠出塵表，逍遙滌心神」與詩中「塵埃終不降」意思相近。

〔7〕「懸纓」二句：謂既已受官，未敢擅自解冠而去，遂乘舟西上赴任，耳畔唯聞嚴陵瀨之淙淙水聲而已。懸纓：謂佩帶官纓。纓，繫帽的帶子。濯（zhuó）：洗滌。《孟子·離婁》：「有孺子歌曰：『滄浪之水清兮，可以濯我纓；滄浪之水濁兮，

可以濯我足。』孔子曰：『小子聽之，清斯濯纓，濁斯濯足矣。自取之也。』」
嚴瀨（lài）：即嚴陵瀨，在浙江桐廬縣南，相傳東漢嚴光耕於富春山，後人因名
其處為嚴陵瀨。瀨，水流湍急之處。《水經注·浙江水》：「（孫權）割富春之地
立桐廬縣，自縣至於潛，凡十有六瀨，第二是嚴陵瀨。瀨帶山，山下有石室，
漢光武帝時，嚴子陵之所居也。故山及瀨，皆即人姓名之。」嚴光，字子陵，
會稽餘姚（今浙江餘姚）人。少曾與光武帝劉秀同遊學，有高名。秀稱帝，光
變名姓隱遁。秀派人覓訪，徵召到京，授諫議大夫，不受，退隱於富春山。事
見《後漢書·逸民傳》。淙淙（cóng）：象聲詞，流水聲。參見《正初奉酬歙州
刺史邢群》詩注〔3〕。

【簡評】

杜牧由睦州入京，因宰相周墀援引，是其仕途的一大轉折，故心情暢快。
其《上周相公啟》稱：「伏以睦州治所，在萬山之中，終日昏氛，侵染衰病。
自量忝官已過，不敢率然請告，唯念滿歲，得保生還。不意相公拔自污泥，陞
於霄漢，卻收斥錮，令廁班行，仍授名曹，帖以重職。當受震駭，神魂飛揚，
撫己自驚，喜過成泣，藥肉白骨，香返遊魂，言於重恩，無以過此。」

首二句寫郡印交替後的心情。「解印書千軸」讓人想到漫捲詩書之輕鬆喜
悅，此時正逢重陽佳節，故當以「酒百缸」一醉方休。三四句將「秋晚早發新
定」的題意一一寫足，筆致爽麗，秋景如畫；不僅是寫景佳句，而且充滿了喜
悅歡快之情，可謂情景相寓，清麗流暢。五六句筆鋒一轉，寫赴闕時的矛盾心
理，表現對「煙霞非俗宇，岩壑只幽居」（唐楊炯《和石侍御山莊》）、「高曠出
塵表，逍遙滌心神」（唐韋應物《天長寺上方別子西有道》）的嚮往。結尾處又
進一層，其欲懸纓而未敢濯，慕嚴瀨而不敢留的複雜心態，生動可感。

此詩表現了詩人酷愛讀書飲酒，灑脫不羈，雖然此去京城任職，可是堅信
自己總有一天會辭官歸隱；路過富春江嚴光曾經歸隱的地方，甚至連帽子也不
敢洗滌，生怕弄髒了清清河水。如此高潔的官員，才能清廉自律；否則隨身攜
帶的就不會是千卷書籍，「塵埃」面前難保不染俗。

除官歸京睦州雨霽〔1〕

秋半吳天〔2〕霽，清凝萬里光。水聲侵笑語，嵐翠〔3〕撲衣裳。遠樹疑羅
帳，孤雲認〔4〕粉囊。溪山侵兩越〔5〕，時節〔6〕到重陽。顧我能甘賤〔7〕，無
由得自強。誤曾公觸尾〔8〕，不敢夜循牆〔9〕。豈意籠飛鳥，還為錦帳郎〔10〕。

網今開傅燮〔11〕，書舊識黃香〔12〕。姹女真虛語〔13〕，饞兒欲一行。淺深須揭厲〔14〕，休更學張綱〔15〕。

【注釋】

〔1〕本詩作於大中二年（848）重陽，其時杜牧即將由睦州刺史赴京任司勳員外郎。除官：授官。霽：雨過天晴。

〔2〕吳天：睦州春秋時屬吳地，故此稱吳天。

〔3〕侵：吞沒；蓋過，壓倒。嵐翠：山霧呈現的翠色。唐白居易《早春題少室東岩》：「三十六峰晴，雪銷嵐翠生。」

〔4〕認：猶言好像。此二句「疑」「認」對文義同，謂雨過天晴，遠樹翠綠得好似羅帳，天上片雲如同粉囊。

〔5〕侵：占、跨。兩越：肅宗時以錢塘江為界，將江南東道分置東西二路，江以南稱浙東，江以北稱浙西。兩越或即兩浙之謂。

〔6〕時節：時間名詞，猶云時下、目下。唐溫庭筠《菩薩蠻》：「時節欲黃昏，無聊獨倚門。」此云眼下已是黃昏。

〔7〕顧：視也。甘賤：甘於貧賤或地位低下。

〔8〕「誤曾」句：意謂曾經得罪過朝中的權臣。觸尾：觸到了蠍子的尾巴。《莊子·天運篇》：「其智憯於蠣蠆之尾，鮮規之獸，莫得安其性命之情者，而猶自以為聖人，不可恥乎？其無恥也！」

〔9〕循牆：靠著牆走，比喻謹慎畏懼。《莊子·列禦寇》：「正考父一命而傴，再命而僂，三命而俯，循牆而走，孰敢不軌！」唐成玄英疏：「傴曲循牆，並敬容極恭，卑退若此，誰敢將不軌之事而侮之也。」按，正考父乃孔子祖先。

〔10〕錦帳郎：指尚書省郎官。漢代郎官進宮值班，官方供給錦被、幃帳等，後遂用錦帳喻稱郎官，稱郎官為錦帳郎。《後漢書·鍾離意傳》附《藥松傳》注：「蔡質《漢官儀》曰：『尚書郎入直臺中，官供新青縑白綾被，或錦被，晝夜更宿，幃帳畫，通中枕，臥旃蓐，冬夏隨時改易。』」唐盧綸《和王員外冬夜寓直》：「高步長裾錦帳郎，居然自是漢賢良。」

〔11〕傅燮：字南容。東漢末年的名宦。正直敢言，宦官和權貴都嫉恨他，但又因為他聲望太高而不敢加害，最終傅燮被排擠出京，任漢陽太守。事見《後漢書·傅燮傳》。

〔12〕黃香：東漢人，字文強，歷史上著名的孝子。九歲時他的母親就去世了，他對父親十分孝敬。冬天給父親暖被窩，夏天拿著蒲扇給父親扇風。當時人稱頌：

「天下無雙，江夏黃香。」黃香長大後，朝廷讓他當魏郡太守。後來做了郎中，肅宗讓他到東觀，可以隨意閱讀那些沒見過的書。事見《後漢書·文苑傳》。按，「書舊識黃香」句下原注：「曾在史館四年。」

〔13〕姹女：少女，美女。詳見《贈李處士長句四韻》注〔9〕。虛語：虛妄之語。這裡當是針對有流言說自己離開睦州時將攜帶歌女之事加以澄清：並無美女相隨，只有饑兒同行。

〔14〕揭厲：《詩·邶風·匏有苦葉》：「匏有苦葉，濟有深涉。深則厲，淺則揭。」揭，提起衣裳涉水；厲，連衣涉水。水淺的時候就提著衣服過河，水太深的時候提衣服就沒用了，直接就過去了。這裡指靈活對待不同的事情。

〔15〕張綱：字文紀，東漢犍為武陽人。順帝朝任侍御史，曾上書彈劾權奸梁冀及其弟梁不疑罪行十五條。帝不聽。被梁冀貶為廣陵太守。他曾慨然歎曰：「穢惡滿朝，不能奮身出命，掃國家之難，雖生吾不願也。」其剛正形象於此可見。詳見《後漢書·張皓傳》附《張綱傳》。後因用作敢於觸犯權奸的典故。唐孫逖《送張環攝御史監南選》：「漢使得張綱，威名攝遠方。」參見《新定途中》詩注〔2〕。

【簡評】

杜牧將赴京任司勳員外郎、史館修撰，負責考核官員，接近權力中心。此時杜牧已經46歲，經歷宦海風波，因而心中不僅僅是欣喜，還有一種經歷世故之後的憂慮。詩歌描繪了明麗景色，雖是秋天卻一派歡欣美好的氣息，襯托出內心的欣喜；身處這種景色中，詩人臨行前又暗暗告誡自己，進京後要靈活處理政務，免得惹禍。

全詩共十聯。首聯寫遠景，從視覺角度描寫了雨過天晴後，萬里無雲秋高氣爽的景象，渲染高興的氣氛，奠定了作品的抒情基調。二聯寫眼前的「水聲」和「嵐翠」等近景，從聽覺和視覺角度寫了水聲和笑聲交雜在一起，嵐翠撲到衣裳上來，寫出詩人高興的心情。「撲」字運用擬人的手法，形象生動地寫出了嵐翠的姿態。三聯又將鏡頭拉到遠景的「遠樹」和「孤雲」。詩人將「遠樹」疑作是「羅帳」，將「孤雲」疑作是「粉囊」，這是何等奇異之想像；「羅帳」「粉囊」俱為閨閣用物，與自然景象無關，詩人卻以豐富的想像力將他們聯繫到一起。四聯繼續寫遠方的景物，「侵」字運用擬人的修辭方法，形象生動地寫出了「溪山」夾在「兩越」之中。「時節到重陽」點明了時間，重陽節高興的節日氣氛烘托作者此時高興的心情，重陽節又稱老人節，作者在這裡

還感歎自己已經老了。

　　第五聯寫詩人回顧過去的安於貧賤，沒有來由地感到自強，勉勵自己要專心從政，實現自己的抱負。六聯寫詩人曾經受到過打擊，不敢再犯同樣的錯誤，這說明詩人膽小怕事，怕又被貶官。七聯寫不要像「籠中鳥」那樣被束縛，應該做「錦帳郎」實現自己的政治理想。

　　第八聯詩人運用傅燮和黃香這兩個典故表達自己會取得政績的決心，同時也賣弄一下自己的學問，表現書讀得多，典故知道的多。最後兩聯詩人告誡自己凡事揣度深淺，不能再學張綱，這樣才能得到高官，實現自己的政治抱負。張綱為人正直，廉潔清明，多次向皇帝進諫，指控姦臣，詩人說不想學張綱，怕進諫的話又會被貶官，怕好不容易混來的官職又丟掉，充分表現了詩人膽小怕事的本質，呼應了作品的第六聯。

　　這首五言排律前四韻切題中「睦州雨霽」四字而寫，清新活潑，風神秀朗。中三韻寫「我」之性情，「誤曾」二句道出昔日在臺省觸忤權貴的經歷，感慨無限。後三韻表達「除官歸京」的心理。詩中特別提到「傅燮」「張綱」，可知杜牧所謂「觸忤」，當與宦官專權相關。「姹女」二句這樣的「辯白」在其他作品中極少見到，對認識真實的詩人形象，不可多得。

夜泊桐廬先寄蘇臺盧郎中〔1〕

　　水檻桐廬館〔2〕，歸舟〔3〕繫石根。笛吹孤戍月，犬吠隔溪村。十載違清裁〔4〕，幽懷未一論〔5〕。蘇臺菊花節〔6〕，何處與開樽〔7〕。

【注釋】

　　〔1〕本詩作於大中二年（848）九月，時杜牧自睦州啟程赴京，任司勳員外郎，史館修撰。桐廬：睦州所轄縣，嚴子陵釣臺在縣西三十里。今屬浙江。蘇臺：代指蘇州。宋吳處厚《青箱雜記》卷八：「蘇有姑蘇臺，故蘇州謂之蘇臺。」按，姑蘇臺在姑蘇山。《吳郡志》卷一五：「姑蘇山，一名姑胥，一名姑餘。連橫山之北，古臺在其上。」宋朱長文《吳郡圖經續記》：「姑蘇山，在吳縣西三十五里，連橫山之北，或曰姑胥，或曰姑餘，其實一也。傳言闔閭作姑蘇臺，一曰夫差也。蓋此臺始基於闔閭，而新作於夫差也。以全吳之力，聚財五年而後成，高可望三百里，雖楚章華未足此也。」唐劉長卿《時平後送范倫歸安州》：「與君攜手姑蘇臺，望鄉一日登幾回。」盧郎中：盧簡求，字子臧。時任蘇州刺史。傳見新舊《唐書》。

〔2〕桐廬館：桐廬驛。館，驛館。唐時三十里置一驛，如非通途大路，則稱館。

〔3〕歸舟：因此行赴京，是歸家鄉，故曰歸舟。

〔4〕清裁：清雅的風裁，對具有清望者的敬稱。

〔5〕幽懷：深衷，深心情懷。唐韓愈《幽懷》：「幽懷不能寫，行此春江潯。」一論：盡訴。

〔6〕菊花節：重陽節。從漢代初年始，九月九日有佩茱萸、食餌、飲菊花酒的習俗，故重陽節又稱菊花節。唐劉育虛《九日送人》：「從來菊花節，早已醉東籬。」參見《秋晚早發新定》詩注〔3〕。

〔7〕開樽：飲酒。樽，酒杯。

【簡評】

開成五年，杜牧往潯陽探視其弟杜顗眼疾，經過襄陽，曾與正在牛僧孺幕府中的盧簡求相見，至大中二年已歷九年，故詩人約而言之：「十載違清裁，幽懷未一論」。本詩寄與故知，感情自然真摯，清風如蘭。詩人盼望與好友「開樽」同飲、暢敘「幽懷」。結尾四句描寫睦州桐廬的山光水色：水檻之上的驛館，岸邊的巨石、小舟，深秋的朗月，悠悠的笛聲，隔溪的村莊和潺潺的水聲，構成一幅溫馨的南國山鄉風光圖。

「笛吹」一聯，聞孤戍笛吹，隔村犬吠，遂起思鄉懷歸之情。二句寫景，但景中有人。雅潔俊爽，蕭散清迥，秀句可諷。

新轉南曹，未敘朝散，初秋暑退，出守吳興，書此篇以自見志〔1〕

捧詔汀洲〔2〕去，全家羽翼飛〔3〕。喜拋新錦帳，榮借舊朱衣〔4〕。且免材為累，何妨拙有機〔5〕。宋株聊自守，魯酒怕旁圍〔6〕。清尚寧無素，光陰亦未晞〔7〕。一杯寬幕席，五字弄珠璣〔8〕。越浦黃柑嫩，吳溪紫蟹肥〔9〕。平生江海志，佩得左魚歸〔10〕。

【注釋】

〔1〕本詩作於大中四年（850）初秋。詩人於大中二年十二月抵京為尚書司勳員外郎、史館修撰，次年仲冬即上書宰相，以京官俸祿不及刺史而無以養家為由，求出為杭州刺史，所請未允。復於四年七月三上宰相啟求守湖州，終於獲准，於是年秋出為湖州刺史。新轉南曹：謂新近由司勳員外郎升遷為吏部員外郎。南曹：唐代吏部員外郎設二人，一人判南曹，故此處指杜牧新任吏部員外郎。南曹是吏部補選官員的選院，在曹選街之南，稱南曹。朝散：即朝散大夫，隋

唐時設置的散官，官階從五品下。唐代官員，除官職外，尚有官階，是等級身份的標誌。唐吏部員外郎例加朝散大夫。杜牧因其「新轉」，尚未銓敘官階，故言「未敘朝散」。出守吳興：即到湖州去擔任刺史。吳興，今浙江湖州。

〔２〕捧詔：指接到出任湖州刺史任命的詔書。汀洲：本指水中或水邊的小洲，因吳興地近太湖，故亦稱汀洲；此指湖州。湖州有白蘋洲在其境，文人多寫及。參見《題白蘋洲》詩注〔１〕。

〔３〕「全家」句：喻全家遠赴湖州之喜悅輕鬆心情，有如鳥之展翅高飛。全家羽翼：《上宰相求杭州啟》，「其於妻兒，固宜窮餓。是作刺史，則一家骨肉，四處安泰。」羽翼飛，比喻心情愉快。

〔４〕「喜拋」二句：謂自己欣然辭去新任命的吏部員外郎，再次穿上刺史的紅色衣服。錦帳：錦被帷帳，借指吏部員外郎。詳見《除官歸京睦州雨霽》詩注〔９〕。借朱衣，猶借緋。唐制，官員公服之顏色按官階高下而定，三品以上著紫衣，五品以上著緋衣。任刺史官階不及五品而特許著緋衣者，稱「借緋」。此謂任刺史職。詩人曾任黃、池、睦三州刺史，故謂「榮借舊朱衣」。朱衣，即紅色的官服。唐代四品、五品官員衣緋服，稱朱衣。唐元稹《酬樂天喜鄰郡》：「蹇驢瘦馬塵中伴，紫綬朱衣夢裏身。」

〔５〕「且免」二句：意謂不妨守拙安分而隨機應變，免為才名所累。材為累：因為有才（材）而為所累。《莊子·山木篇》：「弟子問於莊子曰：『昨日山中之木，以不材得終其天年；今主人之雁，以不材死，先生將何處？』莊子笑曰：『周將處乎材與不材之間。材與不材之間，似之而非也，故未免乎累。若夫乘道德而浮遊則不然。無譽無訾，一龍一蛇，與時俱化，而無肯專為，……則胡可得而累邪！』」有機：有智巧善變之心，與本分守拙相對。《莊子·天地篇》：「吾聞之吾師，有機械者必有機事，有機事者必有機心。機心存於胸中，則純白不備；純白不備，則神生不定；神生不定者，道之所不載也。」機心本指智巧變詐的心計，機事亦指機巧之事。杜牧用來說明自己的隨機應變的方法與能力。

〔６〕「宋株」二句：意謂姑且效宋人守株待兔，不求通變；害怕無端受過，橫遭牽連。宋株：即守株待兔。《韓非子·五蠹》：「宋人有耕田者，田中有株，兔走觸株，折頸而死，因釋其耒而守株，冀復得兔。兔不可復得，而身為宋國笑。」宋株自守，謂安時順命，消極等待。聊：姑且。魯酒：猶薄酒；喻指意料不到的災禍。《莊子·胠篋》：「魯酒薄而邯鄲圍。」對此典故歷來解釋不同。一說楚宣王大會諸侯，魯恭王後至而所獻酒薄，楚王怒，恰魯王不告而別，楚王於

是帶兵攻魯。魏國一直想攻打趙國，擔心楚國發兵救趙，楚國和魯國交兵，魏國於是趁機兵圍趙都邯鄲。一說楚王大會諸侯，趙與魯俱獻酒，魯酒味薄而趙酒味濃。楚王之酒吏向趙國索酒而趙不與，酒吏懷恨，故意易換趙、魯之酒，於是楚王以趙酒薄的緣故兵圍邯鄲。怕旁圍：恐為無關之事所牽連。

〔7〕「清尚」二句：謂高尚品格乃平素養成；光陰尚早，應及時修養品德。清尚：清雅；高尚的品質。寧：哪裏。無素：無舊交。唐李真《丈人山詩》：「豈是與山無素，丈人著帽相迎。」此句謂原本就有清雅閒適志趣。素：素日，平日。光陰：時間。晞：天明。《詩·齊風·東方未明》：「東方未晞，顛倒裳衣。」未晞，此謂時間未晚。

〔8〕「一杯」二句：謂以詩酒自娛。一杯：表數量。多用於酒、水。此處特指酒。幕席：以天為幕，以地為席；猶天地。晉劉伶《酒德頌》：「幕天席地，縱意所如。止則操巵執觚，動則挈榼提壺。唯酒是務，焉知其餘。」五字：指五言詩；此泛指詩歌。珠璣：珠寶；此喻詩句優美。

〔9〕「越浦」二句：謂湖州物產豐饒，既有甜嫩之黃柑，又有肥美之螃蟹。越浦、吳溪：互文見義；泛指吳越地區的江河湖澤。湖州古屬吳越地，故稱。紫蟹，即螃蟹。因蟹黃朱紅色，故稱。唐殷堯藩《九日病起》：「紫蟹霜肥秋縱好，綠醅蟻滑晚慵斟。」

〔10〕「平生」二句：意謂平生素有隱逸江湖的志向，今日卻佩得刺史印信而歸。江海志：隱逸江湖之願。語本《論語·公冶長》：「子曰：道不行，乘桴浮於海。」左魚：左銅魚，任職刺史的憑證。唐制以銅魚符作為外任官員憑信之證，左右各一，右魚長藏郡庫，而刺史到任後，以所佩左魚與右魚合契為信。參見《朱坡絕句三首》注〔3〕。

【簡評】

此詩是剛得到出守詔書時作，寫其出守湖州之複雜微妙心情，是作者心志的真實表現。

前四句敘述赴任湖州的歡悅和出守的心理。一個「飛」字，透露出其對於出守的何等期待！接著化用典故，寫出京城生活的憂懼和厭倦，「且免」以下四句卻飽含隱衷，透露了朝中妒才嫉能、猜忌巧偽的消息。詩人對此深惡痛絕，不願角逐周旋其間，故以出守外任、修養身性為逃遁之法。不願因材而累，卻在拙中藏機，這不妨看作作者的一種生存智慧。詩中點明京城為官的險境和自己的心態，從這裡可以看出，請求外放絕非因經濟上的拮据，而是別有衷曲。

　　後四句寫甘於清雅閒適生活的心態。湖州正得吳越之天賜物利，黃柑紫蟹，詩酒流連，是何等瀟灑！此詩與《上宰相乞湖州》三啟合讀，更能瞭解大中年間作者的生存環境和心路歷程。最後，以志趣與出守互相矛盾之無可奈何心情結束全篇，頗有自我調侃的意味。

題白蘋洲〔1〕

　　山鳥飛紅帶〔2〕，亭薇拆紫花〔3〕。溪光初透徹〔4〕，秋色正清華〔5〕。靜處知生樂，喧中見死誇〔6〕。無多珪組〔7〕累，終不負煙霞〔8〕。

【注釋】

〔1〕本詩作於大中四年（850）秋，杜牧出為湖州刺史。到任後，遊覽白蘋洲，作此詩。白蘋洲：古代湖州的遊覽勝地，在湖州城南，與霅溪相連。南朝梁著名詩人柳惲遊此賦《江南春》詩，其中有「汀洲採白蘋，日落江南春。」為人傳誦，因此稱白蘋洲。白蘋洲，指生長白蘋的洲渚。白蘋，一種水中浮草，也稱白字草。因其飄遊，易與羈旅生活相聯繫，故詩人多吟詠。唐許渾《傷故湖州李郎中》：「南北相逢皆掩泣，白蘋洲暖百花開。」唐白居易著有《白蘋洲五亭記》。

〔2〕紅帶：鳥名，練鵲的一種。因尾巴上拖著長長的紅色羽毛，故稱紅帶；另有一種尾巴是白色羽毛，故稱白帶。

〔3〕「亭薇」句：謂亭邊的紫薇花盛開。薇：紫薇。拆：裂開，開放。

〔4〕溪光：指溪流的水色。透徹：顯明通徹。

〔5〕清華：清麗，華美。晉謝混《遊西池》：「景昃鳴禽集，水木湛清華。」

〔6〕「靜處」二句：謂寂靜時分可以體味到生命的活力，而喧鬧之景更足以抵死誇讚。生樂：平生之樂。死誇：抵死誇讚；讚揚死的好處。抵死，指拼命，極力，千方百計之意。莊子宣揚苦生樂死，杜牧受此影響故有此語。唐宋間俗語還有「抵死漫生」一語，漫生，襯詞。宋向滈《西江月》：「抵死漫生要見，偷方覓便求歡。」

〔7〕珪組：帝王官員所執之玉圭與印綬；引申指爵位、官職。

〔8〕不負煙霞：不辜負美好的佳景。煙霞：煙水雲霞，泛指山林勝景。南朝齊謝朓《擬宋玉風賦》：「煙霞潤色，荃蕙結芳。」唐劉長卿《贈秦系徵君》：「惆悵青山路，煙霞老此人。」

【簡評】

詩中描繪了白蘋洲絢麗的秋色，流露出欣然自得的喜悅，以含蓄深沉而清新流暢的語言，表達了自己不會為官府雜務而心累，託志煙霞的曠達。「靜處」二句富於哲理和人生智慧。現實生活的抑鬱和內心的不平讓作者充滿了痛苦，難能可貴的美景和陶醉於其中的快樂，哪怕是片刻的悠閒也讓作者充滿了激情的愜意。

首聯寫景，描寫白蘋洲的景象，展現了一幅群鳥成飛、滿山遍紫的畫面。「飛」和「拆」更是展現了一種動態美，「紅」和「紫」使畫面富有色彩。頷聯寫日華浮動，溪光玲瓏澄澈，秋色湛然。「初」字可見景物之新鮮清美。表現作者內心的平靜。同時用溪水的本體來借代作者內心通透的特點，表現寄情自然、不理世俗的情懷。頸聯「生樂」「死誇」二者皆形容景色之美。靜與喧形成對比，體現了作者超脫世俗的情懷。尾聯昇華主題，表現作者超然的情懷，沒有包袱，一身輕鬆。之前為世俗所累，現在終於卸下包袱，去欣賞自然，追隨自然。杜牧自湖州解任，多有出世之志，不以回京為喜。隨著詩人年老，厭倦塵纍之心，日漸形之於色。

在短小的詩篇中，表現了詩人欣賞美景時的怡然自得，在超然、灑脫的情懷下，享受人生的樂趣。運用了寄情於景的手法，在景物描寫中見其情感，使描寫與抒情融為一體。整首詩情感完整，細緻入微，詩人情感中摻雜著矛盾壓抑、微妙複雜，壯志難酬，並且表現得淋漓盡致。

題茶山〔1〕

山實東吳秀，茶稱瑞草魁〔2〕。剖符雖俗吏〔3〕，修貢亦仙才〔4〕。溪盡停蠻棹〔5〕，旗張卓〔6〕翠苔。柳村穿窈窕〔7〕，松澗渡喧豗〔8〕。等級雲峰峻，寬平洞府開。拂天聞笑語，特地〔9〕見樓臺。泉嫩黃金湧〔10〕，牙〔11〕香紫璧裁。拜章期沃日〔12〕，輕騎疾奔雷。舞袖嵐〔13〕侵潤，歌聲谷答回。磬音藏葉鳥，雪艷照潭梅。好是〔14〕全家到，兼為奉詔來。樹陰香作帳，花徑落成堆。景物殘三月，登臨愴一杯〔15〕。重遊難自克〔16〕，俯首入塵埃。

【注釋】

〔1〕本詩作於大中五年（851）春，為杜牧守湖州至顧渚山監督採茶時所作。詩題原注：「在宜興」。茶山：指湖州顧渚山，所產紫筍茶，唐時為貢品。採茶的時候，郡守會來監督。

〔2〕瑞草：祥瑞之草。魁：第一。馮集梧注：「《一統志》：舊志：顧渚山在縣西北四
　　十七里，周十二里，西達宜興，旁有兩山對峽，號明月峽，石壁峭立，澗水中
　　流，茶生其間，尤為異品。」

〔3〕「剖符」句：指接受銅魚符為州刺史。符為隋唐時朝廷頒發之一種符信，雕木或
　　鑄銅為魚形，亦稱魚契。官吏持此以為憑信。唐時刺史即持銅魚符。參見《春
　　末題池州弄水亭》詩注〔3〕。

〔4〕修貢：備辦貢品。唐時，湖州上貢紫筍茶。仙才：超凡越俗有非凡才華的人。
　　唐易重《寄宜陽兄弟》：「故里仙才若相問，一春攀得兩重枝。」

〔5〕棹：划船工具，借指船。

〔6〕卓：高而直。此指旗幟聳立。

〔7〕柳村：據《長興志》，柳村為水口鎮東一地名，因種植柳樹環村而得名。窈窕：
　　深遠的樣子。

〔8〕喧豗（huī）：轟響聲。唐李白《蜀道難》：「飛湍瀑流爭喧豗，砯崖轉石萬壑雷。」

〔9〕特地：突然，忽然。唐韓偓《秋深閒興》：「晴來喜鵲無窮語，雨後寒花特地香。」

〔10〕黃金：喻指金沙泉水。據陸羽《茶經》，湖州有地名金沙泉，為湖州製造加工茶
　　葉的地方。詩原注：「山有金沙泉，修貢出，罷貢即絕。」

〔11〕牙：通「芽」，指茶葉芽。

〔12〕拜章：大臣向帝王獻奏章。唐劉禹錫《賀赦表》：「新歲拜章，遙獻南山之壽。」
　　沃日，似應為「祓日」。

〔13〕嵐：山裏的霧氣。

〔14〕好是：猶好在，妙在；值得慶幸的意思。表讚歎、肯定。唐王建《酬柏侍御答
　　酒》：「茱萸酒法大家同，好是盛來白碗中。」

〔15〕登臨：登高臨遠。愴：憂傷，悲傷。此處為反訓詞義，即豪爽，豪邁，爽快。
　　一杯：表數量。多用於酒、水。此處特指酒。

〔16〕自克：自己能夠保證。俯首：低頭。

【簡評】

　　詩人用輕快明媚的筆調，描繪出茶山美麗而富於祥瑞氣氛的景色，茶葉的
美好，人們製茶時的虔誠，表達了自己監督採茶的責任與使命感。「等級」二
句景色描摹如畫，「拂天」二句歡快而神聖，雖說是暮春景色最為讓人傷感，
可是這裡哪有一絲哀傷的影子！如此美好的景色詩人難以克制住自己的遊
興，只到「俯首入塵埃」，才發現原來還在人間。詩歌將茶山寫得恍如仙境，

尤其是在暮春三月這個時節。

關於「貢茶」，宋蔡啟《蔡寬夫詩話》云：「唐以前，茶惟貴蜀中所產。……他處未見稱者。唐茶品雖多，亦以蜀茶為重。然惟湖州紫筍入貢，每歲以清明日貢到，先薦宗廟，然後分賜近臣。紫筍生顧渚，在湖、常二境之間。當採茶時，兩郡守畢至，最為盛會。杜牧詩所謂：『溪盡停蠻棹，旗張卓翠苔。柳村穿窈窕，松潤渡喧豗。』劉禹錫：『何處人間似仙境，春山攜妓採茶時。』皆以此。……顧渚湧金泉，每造茶時，太守先祭拜，然後水漸出，造貢茶畢，水稍減，至貢堂茶畢，已減半，太守茶畢，遂涸。蓋常時無水也。或聞今龍焙泉亦然。」

茶山下作〔1〕

春風最窈窕〔2〕，日曉〔3〕柳村西。嬌雲光占岫〔4〕，健水鳴〔5〕分溪。燎岩〔6〕野花遠，戛瑟幽鳥〔7〕啼。把酒坐芳草，亦有佳人攜〔8〕。

【注釋】

〔1〕本詩為大中五年（851）春作，時杜牧任湖州刺史。茶山：湖州顧渚山，所產紫筍茶，唐時為貢品。本年三月，杜牧至顧渚山督採春茶，作此詩。

〔2〕窈窕：美好貌。此處形容風的溫暖柔和。

〔3〕日曉：拂曉時分。

〔4〕岫：山峰。

〔5〕健水鳴：茶山下箬溪水流激蕩。健水，激流。杜牧《題茶山》：「柳村穿窈窕，松潤渡喧豗。」

〔6〕燎岩：開滿火紅野花的山岩。

〔7〕戛瑟：鳥的叫聲像敲擊瑟一樣。戛，敲擊。瑟，樂器名。幽鳥：在幽深的地方棲息的鳥。幽，深而靜。

〔8〕把酒：手持酒杯。佳人攜：唐劉禹錫《洛中送韓七中丞之吳興口號》：「何處人間似仙境，春山攜妓採茶時。」

【簡評】

這是一首詠春篇章，也是一篇描寫山水的詩作。詩人至顧渚山督採春茶，頗有興致。在詩中將顧渚情景描繪如畫，春風日曉，嬌雲健水，野花幽鳥，一一寫來，意象繁複；末寫芳草美人，把酒縱情，在茶山春圖上抹上一筆濃重的浪漫色彩。詩歌用擬人、白描手法，以輕柔明快的詞彙，描繪了江南顧渚山的

秀美春色，既生機勃勃又有一種柔和秀美的特點，抒發了陶醉於美好春景中的愜意。「嬌雲」以下四句，尤能以景抒情。從絢麗明豔的山花、如琴瑟之音的幽鳥啼鳴中，我們可以感受到詩人沉醉於山光水色間的怡然心情。

入茶山下題水口草市絕句〔1〕

倚溪侵嶺〔2〕多高樹，誇酒書旗有小樓〔3〕。驚起鴛鴦豈無恨，一雙飛去卻回頭〔4〕。

【注釋】

〔1〕本詩大中五年（851）作，時杜牧為湖州刺史。茶山：即湖州顧渚山。水口：鎮名，在顧渚，唐置茶貢院於此。大中五年杜牧即在這裡督茶。現為長興縣水口鄉駐地。草市：城外的市集；謂鄉村市場。《資治通鑑》卷二八一：「魏州范延光遣兵度河焚草市。」胡注：「時天下兵爭，凡民居在城外，率居草屋以成市里，以其價廉功省，猝遇兵火不至甚傷財以害其生也。」又，杜牧《上李太尉論江賊書》：「凡江淮草市，盡近水際，富商大戶，多居其間。」

〔2〕倚：靠近，臨近。溪：指箬溪。宋談鑰《嘉泰吳興志》卷五：「長興縣：箬溪在縣東五十步，一名顧渚口，一名趙瀆，即合溪之下流也。又一源出懸腳嶺，至縣東南門折而南，分為二，其正流名上箬，又折而東循卞山至郡城西北角沿城外入太湖，而遠其分流為下箬。東經至德入太湖。顧野王《輿地志》云：『夾溪悉生前箬，南岸曰上箬，北岸曰下箬，二箬村名。村人取箬下水釀酒，美勝於雲陽，俗稱箬下酒。』」侵嶺：漸近山嶺。侵，到；臨近。嶺，指顧渚山。

〔3〕「誇酒」句：謂小樓酒旗迎風招展，似在誇說長興酒之美而醇。旗：酒旗，酒店外面懸掛的招牌。

〔4〕「驚起」二句：此為擬人手法，意謂酒旗飄拂使鴛鴦驚飛，飛復回首，似有無限留戀之情。鴛鴦：水鳥名。詳見《春日言懷寄虢州李常侍十韻》注〔7〕。恨：遺憾。

【簡評】

湖州名茶紫筍唐時為貢品，每當三月採茶時刺史即親往監督，詩人於大中五年暮春亦曾按例親赴產地顧渚茶山，另有《題茶山》《茶山下作》《春日茶山病不飲酒因呈賓客》諸詩。茶山附近有一條清澈的溪流，名叫箬溪。箬溪之水可以釀酒，其味醇美，名曰：「箬下春」。詩人用生動的畫面、飛鳥的遺憾，讚美了茶山的繁華景象與秀美風光。

　　首聯暗示出當地出產美酒，切合當地風光。這一聯每句都用了三個動詞，前句有「倚」「侵」「多」，後句有「誇」「書」「有」，使流暢的筆墨表現出一種跳動之勢，奏出明朗、歡快的旋律。第二句，先見「誇酒」之旗一角，而後意會到此處「有小樓」一座，頓挫之間，別有一番情趣。末聯另起一筆，詩人的眼光由山轉向溪面。它巧妙地攝取了自然景物一瞬間的動態，將鴛鴦驚飛的情景描摹得十分傳神。「豈無恨」，問得饒有情趣，「卻回頭」，體意入微。我們彷彿看到了詩人陶醉於自然美景中的情態。

　　這是一幅特寫。嶺下溪邊，突然鴛鴦驚起而飛，因水邊的寧靜被打破，故飛去時雙雙含恨回頭，依依不捨。詩人沒有明寫酒樓之人，而鴛鴦驚飛正是因為插著誇酒招客之旗的酒樓中有人聚飲。這樣酒店中人已不寫而寫，詩人鏤空造境，虛靈雋永，頗有別趣。詩以疑問句式反襯溪山之美，描摹鴛鴦神態尤為傳神。詩人極其巧妙地採用動靜交錯、動靜相迭的手法，表現出山村景色特有的意境。

春日茶山病不飲酒因呈賓客〔1〕

　　笙歌登畫船〔2〕，十日清明〔3〕前。山秀白雲膩〔4〕，溪光紅粉〔5〕鮮。欲開未開花，半陰半晴天。誰知病太守，猶得作茶仙。

【注釋】

〔1〕本詩大中五年（851）作，時杜牧為湖州刺史。

〔2〕笙歌：用單笙來吹奏歌曲；泛指音樂舞蹈。畫船：裝飾華麗的船。詩歌中多指遊船。唐花蕊夫人《宮詞》：「長似江南好春景，畫船來去碧波中。」

〔3〕清明：農曆二十四節氣之一。詳見《清明》詩注〔2〕。

〔4〕膩：濃厚。

〔5〕紅粉：古代婦女化妝用的胭脂與鉛粉。此指代船中歌妓。《文選·古詩十九首》：「娥娥紅粉妝，纖纖出素手。」詩歌中也代指美女、宮女。唐杜審言《戲贈趙使君美人》：「紅粉青娥映楚雲，桃花馬上石榴裙。」

【簡評】

　　清明前夕，乘著美麗的畫船，伴隨著清澈的溪水，秀麗的山色，以及藍天白雲，在一片笙歌妙舞中，品茗賞景，好不快樂。

　　在清新亮麗、富於變幻的景致中，詩人雖然身體不適，卻未影響品茶的興致，自得其樂賽過神仙。品茶，品的是一種心境，感覺身心被淨化，濾去浮躁，

沉澱下的是沉思。茶是一種情調，一種欲語還休的沉默，一種熱鬧後的落寞。

　　詩人筆下的春，善用修辭，意態迷人，融情至深。「山秀白雲膩，溪光紅粉鮮」，「膩」和「鮮」，採用擬人手法，將黛山比青雲，白雲比玉顏，脂光滑膩，溪水瀲灩，夾岸繁花，如簪花美人粉嫩鮮妍。如此比喻，獨特而又生趣盎然。春天似盛裝少女，既嬌羞柔美又明媚秀麗。而「欲開未開花，半陰半晴天」，也極準確地寫出清明時節的氣候景物特點。詩人繪景寫物的功力由此可見。

不飲贈官妓〔1〕

　　芳草正得意，汀洲〔2〕日欲西。無端〔3〕千樹柳，更拂一條溪。幾朵梅堪折，何人手好攜。誰憐佳麗地，春恨卻淒淒〔4〕。

【注釋】

〔1〕本詩為大中五年（851）春作，時杜牧任湖州刺史。

〔2〕汀洲：此指湖州，有白蘋洲。南朝梁柳惲《江南曲》有「汀洲採白蘋」之句，故後以汀洲代指湖州。參見《題白蘋洲》詩注〔1〕。

〔3〕無端：沒有起點或終點。喻繁多。唐王昌齡《大梁途中作》：「怏怏步長道，客行渺無端。」

〔4〕佳麗：指景色秀麗、美好。詩詞中多指土地景物的美好。南朝齊謝朓《入朝曲》：「江南佳麗地，金陵帝王州。」佳麗地，用以稱金陵和江南地區。淒淒：悲傷，淒慘貌。

【簡評】

　　詩人對歌妓的感情真摯誠懇，因而寫出的詩歌也很感人肺腑。唐代是官妓的鼎盛時代，名目眾多。官妓常常是在官員交往飲宴之時行酒佐歡，愉悅氣氛。正是芳草茂盛之際，而「官妓」的春恨頗多，原因就在於「何人手好攜」的落寞情感，以樂景寫愁緒，字裏行間流露出詩人對「官妓」的憐惜之情。詩人關注、理解妓女們的哀愁和別恨，敏感地捕捉到官妓落寞孤苦的內心，並且發自內心地憐惜、同情她們，這種真切的感情使詩歌具有了情深意長的詩情美。詩人之所以能寫出如此坦露的詩歌，一方面源於他直爽豪放的個性，另一方面源於他對女性真誠的愛慕和尊重。

　　此詩用細膩的語言形象地說出了歌妓們的心理：「幾朵梅堪折，何人手好攜。誰憐佳麗地，春恨卻淒淒。」雖然有傾國傾城之美貌，無奈也免不了無人

攜手的孤獨，看著美麗的風景沒有人分享，只能獨自一人心淒淒。

早春贈軍事薛判官〔1〕

雪後新正〔2〕半，春來四刻〔3〕長。晴梅朱粉豔，嫩水碧羅光。絃管開雙調〔4〕，花鈿〔5〕坐兩行。唯君莫惜醉，認取〔6〕少年場。

【注釋】

〔1〕此詩作於大中五年（851）正月，時杜牧任湖州刺史。判官：官名。參見《自宣州赴官入京，路逢裴坦判官歸宣州，因題贈》詩注〔1〕。

〔2〕新正：春正月。唐白居易《喜入新年自詠》：「白鬚如雪五朝臣，又入新正第七旬。」

〔3〕刻：古代計時器刻孔壺為漏，浮箭為刻，晝夜共百刻。春分、秋分時，晝夜各五十刻。春分以後晝長夜短，每九日白晝加長一刻。四刻長，指入春以來白天已增長四刻。

〔4〕絃管：原指絲竹樂器，詩詞中往往泛指音樂演奏。雙調：商調樂曲名。《新唐書·禮樂志》：越調、大食調、高大食調、雙調、小食調、歇指調、林鍾商，為七商。

〔5〕花鈿：婦女頭上妝飾。此代指歌妓。花鈿，又稱花子、面花、面靨、笑靨、貼花，是貼在眉間、臉上或鬢髮上的一種小裝飾。據宋高承《事物紀厚》引《雜五行書》云：南朝「宋武帝女壽陽公主，人日臥於含章殿簷下，梅花落額上，成五出花，拂之不去，經三日洗之乃落，宮女奇其異，競倣之」。因故稱之為「梅花妝」或「壽陽妝」。南朝梁沈約《麗人賦》：「陸離羽佩，雜錯花鈿。」北朝《木蘭詩》：「脫我戰時袍，著我舊衣裳。當窗理雲鬢，對鏡貼花黃」。詩中花木蘭所貼的花黃是古代流行的一種女性額飾，也是花鈿的一種。貼花鈿成風是在唐朝，在唐五代時候，婦女們已經把各種圖案貼的滿臉都是了，如杜光庭《詠西施》寫有「素面已云妖，更著花鈿飾」。花鈿的顏色有紅、綠、黃等。在當時最時興的花鈿樣式中，有「翠鈿」及「金鈿」。製做花鈿的材料繁多，式樣各異，十分美妙新穎。花鈿作為一種女性的飾物來描寫，構成一種優美、綺豔、燦爛、時尚的意象。

〔6〕認取：猶言尋取、尋找。此句言尋找年輕人聚會的場所。

【簡評】

這是一首贈詩。從春暖花開起筆，白天已漸漸延長；早春景象清新，初春河水嫩綠反光，一派水清花豔景色。進而筆鋒一轉，描寫薛判官愜意的生活場

景，聽著悠揚的音樂演奏，如花似玉的眾多美女侍坐兩旁。結句勸慰，莫沉溺
於燈紅酒醉之中，珍惜青春年少的快樂時光。既顯示出雙方的友情，又不失朋
友的關愛。畫面清新，情景交融，恰到好處。

代吳興妓春初寄薛軍事〔1〕

　　霧冷侵紅粉〔2〕，春陰撲翠鈿〔3〕。自悲臨曉鏡〔4〕，誰與惜流年〔5〕。柳暗
霏微雨，花愁黯淡天。金釵有幾隻，抽當酒家錢〔6〕。

【注釋】

〔1〕本詩作於大中五年（851）春日，時杜牧在湖州為刺史。吳興：郡名，即唐湖州。
　　唐治所在烏程（今屬浙江）。吳興妓，即湖州官妓。薛軍事，即《早春贈軍事薛
　　判官》詩之薛判官。

〔2〕紅粉：古代婦女化妝用的胭脂與鉛粉。參見《春日茶山病不飲酒因呈賓客》詩
　　注〔5〕。

〔3〕翠鈿：唐朝貴族婦女很流行的一種面部化妝，它是用綠色「花子」黏在眉心，
　　增加美觀。參見《早春贈軍事薛判官》注〔5〕。

〔4〕曉鏡：早上對鏡梳妝。唐李商隱《無題》：「曉鏡但愁雲鬢改，夜吟應覺月光
　　寒。」

〔5〕流年：年光如流水過得很快。唐方干《送從兄郜》：「流年莫虛擲，華髮不相
　　容。」

〔6〕「金釵」二句：金釵換酒，豪放灑脫。義同「金龜換酒」。唐李白《對酒憶賀監
　　詩序》：「太子賓客賀公，於長安紫極宮一見余，呼余為『謫仙人』，因解金龜，
　　換酒為樂。」金龜：袋名，唐代官員的一種佩飾。解下金龜換美酒。形容為人
　　豁達，恣情縱酒。

【簡評】

　　這是詩人揣摩歌妓心理代其寫給遠方的薛軍事的情詩。首聯融情入景，
烘托出了歌妓生活的淒冷孤寂的氣氛；頷聯抒情，寫主人公感歎紅顏易老而
沒有憐惜自己的人；頸聯又是寫景，「微雨」「花」的意象進一步說明了歌妓
的苦楚；最後道出了歌妓生活的窘迫。全詩心理摹寫十分細膩，道出了古代
女子只能依附於男權的淒涼遭際。儘管這是代寫，但詩人對歌妓心理活動的
揣度是如此細緻入微，可見他對這些可憐女子的同情。

　　全詩惜別悲愁。詩結句作豁達語；悲起喜結，力透悲酸。

八月十二日得替後移居霅溪館因題長句四韻〔1〕

萬家相慶喜秋成，處處樓臺歌板〔2〕聲。千歲鶴歸猶有恨，一年人住豈無情〔3〕。夜涼溪館〔4〕留僧話，風定蘇潭〔5〕看月生。景物登臨〔6〕閒始見，願為閒客此閒行〔7〕。

【注釋】

〔1〕本詩作於大中五年（851）八月，時杜牧罷湖州刺史，內擢為考功郎中、知制誥，在湖州尚未赴任。得替：謂官員新舊交接。此指詩人已卸湖州刺史任，新刺史已到任。按接替杜牧者為郭勤，見《嘉泰吳興志》卷十四。霅（shà）溪館：在湖州烏程縣東南一里。《太平寰宇記》卷九四：「湖州烏程縣霅溪館。霅溪在縣東南一里，凡四水合為一溪，自浮玉山曰苕溪；自銅峴山曰前溪；自天目山曰餘不溪；自德清縣前北流至州南興國寺曰霅溪，東北流四十里合太湖。」霅溪又稱霅川，五代齊己《嘗茶》：「春風霅川上，憶傍綠叢行。」

〔2〕歌板：打擊樂器，即拍板。用以定歌曲的節拍。通常用檀木製做，又叫檀板。唐玄宗時樂工黃帆綽善於奏歌板，故也稱綽板。唐崔玨《和人聽歌》：「紅臉初分翠黛愁，錦筵歌板拍清秋。」明楊慎《鷓鴣天·月下水邊梅影》：「溪綠淨，月黃昏。留連檀板共金樽。」

〔3〕「千歲」二句：意謂在湖州一年，對當地山川人民深有感情，不忍邃然離去。千歲鶴歸：用丁令威化鶴歸鄉典，參見《贈李處士長句四韻》詩注〔7〕。杜牧用此典故，表現自己將要歸故鄉長安。一年人住：杜牧在湖州做了一年刺史。

〔4〕溪館：即霅溪館。

〔5〕風定：風停了。蘇潭：即蘇公潭，在浙江湖州烏程縣，潭水甚深。明曹學佺《大明一統名勝志·湖州府名勝》卷五：「湖州府烏程縣，東南一里有蘇公潭，唐開元初蘇頲為烏程尉，誤墜潭中，聞人云：『扶出蘇公。』頲後拜相，封許國公。故杜牧詩有云：『夜深溪館聞僧語，風定蘇潭看月生。』」

〔6〕登臨：登山臨水或登高臨遠，泛指遊覽山水。

〔7〕「願為」句：明董斯張《吳興備志》卷十四：「亭館。杜牧之有云：不是閒人閒不得，願為閒客此閒行。吳興因建得閒亭。」

【簡評】

此詩寫得替卸任後之閒逸情致，其視內調無足輕重，可見其無意羈宦，而嚮往浙東山水之勝。詩歌表達了詩人對湖州的依戀，以及對閒適生活的嚮往與追求。

起句意思平泛，措語淺俗，至「千歲鶴歸」一聯方稍入佳境。夜涼留僧話，風定看月生，見閒逸心態和高士情懷，頗見從往昔羈宦生涯解脫出來的輕鬆與欣悅。

「千歲」二句，別有情調。唐詩少閒情。這裡的「閒情」不是指廣義上的閒時的情懷，而是狹義上的，像明清詩那種處處見小的意境。這是因為盛唐氣象，唐人眼界開闊，為詩自也不局限於一個小天地。唐人在意的，是田園之美，邊塞之壯，別離之愁；而像這種為自己舊居單獨題一首詩的情致，在宋人詞中常見，而唐詩中似不為多。這種對生活細節的把捉，其實是較為難能可貴的。

「景物登臨閒始見」，既是自己辭官後欣喜情感的流露，同時富於哲理意味。自然界中的風光，生活中的美好，繁雜事物中的溫馨，只有在內心靜下來之後才能更好地體味到。尾聯連用三個「閒」字，並不嫌冗贅，反突顯出詩人的情感追求，同時表現出其特有的隨意灑脫的詩風。

令人遺憾的是，回京不久，詩人溘然辭世。溪館與僧人夜話，蘇潭賞月的嫻雅，竟然是人生最後不多的閒適與安逸。

初冬夜飲〔1〕

淮陽多病偶求歡〔2〕，客袖侵霜與燭盤〔3〕。砌下梨花一堆雪，明年誰此憑闌干〔4〕。

【注釋】

〔1〕本詩約作於會昌二年至會昌四年（842～844）杜牧任黃州刺史時。

〔2〕「淮陽」句：謂自己如多病的汲黯，偶而飲酒。淮陽：指漢代汲黯，字長孺。汲黯之為人，性倨少禮，不能容人之過。敢於面折廷諍，武帝外雖敬重，內頗不悅。曾任東海太守，時多病，臥閣內不出。然歲餘，東海竟然大治，武帝甚為讚賞。後再召黯拜為淮陽太守，汲黯稱病，勉強受詔。武帝問他是否「薄淮陽」（輕視淮陽），要他「臥而治之」。汲黯遂赴淮陽，治郡清明。詳見《漢書・汲黯傳》。求歡：指飲酒。

〔3〕「客袖」句：謂冬夜燈下獨坐，但覺寒氣襲人。客袖：唐詩言「客袖」，往往作為作者之主體形象。唐無可《菊》：「野香盈客袖，禁蕊泛天杯。」唐曹松《江西題東湖》：「客袖沙光滿，船窗荻影閒。」客：謂外任刺史，客居異地。霜：在這裡含風霜、風塵之意；不僅與「初冬」暗合，更暗示作者心境的孤寒。與：對，向。燭盤：燈也。

〔4〕「砌下」二句：謂石階下雪白如梨花，而明年此時，未知復能憑欄賞雪否？砌：
臺階。梨花：梨樹之花。詩中多以潔白梨花喻寫雪景。杜牧以梨花喻雪，象徵
美麗的景色。唐李白《送別》：「梨花千樹雪，楊葉萬條煙。」唐岑參《白雪歌》：
「忽如一夜春風來，千樹萬樹梨花開。」梨花潔白如雪，開時春光明媚，微風
和煦，又宜於月下觀賞，一花便占盡了「風花雪月」四種自然界的美麗景象，
可說是雅到了極點，美到了極致。誰此：誰人在此。闌干：即欄杆。

【簡評】

　　這是詩人在黃州刺史任上初冬獨飲的孤悶心理的記錄。寂寥中他小酌去
煩，憑欄欣賞玉階飛花，聊娛此夜。然淡淡愁緒隨之而來，詩人不禁自問：冬
春代序，四季循環，明年此夕又是誰人在此倚欄飲酒賞景呢？

　　第一句用典，點明獨酌的原因，透露出心情的憂鬱，具有統領全篇的作用。
此句寫得含蓄，措辭委婉。次句承上實寫夜飲，敘事中進一步烘托憂傷淒婉的
情懷。第三句轉折，插入室外景物的描寫，為樂景襯哀情的表現手法，這也就
和第四句的感情有了緊密的共性特徵。不僅使全詩頓生波瀾，也使第四句的感
歎更其沉重有力。妙在最後又以問語出之，與前面三個陳述句相映照，更覺音
情頓挫，唱歎有致，使結尾有如「撞鐘」，清音不絕。這一反問，凝聚著詩人
流轉無定的困苦、思念故園的情思、仕途不遇的憤慨、壯志難酬的隱痛，情調
更為淒婉，令人深思。

　　此詩不僅感歎良景不永，對屢遭外放、遷徙不定亦深致不滿，既有懷才不
遇之悵，亦有人生無常之歎。徐獻忠云：「牧之詩含思悲淒，流情感慨，抑揚
頓挫之節，尤其所長。」（《唐音癸籤》卷八引）玩味此詩，所言極有見地。

栽　竹

　　本因遮日〔1〕種，卻似為溪移。歷歷羽林〔2〕影，疏疏煙露姿〔3〕。蕭騷〔4〕
寒雨夜，敲劫〔5〕晚風時。故國何年到，塵冠挂一枝〔6〕。

【注釋】

〔1〕遮日：竹葉婆娑，可以蔽日。唐杜荀鶴《夏日登友人書齋林亭》：「蟬噪檻前遮
日竹，鷺窺池面弄萍魚。」

〔2〕歷歷：一個個，處處。羽林：唐代皇帝禁衛軍的名稱。此指竹竿樹立，猶如羽
林戈矛儀仗。參見《杜秋娘詩》注〔27〕。

〔3〕煙露姿：含煙帶露的姿態。

〔4〕蕭騷：象聲詞；此形容風雨、草木的聲音。唐韋莊《南省伴直》：「何事愛留詩客宿，滿庭風雨竹蕭騷。」

〔5〕敲劼：兩物碰擊聲。劼，《尚書‧酒誥》：「予惟曰：『汝劼毖殷獻臣。』」蔡沈集傳：「劼，用力也。」

〔6〕塵冠：官帽。掛冠，即辭去官職。一枝：樹枝。參見《送故人歸山》詩注〔3〕。

【簡評】

　　從首聯二句看，「栽竹」實為「移竹」，而「為溪移」三字中或有某種寓意在。中二聯是情景雙繪、精緻工整的對仗。以羽林軍喻竹陣，寫盡竹之挺立之姿；「蕭騷」「敲劼」狀「寒雨夜」和「晚風時」，可感可聞。末聯從「竹」的清高引出赴京散淡為政，大隱朝市的心境，意味深長。

梅〔1〕

　　輕盈照溪水，掩斂下瑤臺〔2〕。妒雪聊相比，欺春不逐來〔3〕。偶同佳客見，似為凍醪〔4〕開。若在秦樓畔，堪為弄玉媒〔5〕。

【注釋】

〔1〕此詩約作於會昌二年（842）。

〔2〕掩斂：用衣袖遮面，嚴肅矜持而有禮貌的樣子；即羞澀端莊貌。唐吳融《杏花》：「粉薄紅輕掩斂羞，花中占斷得風流。」瑤臺：美玉砌成的樓臺。泛指雕飾華麗、結構精巧的樓臺。神話中為神仙所居之地。詩文中常藉以詠仙境或高天。戰國屈原《離騷》：「望瑤臺之偃蹇兮，見有娀之佚女。」舊題晉王嘉《拾遺記‧崑崙山》：「崑崙山由昆陵之地，其高出日月之上。山有九層……第九層山形漸小狹，下有芝田蕙圃，皆數百頃，群仙種耨焉。傍有瑤臺十二，各廣千步，皆五色玉為臺基。」參見《淮南子‧本經訓》。唐薛濤《酬辛員外折花見遺》：「青鳥東飛正落梅，銜花滿口下瑤臺。」

〔3〕「妒雪」二句：謂嫉妒雪色，便欲和它相比；藐視春天，不願意隨之而來。妒：嫉妒。聊：姑且。欺：超越；此有藐視意。不逐來：不隨著春天一起來。逐，隨著。

〔4〕佳客：指詩人。唐杜甫《賓至》：「竟日淹留佳客坐，百年粗糲腐儒餐。」凍醪（láo）：冬天釀造，春天飲用的酒。醪：本指濁酒，這裡將「凍醪開」作為寒冬飲酒的雅興。

〔5〕「若在」二句：謂若是長在秦樓邊的話，簡直能作弄玉的媒人了。此用秦穆公女

弄玉事。據《太平廣記》卷四引《神仙傳拾遺》:「蕭史善吹簫,作鸞鳳之響。……秦穆公有女弄玉,善吹簫,公以弄玉妻之,遂教弄玉作鳳鳴。居十數年,吹簫似鳳聲,鳳凰來止其屋,公為作鳳臺,夫婦止其上,不飲不食不下數年,一旦弄玉乘鳳,蕭史乘龍,昇天而去。」秦樓:秦穆公為其女弄玉所建之樓,又稱鳳樓。堪:能。

【簡評】

這是一首詠物詩,借用了蕭史和弄玉以簫為媒的充滿了傳奇色彩的故事,給梅花的花香賦予了一種浪漫的氣質。作者無意於刻畫梅花的外貌形態,而重在寫其神。「輕盈」「掩斂」見其美質,「妒雪」「欺春」顯其傲骨,現身於佳客來時,開放於凍醪香中,說明其高貴不俗;在秦樓之畔,可為弄玉作媒,進一步寫其有情而通感。全詩構思獨特,吐屬清華,在晚唐詠物之作中別具韻致。

詩的首聯主要描寫梅花的姿態優美,美妙超凡;開篇就為梅花賦予了生命和靈氣。輕盈的梅花,映照著如碧的溪水,實景與倒影渾然一體,構成一幅絕美的圖畫。詩人採用擬人手法,把梅花比成一群從瑤臺翩然而降的仙女,舞姿曼妙,如驚鴻遊龍,令人魄蕩魂馳。頷聯詩人筆下的梅花宛若仙女一樣對著溪水將自己梳妝端詳一番,竟是為了要和冬雪一比容貌,看看誰更白淨!梅花不僅「妒雪」還「欺春」。這裡似乎是把梅花寫成了自恃孤傲美麗的仙女了。這兩句從側面烘托了梅花的美麗動人。然而,頸聯作者筆鋒一轉,寫到了梅花性格的另一面。原來,梅花不只是會孤芳自賞,有時候,卻也是多情好客的。偶然遇到佳客,就會讓佳客品嘗又香又醇的美酒。品酒香實為品花香,此處用了比擬的手法描寫了梅花綻放時的花香。尾聯進一步展開想像,說如果梅花開放在弄玉的秦樓旁,就可以成為蕭史和弄玉的媒人,他們倆就不必以「簫」為媒了。這兩句進一步突出梅花的美。

詩中的梅花被作者賦予成一位魅力超凡的女子,同時又是一位非常有個性的女子,不僅美麗冰清玉潔,又充滿了獨特的個人魅力,體現了詩人筆下女子的細膩、委婉和對女子姿態表現的細緻生動。杜牧的性格可以說是以豪邁磊落為主而兼有暢快、疏爽與倜儻,屬於外向的開放類型的性格。所以他的律詩在雄勁豪宕中有時露出一些流麗之氣,這正與其性格特點相合。

山石榴 [1]

似火山榴映小山,繁中能薄豔中閒 [2]。一朵佳人玉釵 [3] 上,只疑燒卻

翠雲鬟〔4〕。

【注釋】

〔1〕山石榴：馮集梧注「《初學記》：周景式《廬山記》曰：香爐峰頭有大磐石，可坐數百人，垂生山石榴，三月中作花，色似石榴而小，淡紅敷紫萼，煒曄可愛。」石榴原產伊朗，石榴又名安石榴，相傳漢朝張騫從安西國（今伊朗西部）帶回，故名。東漢張衡《南都賦》就有「若榴」的記載。「若榴」就是石榴的古名，也說明我國早在公元前就有種植了。石榴果實豔若寶石，千房同膜，萬粒如一，象徵子孫滿堂和團結吉祥，被當作饋贈的喜慶之物。「榴開百子」便成了古人為乞求多子的口采。初時，石榴被視為珍品，《西京雜記》云：「（漢）初修上林苑，群臣遠方各獻名果異樹，有安石榴十株。」明人張溥輯有《潘太常集》中有：「潘尼說：『安石榴者，天下之名果。』」到了唐代，石榴樹已被廣為種植。農曆五月，正值石榴花盛開，那一朵朵的榴花鮮紅似火，光彩照人，故五月有「榴月」之稱。

〔2〕繁：繁豔。薄：淡薄。閒：閒雅。

〔3〕玉釵：古人頭飾，釵子的美稱。唐元稹《襄陽為盧竇紀事》：「依稀似覺雙環動，潛被蕭郎卸玉釵。」

〔4〕「只疑」句：此誇張地說，山石榴如火之紅，恐怕要把美人的頭髮燒著了。翠雲鬟：婦女烏黑如雲之美麗發鬟。翠，形容頭髮的顏色；雲，濃密的樣子。鬟（huán）：古代婦女的環形髮髻。南朝梁簡文帝《和人渡水詩》：「婉娩新上頭，湔裾出樂遊。帶前結香草，鬟邊插石榴。」

【簡評】

這是一首詠物小品。在美麗的初夏，詩人行走在景色優美的田間，看到如此的動人畫面，充分體現了他悠閒、愜意的愉快心情，風格清新明快。

首句破題，點明寫作對象——山石榴。通過視覺描寫，寫似火般的山石榴與小山交相輝映的景象，那紅遍山野的石榴花映入眼簾，令人不禁讚歎不已。運用了比喻、誇張的修辭手法，將石榴比成火，將山石榴那紅豔的美麗最大化，令人有彷彿身臨其境之感，賞心悅目。第二句敘說這美麗動人的山石榴，使得繁豔的百種山花也顯得遜色，不及它的幽雅。「繁」與「閒」以反義詞相互映襯，給人以舒適、愜意的感覺。「豔」字又一次點出了山石榴的特點。

第三句更是寫得妙趣橫生，佳人折下一朵石榴花用玉釵簪到頭頂，鮮花

襯美人，豔麗奪目。給人以似乎佳人就是那朵美麗動人的花的感覺，想像大膽、新奇。尾句作者更是運用大膽奇特、精彩新穎的想像，也似由心自然而然發出的感慨，會擔心石榴花燃燒起來。以團火燃燒，喻山石榴豔美，想像豐富。「燒卻」呼應第一句，寫得很精妙。作者擔心榴花燒著了雲鬢，而擁有雲鬢的佳人並不覺得「疼」，只覺得美。如此榴花詩句俏皮極了，有趣極了。「翠雲鬢」又一次表現了佳人的美麗，集紅色的鮮花、黑色的頭髮，以及翠綠的髮簪於一體，視覺上三種顏色相互映襯。

在石榴詩中，以火比喻榴花的詩句極多。如南朝梁蕭繹《賦得詠石榴詩》：「燃燈疑夜火，連珠勝早梅」；唐溫庭筠《海榴》：「海榴開似火，先解報春風」；唐元稹《感石榴二十韻》：「風翻一樹火，電轉五六車」；唐皮日休《病中庭際海石榴花盛發，感而有寄》：「火齊滿枝燒夜月，金津含蕊滴朝陽。」正因為把石榴比作火，我國古代婦女就喜歡把「榴火」戴在頭上，南朝梁簡文帝的「鬢邊插石榴」詩句可為佐證。

宋代蘇軾的《石榴》詩，能一反常態，不是感歎，而是讚美，表現了一種爽樂欣喜之情。「風流意不盡，獨自送殘芳。色作裙腰染，名隨酒盞狂。」特別是後兩句，詩人贊榴花佳色絕美，不落別人窠臼，卻說石榴花色之美是因石榴裙色相染。寫人們對石榴的喜愛，卻言石榴因酒盞之醉，其名愈狂愈盛，這又見詩人神思之獨到。詩人於淡中求真味，雖無一筆濃墨重彩，然而石榴花之神韻風骨猶在。

柳長句〔1〕

日落水流西復東〔2〕，春光不盡柳何窮〔3〕。巫娥廟裏低含雨〔4〕，宋玉宅前斜帶風〔5〕。莫將榆莢〔6〕共爭翠，深感杏花相映紅。灞上漢南〔7〕千萬樹，幾人遊宦〔8〕別離中。

【注釋】

〔1〕長句：詳見《長安雜題長句六首》注〔1〕。

〔2〕西復東：《逸周書》：「天道尚右，日月西移；地道尚左，水道東流。」

〔3〕何窮：無窮。

〔4〕巫娥廟：即巫山神女廟，在今重慶巫山縣東。傳說中的巫山神女名瑤姬，未嫁而亡，封於巫山之陽，後人為她立廟，題名「朝雲」。酈道元《水經注》卷三四：「丹山西即巫山者也，又帝女居焉。宋玉所謂天帝之季女名曰瑤姬，未行而亡，

　　封於巫山之陽。」低含雨：暗用巫山神女「朝為行雲，暮為行雨」事。參《潤
　　州二首》詩注〔10〕。

〔5〕宋玉：戰國楚人，辭賦家。曾為楚頃襄王大夫。作賦十六篇，現存《神女賦》
　　等六篇。唐余知己《渚宮故事》：「宋玉舊宅，在江陵城北三里」。參見《送劉秀
　　才歸江陵》詩注〔5〕。斜帶風：宋玉《風賦》：「楚襄王遊於蘭臺之宮，宋玉、
　　景差侍。有風颯然而至，王乃披襟而當之，曰：『快哉此風！寡人所與庶人共者
　　邪？』宋玉對曰：『此獨大王之風耳，庶人安得而共之！』」

〔6〕榆莢：榆樹的果實。初春時榆樹未生葉前先生莢，聯綴成串，形似銅錢，俗呼
　　榆錢。

〔7〕灞上：指長安灞水之上。灞水為渭河支流，為關中八川之一，在陝西中部。灞
　　是水上地名。《三輔黃圖》卷六：「霸橋在長安東，跨水作橋。漢人送客至此橋，
　　折柳贈別。」早在秦漢時，人們就在灞河兩岸築堤植柳，陽春時節，柳絮隨風
　　飄舞，好像冬日雪花飛揚。唐朝時，在灞橋上設立驛站，凡送別親人與好友東
　　去，多在這裡分手，有的還折柳相贈，唐李白《憶秦娥》寫道「年年柳色，灞
　　陵傷別」，唐朝時就有「都人送客到此，折柳贈別因此」的風氣，為文人騷客所
　　樂道。唐杜甫《懷灞上游》：「悵望東陵道，平生灞上游。」漢南：漢水之南。
　　南北朝庾信《枯樹賦》：「桓大司馬聞而歎曰：昔年種柳，依依漢南。今看搖落，
　　悽愴江潭。樹猶如此，人何以堪？」

〔8〕遊宦：即宦遊，指異鄉為官，遷轉不定。《文選·陸機·赴洛》：「羈旅遠遊宦，
　　託身承華側。」

【簡評】

　　這是一首折柳送別詩，也是一首詠物詩。詩人借描寫柳樹這個意象來抒發
離情別緒，詠柳寄情，借柳傷別，睹物起興，在遊宦的別離中抒發對家人的依
依不捨及人生感慨。

　　首聯寫了落日、流水、春光、垂柳這幾個意象，運用起興的手法，從眼前
的景物寫起，落日西逝、流水東流表明了時光的流逝，只短短幾字就勾勒出了
一幅落日晚景圖，正是這樣的景象引發了詩人的離愁。在無盡的時空中寫出柳
樹的生命力，雖然是廣袤無邊無處不在生機勃發無時不有，但詩句卻有一種亙
古惆悵。頷聯寫了巫娥廟和宋玉宅前之柳，「含」「帶」二字運用擬人手法，寫
柳因雨重而低垂，因風拂而斜飄，寫出了柳樹的動態美；以人之情寫柳之美，
這樣柳就格外婀娜多姿、美麗迷人。運用神話傳說和典故，不言柳樹卻賦予柳

樹一種愁緒。頸聯寫了榆莢和杏花，用「翠」和「紅」兩個色彩詞表現它們的鮮豔活潑，生動形象。又寫它們「共爭翠」「相映紅」，一派生機勃勃的景象。此聯用「榆莢」「杏花」借代那些才華出眾、有才能的遊宦人，詩人不嫌和他們「共爭翠」，而深與他們「相映紅」，表現了詩人樂觀、自信的情懷，同時也表明了詩人的政治才能。尾聯寫柳樹見證了人間的離別和淒苦。「灞上」句，運用典故，自古以來，灞柳就與送別相關聯。結句點出了全詩的主旨，點明離別緣由，「宦遊人」指的是上任途中的國家官員，而「遊宦」重在一個「遊」字，重點是尋找一個志同道合的聚集地，抒發離情別緒和對親人的留戀之情。體味人生挫折困苦的詩人，這一次一見到曾經熟悉的柳樹，心旌動盪，上至仙界，下至人間，古往今來的悽楚，似乎一股腦兒湧上心頭。

　　在杜牧數首寫柳詩中，本詩在情韻表現上頗有特色。詩人將「柳」置於春天、黃昏、水邊這一特定的時空中，涵衍深遠。「日落水流西復東」用韻造語皆為古崛，「春光不盡柳何窮」則相當流麗。「含雨」「帶風」，寫「柳」的風韻與器度，形神俱備。繼而從側面寫其可與榆莢共爭翠色，能將粉杏相映更紅。最後疊用典故，將全詩意度轉入深沉感慨，也使「柳」的形象和蘊涵表現得更為豐滿。

隋堤柳〔1〕

　　夾岸垂楊三百里〔2〕，只應〔3〕圖畫最相宜。自嫌流落〔4〕西歸疾，不見東風〔5〕二月時。

【注釋】

〔1〕本詩作於大中五年（851）秋冬，時杜牧自湖州赴長安任考功郎中、知制誥途中作。隋堤：隋煬帝大業元年，開通濟渠，自西苑引穀水、洛水入黃河；自板渚引黃河入汴水，經泗水達淮河；又開邗溝，自山陽至揚子入長江。渠廣四十步，旁築御道，並植楊柳，後人謂之隋堤。唐杜寶《大業雜記》：「（隋煬帝）發淮南兵夫十餘萬，開邗溝，自山陽至揚子入江，三百餘里，水面闊四十步，兩岸為大道，種榆柳。」《揚州府志》云：「隋開邗溝入江，旁築御河，植以楊柳，今謂之隋堤，在今江蘇江北運道上。宋張綸因其舊而修築之。南起江都，北達寶應為十閘，以泄橫流。即今運河堤也。」

〔2〕「夾岸」句：謂運河兩岸堤上，植滿垂楊，綿延三百里。《隋書·食貨志》：「自板渚引河，達於淮海，謂之御河。河畔築御道，樹以柳。」唐白居易《隋堤柳》：

「大業年中煬天子，種柳成行夾流水。西自黃河東至淮，綠陰一千三百里。」

〔３〕只應：只應該，只會。唐韋莊《白櫻桃》：「只應漢武金盤上，瀉得珊珊白露珠。」

〔４〕自嫌：猶「自恨」。流落：困留於外。杜牧《上吏部高尚書狀》稱：「（牧）三守僻左，七換星霜，拘攣莫伸，抑鬱誰訴？」於此可見其難言之隱痛。

〔５〕不見東風：裴延翰《樊川文集序》：「上五年冬，仲舅（按，即杜牧）自吳興守拜考功郎中、知制誥。」因途經隋堤，時在秋冬，正是西風、朔風，故云「不見東風」。東風，指春光。

【簡評】

　　這是一首觸景傷懷詩。離湖州赴長安，取道汴河，乘船西行，乃有此作。夾岸垂楊，一望無際。這本應是一幅充滿春色的畫圖，但正值秋冬時節，眼前未免蕭索寥落，故而詩人對不能從容等待來年二月晉京感傷不已，畢竟那時春風浩蕩，可欣賞隋堤最美好的風光。這裡作者將對仕途的惶然和人生的某種隱痛，表達得含蓄委婉。杜牧自湖州解任，多有出世之志，不以回京為喜。離湖州赴長安時寫《途中一絕》詩，其不願回京之意已明顯。此詩將入京說做「流落西歸」，亦有不滿之意。隨著詩人年老，厭倦塵氛之心，日漸形之於色。讀此詩，可知詩人晚年自傷落寞的心境。

　　一二句作景語，垂楊夾岸，綿延三百里之遙，猶圖畫之景，然無意欣賞。宦海浮沉，時而京官，時而外放，抱負難以施展。由湖州刺史內調為考功郎中、知制誥，官爵雖升，亦視之如常，反恨「流落西歸」「不見春風二月」，實乃憤激之辭。

柳絕句

　　數樹新開翠影齊，倚風情態被春迷〔１〕。依依故國樊川恨，半掩村橋半拂溪〔２〕。

【注釋】

〔１〕「數樹」二句：謂柳絲臨風搖曳，別具情態，彷彿為春色所陶醉。翠影：初春柳條婆娑的姿影。唐李山甫《曲江二首》：「南山低對紫雲樓，翠影紅陰瑞氣浮。」倚風：臨風，迎著風；謂柳枝隨風傾斜搖擺。迷，陶醉。

〔２〕「依依」二句：謂柳枝嫋娜，情意綿綿，令人懷念故鄉樊川而興悵恨之情。詩人在異地藉寫柳以詠鄉懷。依依：情深依戀貌。唐王維《渭川田家》：「田夫荷鋤

至，相見語依依。」故國：故鄉；此謂樊川。樊川：水名，在長安城南。杜牧家有別墅在此。詳見《池州送孟遲先輩》詩注〔33〕。

【簡評】

這是杜牧任職外郡時懷念故鄉、詠柳寄情之作，其寫春柳新開綠葉，翠影映晴，風中飄曳，景色誘人。其中既有柳之情態，又寓有詩人深情而凄迷的思鄉之恨。首二句情韻雙兼，柳似懷春少女。「倚風情態」為虛寫，而「被春迷」三字性靈活脫，新穎有趣。「依依」為難捨之貌，所謂「恨」，即思鄉之情也。最後說這片情思都化在被柳陰遮掩的村橋和溪流中，委婉含媚，風神依稀。可謂：春風裁葉柳初開，迷人春景醉人懷；唯恨壯志圖見難，春意愈濃恨重重。

獨　柳

含煙〔1〕一株柳，拂地搖風久。佳人不忍折〔2〕，悵望回纖手〔3〕。

【注釋】

〔1〕含煙：謂煙霧籠罩。唐顧況《登樓望水》：「鳥啼花發柳含煙，擲卻風光憶少年。」

〔2〕不忍折：指不忍分手。古時有折柳送別之俗。參見《柳長句》詩注〔7〕。

〔3〕回纖手：《古詩十九首·迢迢牽牛星》：「纖纖擢素手，札札弄機杼。」纖纖，纖細柔長的樣子；擢（zhuó），抬、舉；素手，潔白的手。唐喬知之《折楊柳》：「可憐濯濯春楊柳，攀折將來就纖手。」

【簡評】

本詩雖為小品短製，然民歌風味濃鬱可喜。全詩意旨正是從題中一個「獨」字生發。「一株柳」寫「獨」而製題，「含煙」正是春日柳樹的氤氳氣象。「拂地搖風」，嫋娜多嬌，自然引人攀折；然卻說「不忍折」，即不忍離別；詩筆一轉，便迴旋生姿。末句寫悵望之中，見其孤獨而生憐憫，其動作情狀如在眼前，婉約動人。

詩用清婉幽長的語言，寫出柔柳蘊藉多情的生動情態，表達出詩人細膩、真摯、多情的感情世界，故而深深打動讀者的心靈。

早　雁〔1〕

金河秋半虜弦開，雲外驚飛四散哀〔2〕。仙掌月明孤影過，長門燈暗數聲來〔3〕。須知胡騎紛紛在，豈逐春風一一回〔4〕。莫厭瀟湘少人處，水多菰米岸莓苔〔5〕。

【注釋】

〔1〕本詩作於會昌二年（842）八月，時杜牧在黃州刺史任上。唐武宗會昌二年二月，回紇南侵，突出大同川，轉戰於雲州城門，大肆擄掠，唐王朝下詔發陳、許、徐、汝諸處兵屯於太原、振武、天德，準備次年春天擊退回紇。這時正是早雁南飛的季節，杜牧想到北方邊境的人民因為回紇統治者帶兵南下，倉皇逃難，顛沛流離，寫下這首憂時感事的詩。因為八月還未到深秋，所以用《早雁》標題。這裡以早雁託物喻人，比喻因回紇人入侵而流放的北方百姓。

〔2〕「金河」二句：謂八月之金河，正當回紇開弓射獵之時，天外群雁，驚惶四散，恐駭哀鳴。金河：唐單于大都護府縣名，今內蒙古自治區呼和浩特南；當時是回鶻統治的地區。秋半：謂八月。虜弦開：指胡人開弓控弦射雁。比喻回紇南侵；虜是對敵人的蔑稱。雲外：唐人常以之指極遠之地。唐許渾《秋夜與友人宿》：「雲外山川歸夢遠，天涯歧路客愁長。」驚飛：以雁群驚飛比喻百姓四處逃散。

〔3〕「仙掌」二句：謂月明之夜，失群之孤雁從金人承露盤上飛過；長門宮燈暗之時，傳來數聲悽楚之雁鳴。仙掌：漢武帝為求仙，在京城長安建章宮神明臺上造銅仙人，舒掌捧銅盤玉杯，以承接天上的仙露，後稱承露金人為仙掌。長門：漢宮殿名。漢司馬相如《長門賦序》：「孝武皇帝陳皇后時得幸，頗妒，別在長門宮，愁悶悲思。聞蜀郡成都司馬相如天下工為文，奉黃金百斤，為相如、文君取酒，因於解悲愁之辭。而相如為文以悟主上，陳皇后復得親幸。」後以長門借指失寵的女子居住的寂寥淒清的宮院。此「長門」，亦借漢代宮名以喻唐。一方面表明長門是帝京的所在，另一方面也烘托出當時淒清的氣氛。借用漢朝的人、事、物來指代唐朝的人、事、物，是唐詩中頗為常見的一種表現手法。「以漢代唐」形成於唐人對強大漢武時代的認同，既以漢為鑒，漢、唐兩相比照，又可相對委婉，遂漸成體例。

〔4〕「須知」二句：意謂應知回紇鐵騎正在北方踐踏肆虐，大雁又豈能追隨春風一一飛回故鄉？胡騎：指回紇的騎兵。逐：動詞，隨。一一：指由一隻隻飛雁排列成的隊形。回：大雁為候鳥，據說最南不過衡陽，春日北飛。《方輿勝覽》：「回雁峰在衡陽之南，雁至此不過，遇春而回。」

〔5〕「莫厭」二句：謂莫要不滿南方空曠，人跡罕至，瀟湘水源豐富，多產菰米，岸邊亦有莓苔，足夠大雁充饑。瀟湘：水名，此泛指南方。詳見《早春寄岳州李使君，李善棋愛酒，情地閒雅》詩注〔5〕。菰（gū）米：俗稱茭白；菰實之一，

一名雕胡米，古以為六穀之一。明李時珍《本草綱目》卷二三《穀二‧菰米》：「菰生水中……至秋結實，乃雕胡米也，古人以為美饌。今饑歲，人猶採以當糧。」莓（méi）苔：青苔，陰濕地方生長的綠色的苔蘚植物；可供鳥食之一種植物。

【簡評】

這是一首詠物詩，借物抒懷。大雁帶給作者的不僅是物候、時令的變化，更有漂泊思念、憂念塞外的種種感受。將託物、寓意、抒情於一體，採用比興、象徵的手法，題面上處處寫受驚南飛的早雁，實際上寫因兵災向內地逃難的邊民。

首聯以「早雁」比興寄意，十分精妙得體；想像鴻雁遭射四散的情景。前句點明時間、歷史事件，交代了詩的寫作背景和緣由；後句景色描寫，包含了環境、視覺、心理等，抒情痛苦而深沉。頷聯續寫「驚飛四散」的征雁飛經都城長安上空的情景，意境淒涼。「仙掌」「長門」兩句對偶工致，一寫孤雁之影，一寫雁鳴之哀，備具淒苦。頸聯又由早雁南飛想到它們來年的北歸。前句言邊境的危機仍在，詩人非常的憂慮和痛苦。後句以「春風」為喻，含蓄的抒情，充滿了對朝廷的期盼。尾聯緊承頸聯，表達了作者對「大雁們」深深的同情，也暗含著對朝廷冷漠對待戰爭的痛苦和無奈。

此詩通篇採用比興象徵手法，表面上似乎句句寫雁，實際上，它句句寫時事，句句寫人。將身世之感慨、時世之艱難融匯於對征雁的描繪中。風格婉曲細膩，清麗含蓄。而這種深婉細膩又與輕快流走的格調和諧地統一在一起，在以豪宕俊爽為主要特色的杜牧詩中，是別開生面之作。全詩富有想像力，把政治內容和藝術想像力作了很好的結合，寫來調高韻響，語悲情深。通篇無一語批評執政者，但在秋天就設想明年春天胡騎還在，則朝廷無力安邊之意自明。這是非常含蓄的怨刺方法。全詩藉早雁以寄慨，委婉含蓄，可謂詠物詩之極致。此詩歷來深受詩評家讚賞。

同是寫雁，唐詩中吟詠各有不同，如杜甫《孤雁》：「孤雁不飲啄，飛鳴聲念群。誰憐一片影，相失萬重雲？望盡似猶見，哀多如更聞。野鴉無意緒，鳴噪自紛紛。」錢起《送征雁》：「秋空萬里淨，嘹唳獨南征。風急翻霜冷，雲開見月驚。塞長怯去翼，影滅有餘聲。悵望遙天外，鄉愁滿目生。」崔塗《孤雁》：「幾行歸塞盡，念爾獨何之。暮雨相呼失，寒塘欲下遲。渚雲低暗度，關月冷相隨。未必逢矰繳，孤飛自可疑。」這幾首詩都寫了在天空飛過的大雁。因為

雁在空中，人在地上，所以都著重寫它的「影」和「聲」，但描寫也各有側重。如錢起寫的是征雁，所以著重寫它的「嘹唳獨南征」。杜甫和崔塗寫的是孤雁，所以或是寫它離群的影子，悲哀的鳴聲來顯示它的孤單；或是用「暮雨」「寒塘」「渚雲」「關月」等來渲染氣氛的淒涼。這些都是寫了雁的「神」。不僅如此，這些詠物詩中還都寄託著詩人的感情。錢起在篇末點明因征雁而引起的鄉愁。崔塗的詩傾注了對「孤雁」的愛憐和同情，而杜甫的詩則是借孤雁來刻畫失群者的心情。所以，這些詩都是詠物和抒情結合在一起的。

鵁　鶄〔1〕

　　芝莖抽紺〔2〕趾，清唳〔3〕擲金梭。日翅〔4〕閒張錦，風池去罥羅〔5〕。靜眠依翠荇〔6〕，暖戲折高荷。山陰〔7〕豈無爾，繭字換群鵝〔8〕。

【注釋】

〔1〕鵁鶄（jiāo jīng）：水鳥名，即池鷺。體長一般四五十釐米。活動於湖沼、稻田一帶。冬季多單獨生活。遷徙和繁殖期常組成大群，營巢高樹。食魚類、蛙類及水生軟體動物和水生昆蟲。北方主要為夏候鳥，南方為留鳥。背上蓑羽，可供裝飾用。《爾雅·釋鳥》：「鵁鶄，似鳧，腳高毛冠，江東人家養之以厭火災。」唐杜甫《曲江陪鄭八丈南史飲》：「雀啄江頭黃柳花，鵁鶄鸂鶒滿晴沙。」

〔2〕芝莖：此處以喻鵁鶄之腿腳。紺：青中透紅之色。

〔3〕唳：指鵁鶄鳴叫聲。

〔4〕日翅：指張開翅膀曬太陽。

〔5〕風池：指聚風之處。南北朝庾信《奉報趙王惠酒》：「風池還更暖，寒谷遂成喧。」倪璠注：「風池，如風井之類。宋玉《風賦》曰：『夫風，生於地，起於青蘋之末，侵淫溪谷，盛怒於土囊之口。』李善注引盛弘之《荊州記》曰：『宜都狼山縣有山，山下有穴，大數尺，為風井。』罥羅：羅網。罥（juàn），以繩子張網捕獲鳥獸。

〔6〕荇（xìng）：即荇菜，多年生水生草本植物，葉呈對生圓形，嫩時可食，亦可入藥。《詩·周南·關雎》：「參差荇菜，左右流之。」

〔7〕山陰：縣名，治所在今浙江紹興。

〔8〕繭字：寫在繭紙上的字。《晉書·王羲之傳》載：晉代大書法家王羲之愛鵝，看到山陰道士養的鵝，向他購買，道士說：「為寫《道德經》，當舉群相贈。」「羲之欣然寫畢，籠鵝而歸，甚以為樂。」南朝何法盛《晉中興書》亦記其事，《道

德經》作《黃庭經》。後以「換鵝書」指王羲之的書法。唐李白《送賀賓客歸越》:「山陰道士如相見,應寫黃庭換白鵝。」

【簡評】

這是一首詠物詩。詩歌前六句描繪了池鷺形體特徵,讚頌了池鷺嫻雅舒適悠然自得和極強的自我保護能力,能於風井處逃脫羅網,並說王羲之或許是因為山陰沒有池鷺才轉而求其次喜愛鵝。詩歌表現了詩人對池鷺的細膩觀察和無限喜愛,詩人賦予池鷺這種化險為夷與嫻雅自適的特徵,蘊含著對社會險惡的洞察,詩人將自身的期待投射於池鷺身上,於是它就成為詩人自我理想的化身。

鸚 鵡

華堂〔1〕日漸高,雕檻繫紅絛〔2〕。故國隴山樹〔3〕,美人金剪刀〔4〕。避籠交翠尾,罅嘴〔5〕靜新毛。不念三緘〔6〕事,世途皆爾曹〔7〕。

【注釋】

〔1〕華堂:華麗的房舍。華堂範圍很廣,可以指殿堂,有一定規模的建築,以及一般家庭的正屋大廳。

〔2〕雕檻:這裡指鸚鵡籠子。紅絛(tāo):即紅條,紅絲帶。

〔3〕故國:故鄉。隴山:六盤山南段別稱。古稱隴阪、隴坻。今陝西隴縣至甘肅平涼一帶,以鸚鵡聞名天下。漢禰衡《鸚鵡賦》:「惟西域之靈鳥兮,挺自然之奇姿。」李善注:「西域,謂隴坻,出此鳥也。」這裡是古絲綢之路東段北道必經之地,是歷代兵家屯兵用武的要塞重鎮,也是北方游牧文化與中原文化的結合部。

〔4〕金剪刀:謂被剪去翅羽,關閉於籠中。漢禰衡《鸚鵡賦》:「爾乃歸窮委命,離群喪侶,閉以雕籠,剪其翅羽。」

〔5〕罅(xià)嘴:裂開嘴。此指張嘴以喙整理羽毛。罅:裂縫。

〔6〕三緘(jiān):「三緘其口」的略語;封口三重,喻慎於言辭。三,泛指多次。緘,封、閉。漢劉向《說苑·敬慎》:「孔子之周,觀於太廟,右陛之側,有金人焉,三緘其口而銘其背曰:『古之慎言人也。』」後指言語謹慎,少說或不說話。又見《孔子家語·觀周》。唐嚴維《送桃岩成上人歸本寺》:「餘生願依止,文字欲三緘。」

〔7〕世途:猶世俗。爾曹:汝等,你們。此指言辭不謹慎者。

【簡評】

　　此詠物詩描寫在籠中不得自由的鸚鵡。作者賦予鸚鵡以象徵意義，藉以諷喻紙醉金迷、驕奢淫逸的貴族階級及晚唐統治者，批判他們偏安一隅，無心收復失地，陷失地人民於水火之中。作者曾任監察御史、左補闕，本詩所喻當與這些以監察、進言為職的經歷有關。

　　前兩句是場景描寫，描繪了一幅初晨金殿圖。初日的陽光，透過雕欄花窗射入華美的宮堂，繫在雕欄上的紅絲帶在微風中無力地飄揚，暗喻風雨飄搖中的唐朝政權迎來了新的一天。詩人用宮中極致的安寧反襯邊關戰事危急。面對內憂外患，詩人內心波瀾起伏，渴望力挽狂瀾，卻無用武之地。頷聯中的「隴山」，地處要塞重鎮，作者用「隴山樹」借代唐朝被夷人所擄掠的疆土。而「美人」則是象徵儒弱無能的昏庸的統治者。「美人金剪刀」寓意晚唐統治集團沉溺聲色，將國土拱手讓與他人。

　　頸聯是對鸚鵡形態、生活習性的描寫，呼應標題。「避籠」句調動視覺感官，色彩鮮明靈動，鸚鵡的靈動躍然紙上；「罅嘴」句更是形象生動地表達出了鸚鵡的舉止特徵；兩句將鸚鵡高貴悠閒的形象展現在讀者面前。作者賦予鸚鵡象徵意義，鸚鵡的形象越典雅、高貴，越能夠反襯出那些昏庸權貴悠閒自在生活的醜惡情態。尾聯是作者情感的最終爆發，直抒胸臆。本當謹慎言語，偏偏不肯三緘其口，這就難免被指謫和冷落的命運了。「世途」句是自嘲慨歎之筆；詩人藉以告誡自己，不要在險惡的社會中多言，盡可能明哲保身。

　　此詩氣勢豪宕，文字精練，含蓄豪放併兼，借物抒懷，表現了作者憤懣之情。如此激越的感情宣洩也正是詩人豪放有為、剛直敢言性格的體現。

鶴

　　清音〔1〕迎晚月，愁思立寒蒲〔2〕。丹頂西施〔3〕頰，霜毛四皓〔4〕鬚。碧雲〔5〕行止躁，白鷺性靈粗。終日無群伴，溪邊弔影孤〔6〕。

【注釋】

　〔1〕清音：清越的聲音。

　〔2〕蒲：香蒲，俗稱蒲草。多年生草本植物。生於水邊或池沼內。寒蒲，指水濱。

　〔3〕西施：春秋時越國美女，家住浙江諸暨城南門外的萱蘿山。原名夷光，父親以砍柴為生，自幼常隨母親在若耶溪邊浣沙。越王句踐被吳王夫差擊敗，一心想報仇雪恥。大臣范蠡發現了西施這絕代佳人，把她帶回，教她詩棋琴舞，使之

六藝（禮樂射御書數）俱全，接受了辱身救國的重任。後因越國的努力，終於滅亡了吳國。關於西施在滅吳後的遭遇和下落，有三種不同傳說。其中西施歸范蠡，從遊五湖而去較著名。其事散見於《吳越春秋》《越絕書》《吳地記》等書。西施以貌美著稱，故詩文中常用作絕色美女的代稱。亦用於描摹事物之美豔。

〔4〕四皓：即商山四皓。高祖召，不應。後高祖欲廢太子，呂后用張良計，迎四皓，使輔太子，高祖以太子羽翼已成，乃消除改立太子之意。詳見《題商山四皓廟》詩注〔1〕。

〔5〕碧雲：碧空中的雲。喻遠方或天邊。多用以表達離情別緒。

〔6〕弔影：對影自憐。喻孤獨、寂寞。三國魏曹植《白鶴賦》：「共太息而祗懼兮，抑吞聲而不揚。傷本規之違忤，悵離群而獨處。」意謂與朋友一同歎息而僅能提心弔膽啊，只有吞聲咽氣而不敢反抗。痛感初衷與現實差距太大啊，悵恨遠離親人而獨自幽處。

【簡評】

這是一首典型的詠物詩。在古代「鶴」與人的誠摯守性、修身潔行的品格相連，後人往往依其義，稱具有這種品格的人為鶴鳴之士。大致鶴能夠在廣袤的空間飛翔，中國古代神仙故事中的鶴便可以在超越俗世的時間和空間往來，《相鶴經》說鶴「飛則一舉千里」，這種特殊的飛翔能力，往往用來比喻有大志。詩人用「鶴」這個意象來表達自己懷才不遇的愁苦，希望自己能如鶴舞長空，展現自己的經緯才略，實現自己的遠大志向。

前四句寫到仙鶴迎著晚月，發出清越的叫聲，靜靜地立在寒蒲中，像是在深思發愁；它那丹頂像是西施緋紅的雙頰，它那白色羽毛像是四皓的鬍鬚。比喻貼切，白鶴的形象神態如見。第一句側重於聲音，第二句側重於神態，三、四句側重於色彩，可謂視聽並用，形神兼備。作者表面寫鶴愁，實則寫己愁。「清音」「晚月」「寒蒲」渲染了淒清的氛圍，用哀景來襯托哀情。「愁」字為讀者留下懸念，作者因何而愁？頷聯中作者運用典故。四皓尚謙讓，行中庸，薄名利，鄙財富，能進能退，能官能民，退不言功，功不受賞。作者用「四皓」來自比，表現自己高潔的品格，這也正是鶴的一個寓意。頷、頸聯中，作者運用了「丹」「碧」「白」多種色彩詞，與首聯中聽覺、神態，構成多角度描寫，使鶴這個形象產生了立體感。

頸聯出現的「白鷺」意象多代表安靜、平和。然而作者卻說它「性靈粗」，

不僅是從反面襯托出鶴的高潔及鶴代表的作者遠大的志向，還與作者所處的時代有關。在尾聯中，作者寫出了愁的緣由，便是孤獨、無群伴。「愁」貫穿全篇。然而作者愁的並不僅僅是孤獨。前幾句中作者寫自己有四皓之才，有不同於白鷺的遠大志向，然而卻只能在溪邊弔影自憐。結合詩人生平不難看出作者更多的是愁自己的懷才不遇。作者並不想無拘無束、脫離世事，而是渴望被朝廷重用，為國家建功立業。

鴉

擾擾復翻翻〔1〕，黃昏颺〔2〕冷煙。毛欺皇后髮〔3〕，聲感楚姬弦〔4〕。蔓壘〔5〕盤風下，霜林接翅眠。只如西旅〔6〕樣，頭白〔7〕豈無緣。

【注釋】

〔1〕擾擾：紛亂貌。翻翻：翻飛；飛翔貌。

〔2〕颺：飛翔。

〔3〕欺：勝過、超過。皇后髮：《後漢書‧馬皇后紀》注引《東觀漢記》：「明帝馬皇后美髮，為四起大髻，但以髮成，尚有餘，繞髻三匝。」

〔4〕「聲感」句：傳說南朝宋臨川王劉義慶被廢在江州，侍妾夜聞烏啼聲，扣齋閣曰「明日應有赦。」因此作《烏夜啼》曲。事見《樂府詩集》卷四七引《教坊記》。

〔5〕蔓壘：長著蔓草之城堡。

〔6〕西旅：羈留西方之人。

〔7〕頭白：此用燕太子丹羈留於秦之典故。《博物志》卷八：「燕太子丹質於秦，秦王遇之無禮，不得意，思欲歸。請於秦王，王不聽，謬言曰：『令烏頭白，馬生角，乃可。』丹仰而歎，烏即頭白；俯而嗟，馬生角。秦王不得已而遣之，為機發之橋，欲陷丹。丹驅馳過之，而橋不發。遁到關，關門不開，丹為雞鳴，於是眾雞悉鳴，遂歸。」參見《池州送孟遲先輩》詩注〔32〕。

【簡評】

烏鴉是古典詩詞中常用的意象之一，具有獨特的美學意蘊，但其所代表的意義卻常有變化，這主要是由烏鴉自身的某些特質和人們審美的變化所造成的。唐朝是我國詩歌高度繁榮的巔峰，眾多優秀詩人是前代文化遺產的集大成者，同時也以廣博的心胸和美好的暢想做出了許多開創性的貢獻，詠烏詩就是在這一時期開始大量出現的。其中烏鴉意象以「反映景色與作者心境的淒涼」

以及「反映戰爭的殘酷」為主。烏鴉作為一種消極的意象大量用於古代詩詞中是隋唐以後的事。

此詩通過烏鴉意象反映景色與作者心境的淒涼。詩人用「擾擾」「翻翻」這一類疊詞來描繪烏鴉飛翔的動態，顯示出了其無可皈依、無所適從的情態，接下來又運用了黃昏、冷煙、急風、霜林等蒼涼衰朽的輔助意象，共同勾勒了一副渺茫壓抑的景象。

全詩結構嚴謹，層次展開脈絡分明，開合有致筆力停當。首尾銜接，一二句承接穩而七八句轉結妙，中二聯對仗工整，且頷聯寫實而頸聯入虛，虛實相濟恰到好處。猶如信手拈來，得心應手。「蔓壘」二句，景象唯美，如品佳釀。

鷺　鷥 〔1〕

雪衣雪髮青玉觜，群捕魚兒溪影中〔2〕。驚飛遠映碧山去，一樹梨花落晚風〔3〕。

【注釋】

〔1〕鷺鷥：即鷺。鷺頂、胸、肩、背皆生白毛，如絲，故稱。白鷺腿很長，棲息於沼澤中，能涉水捕食魚、蝦等。《埤雅》：「鷺色雪白，頂上有絲氄氄然，長尺餘，欲取魚則弭之。《禽經》曰：鷺啄則絲偃，鷹捕則角弭，藏殺機也。青腳喜翹，高尺七八寸，善蹇捕魚。又其翔集，必舞而後下。」唐杜荀鶴《春日登樓遇雨》：「風趁鷺鷥雙出葦，浪催漁父盡歸灣。」

〔2〕「雪衣」二句：謂鷺鷥身穿雪白的衣裳，生有雪白的頭髮和青玉一樣的嘴巴。它們成群地在溪中捕魚，美麗的身形倒映在清澈的溪水中。青玉：藍綠色的玉。觜：通「嘴」，特指鳥喙。晉潘岳《射雉賦》：「當咮值胸，裂膆破觜。」文選注：「觜，喙也。」群捕：許多隻鷺鷥在一起捕食。溪影：溪中的影子，形容溪水清澈。

〔3〕「驚飛」二句：謂他們因為受驚而飛起，背襯著碧綠的山色，向遠方飛去，那潔白的身影，宛如朵朵梨花飄舞在晚風之中。碧山：指山色青綠。落晚風：在晚風中飄落，隨晚風飛舞。

【簡評】

詩人被晚風中的白鷺迷住了，從而觸景生情，創作了這首詩。鷺鷥受驚而飛，梨花因風而落；鷺鷥飛入碧山，唯留倩影，梨花落自晴空，飄飄揚揚；佳景更迭，實在迷人。此詩分別從個體、群體、近景、遠景等不同的角度來刻畫

鷺鷥的形象，描繪出鷺鷥的優美姿態。三、四兩句，以遠方碧山為襯，用梨花作喻，境界尤為開闊。

　　開首兩句，以通俗樸白的寫實，勾勒出一群「雪衣公子」潔白美麗的形象；夕陽西下，蔽於溪影之中待機捕食魚、蝦的習性和機智，卻全被描繪出來了。同時，詩人的迷戀之情也寓於其中了。兩個「雪」字的連用突出的是白鷺的「形」，其「神」尚未現，詩人巧妙地把它放在驚飛遠去的情景中精心描繪，以「碧山」相託，以「梨花」比喻，筆觸空靈，而白鷺的精神也就顯露出來了。「驚飛」二句，一個「驚」字，便把眼前之景推向了遠處，順勢以「碧山」映襯出飄然遠去的白鷺，而這群飄飛的白鷺又裝點了青綠色的遠山。山青鷺白，晚霞漸逝，這是一幅優美的圖畫。接著詩人展開想像的翅膀，寫「遠映碧山」的點點白鷺，猶如雪白的梨花在靜謐而輕輕的晚風中飄然落下的美妙景象！真是情景交融、自然渾成，意境優美，清新雅致。

　　此詩前兩句用白描筆法，不正面刻畫溪水中映現的鷺鷥形象，而是側筆寫影；樸白平實，似無餘味，其實為後邊的驚飛遠去營造了氣勢。後兩句特寫其「驚飛」的情景。晚風頓起，「遠映碧山去」與「一樹梨花落」兩個畫面，一遠一近，色彩清麗，相映成趣。「一樹」承「群捕」，「梨花」應「雪」字，讀來曉暢自然，無一點造作之感。梨花之喻，極為貼切；借景設喻，成此妙句；韻致悠長。

　　這首詩在許多詠鷺詩中別具一格，而且它的最後兩句也可以說是詠鷺詩中的名句。後人的一些詠鷺名句，如元代顧瑛的「白鳥群飛煙樹末，青山都在雪花中」（《泊垂虹橋口占》）、清代鄭板橋的「忽漫鷺鷥驚起去，一痕青雪上西山」（《濰縣竹枝詞四十首》）等，很可能就是受了杜牧的影響創作的。

村舍燕

　　漢宮一百四十五，多下珠簾閉瑣窗〔1〕。何處營巢夏將半，茅簷〔2〕煙裏語雙雙。

【注釋】

　　〔1〕「漢宮」二句：謂漢朝宮殿有一百四十五幢，但大多垂下珠簾，關上窗戶。意謂
　　　　燕子無法在宮殿裏營巢，只好到村捨去。漢宮：東漢張衡《西京賦》：「冠帶交
　　　　錯，方轅接軫。封畿千里，統以京尹。郡國宮館，百四十五。」珠簾瑣窗：《漢
　　　　武故事》：「帝起神屋堂，以白珠為簾，瑇瑁為柙。」《後漢書·梁冀傳》：「窗牖

　　皆有綺疏青鎖。」瑣窗：雕窗；鏤刻有連鎖圖案之窗櫺。詩作中用為漂亮窗戶
的形容語。

〔2〕茅簷：指貧窮村舍。語雙雙：成雙結對交談。極言燕子纏綿媚語、安樂自得。
　　唐李白《秋浦感主人歸燕寄內》：「秋燕別主人，雙雙語前簷。」

【簡評】

　　此詩詠燕寄情。皇室不容，落草民間，怡然自得。漢宮百間，寸席針錐亦
不容；盛夏將半，窺農家之茅簷，築巢於此，實乃佳境；雙去雙飛，雙住雙歸，
纏綿媚語，其樂無窮。

　　漢朝宮殿如此之多，卻下簾鎖窗，使得燕子無處營巢，便自然飛到村舍之
中，茅簷煙裏。結句描摹如畫，更委婉多情，風流蘊藉；既活脫脫地逼真，又
蘊含著難言的情調，可謂將燕子寫絕了，誠為詠燕佳句。劉永濟《唐詩絕句精
華》云：「此詩似有李義府《詠鳥》詩所謂『上林無限樹，不借一枝棲』之意，
但末句寫得有情，不作失意語。昔人謂牧之俊爽，如此詩是也。」

　　杜牧詩喜用數目字，盡饒別趣。例如：「漢宮一百四十五」「南朝四百八十
寺」「二十四橋明月夜」「故鄉七十五長亭」等等，不可勝舉。

歸　燕〔1〕

　　畫堂歌舞喧喧〔2〕地，社去社來〔3〕人不看。長是江樓使君〔4〕伴，黃昏
猶待倚闌干〔5〕。

【注釋】

〔1〕本詩為大中四年（850）作，時杜牧初任湖州刺史。大中五年杜牧有《題桐葉》
　　詩云「去年桐落故溪上，把葉偶題歸燕詩」，當正是指此詩。

〔2〕畫堂：本指漢未央宮中堂名，因有畫飾，故稱。後泛稱華麗的堂室；借指顯宦
　　之家。喧喧：形容聲勢赫赫。唐章碣《送謝進士還閩》：「名場聲利喧喧在，莫
　　向林泉改鬢毛。」

〔3〕社去社來：燕子為候鳥，春社來，秋社去。參見《江樓晚望》詩注〔4〕。

〔4〕長是：經常，日日。使君：作者自謂。

〔5〕倚闌干：站在欄杆前面。倚，憑。古詩文中多表示人的心情悒鬱無聊。闌干，
　　古代建築物附加的用竹、木、金屬或石頭等製成的遮攔物，稱為闌干，亦作「欄
　　杆」。它設計成各種式樣，有的並漆繪各種顏色，以增美觀。

【簡評】

　　畫堂歌舞之地，富貴者沉溺歡娛，冬不覺涼，夏不知暑；春社來秋社去的燕子並不能引起人們的注意，然而它卻是詩人的期待。在孤獨寂寥中，是它常來江樓伴使君。入黃昏，燕歸巢，而人未去，只得斜倚欄杆，對月獨思。燕子無疑成為詩人情感的寄託。詩以燕自比，抒發寂寞情思。「葉落燕歸真可惜，東流玄髮且無期」(《題桐葉》)，詩人獨自憑欄，見物興情，當生無限歸思。「猶待」二字，甚為虛靈，尤可回味。

傷　猿

　　獨折南園〔1〕一朵梅，重尋幽坎〔2〕已生苔。無端晚吹〔3〕驚高樹，似嬝長枝〔4〕欲下來。

【注釋】

　〔1〕南園：泛指花草園林。南，無實際方位意義，大抵如南畝、南窗之類。《後漢書·百官志》：「南園丞一人，二百石。」李賢注：「南園在洛水南。」此為東漢時皇家苑囿。後用為故實。

　〔2〕幽坎：葬猿之墓穴。《禮記·檀弓下》：「往而觀其葬焉，其坎深不至於泉。」

　〔3〕無端：不料，不意。表示事出意外。唐薛濤《十離詩·犬離主》：「無端咬著親情客，不得紅絲毯上眠。」晚吹：晚風。唐韋莊《雨霽池上作呈侯學士》：「鹿巾藜杖葛衣輕，雨歇池邊晚吹清。」

　〔4〕嬝長枝：繚繞於長樹枝。南朝梁沈約《十詠·領邊繡》：「不聲如動吹，無風自嬝枝。」嬝：攀繞。

【簡評】

　　這首詩傷猿如悼人，感情相當奇特。據「重尋」二字，詩人曾訪祭過這個特殊的墓葬。此時獨自折下一朵南園梅花，再去祭掃，而墓穴上已長滿青苔。隨著一陣晚風吹來：詩人不禁驚悚地將視線投向高樹，恍惚中似乎看見攀繞於長枝的猿竟欲下來迎接故知。這隻「猿」為何一直縈繞在詩人心中，彷彿已經逝去卻永遠難忘的情人？如果確實此「猿」為一個象徵性的寄託，那麼可以想見詩人曾經有過一段尚不為人知的浪漫經歷。

還俗老僧〔1〕

　　雪髮不長寸，秋寒力更微。獨尋一徑葉，猶挈衲殘衣〔2〕。日暮千峰裏，

不知何處歸。

【注釋】

〔1〕此詩約作於會昌五年（845）秋冬之交。此年前後，唐武宗反佛，至五年八月廢
　　佛寺四千六百餘所，還俗僧尼達二十六萬五百人，廢私立之招提蘭若四萬餘所。
　　此詩乃側面記述此事之一。此與《斫竹》詩，亦同時作，可參閱。

〔2〕挈：提。衲：僧衣。

【簡評】

　　《還俗老僧》《斫竹》二首也從側面記述了池州的毀禁佛教。不過，所表
述的不是滅佛的果決，而是深藏心中的仁慈和另一種憂思。

　　杜牧似乎對還俗的老僧不無憐憫之情。在寒冷的深秋，他頂著屨弱的白
髮，提著殘破的僧衣，力量微弱，獨自一人在山間小路上尋找著竹子。天色已
晚，千山連綿，不知哪裏是他的棲居之處，他將回歸何處？

　　參見《池州廢林泉寺》詩評。

斫　竹〔1〕

　　寺廢竹色死，宦家寧爾留。霜根漸隨斧，風玉尚敲秋〔2〕。江南苦吟客〔3〕，
何處送悠悠〔4〕。

【注釋】

〔1〕此詩約作於會昌五年（845）秋冬之交。參見《還俗老僧》詩注。
〔2〕「風玉」句：《開元天寶遺事》卷下：「岐王宮中於竹林內懸碎玉片子，每夜聞玉
　　片子相觸之聲即知有風，號為占風鐸。」
〔3〕吟客：謂詩人。唐鄭谷《寄獻狄右丞》：「身為醉客思吟客，官自中丞拜右丞。」
〔4〕悠悠：思念貌，憂思貌。唐李白《太原早秋》：「思歸若汾水，無日不悠悠。」

【簡評】

　　一幅白露為霜的深秋圖畫。毀棄的佛寺一片殘垣斷壁，連寺廟裏的竹木也
一派枯死之色，難道官府願意留下這樣的景象嗎？深秋中的竹根被一斧一斧
地斫砍，枝葉送來風鐸般的聲音。我這個吟詠於江南的詩人，滿懷憂思，該向
何處述說呢？

　　參見《池州廢林泉寺》《還俗老僧》詩評。

將赴湖州留題庭菊〔1〕

陶菊手自種〔2〕，楚蘭心有期〔3〕。遙知渡江日，正是擷芳〔4〕時。

【注釋】

〔1〕本詩作於大中四年（850）初秋，時杜牧為湖州刺史，將赴任。湖州：州名，取州東太湖為名。唐治所在烏程縣，即今浙江湖州。

〔2〕陶菊：菊花之雅稱；晉代著名隱士陶淵明以愛菊著名，故稱。陶詩中頗多詠菊名句，如《飲酒》：「採菊東籬下，悠然見南山。」「秋菊有佳色，裛露掇其英。」《九日閒居》云：「余閒居，愛重九之名，秋菊盈園，而持醪無由。……酒能祛百慮，菊為制頹齡。」又，南朝梁蕭統《陶淵明傳》：「嘗九月九日出宅邊菊叢中坐，久之，滿手把菊。」陶淵明有一年重陽節沒有酒喝，就到宅院旁邊的菊叢裏摘了一把菊花坐在那裏。手自：副詞；猶言親手、親自。詩文中陶菊指秋菊，常藉以詠隱居傲世之情。

〔3〕楚蘭：即蘭草，因戰國時楚人屈原愛之，視蘭為高潔的象徵，故稱。屈原的辭賦中多次出現蘭花意象。《離騷》：「余既滋蘭之九畹兮，又樹蕙之百畝。……冀枝葉之峻茂兮，願俟時乎吾將刈。」心有期：心中嚮往。

〔4〕擷（xié）芳：採摘花草。古人重陽節有採菊花的習俗。此語義雙關，亦暗寓採摘屈原與陶淵明等先賢的遺芳。擷，摘取。唐孟郊《越中山水》：「舉俗媚蔥蒨，連冬擷芳柔。」

【簡評】

詩人將赴湖州任刺史。臨行前，詩人話別自己家的菊花。在家種菊花，到任種蘭花，顯示了詩人高雅的品性。尚未遠行，卻設想到任時候，正是菊花盛開之時，而這些菊花只能在家獨自開放，詩歌流露出喜愛和惜別之情。

一、二句寫作者即將離開長安，與自己親手種下的菊花離別，心裏期盼著即將見到楚地的蘭草。秋天菊花正開，作者以陶令自比，見淡泊自守之意。三、四句寫渡過長江的時候，正是採蘭之期。唐劉禹錫《送王師魯協律赴湖南使幕》云：「楚水多蘭若，何人事擷芳。」擷芳採蘭以佩，是從屈原《離騷》留下來的傳統，香草美人，志懷高潔，不願與流俗為伍。

此詩以植蘭種菊喻其對前代詩人屈原、陶淵明等先賢的仰慕；亦藉此表達願效法屈、陶的潔身自好。表明自己清高雅潔，追蹤前賢，不與時俗同流的情懷。在詩人心中，「陶菊」「楚蘭」是一種高潔竣拔、卓然不群的人格精神的象徵，「手自種」「心有期」，正說明這種精神與自己不附世俗、孤標傲世

的性格相契合。詩中之「擷芳」亦言有重旨，意涉雙關，既指謫取花草，同時也表示對先賢高尚情操的汲取和堅持。

折 菊

籬東菊〔1〕徑深，折得自孤吟。雨中衣半濕，擁鼻〔2〕自知心。

【注釋】

〔1〕籬東菊：即東籬菊。晉人陶潛《飲酒二十首》之五詩中有「採菊東籬下，悠然見南山」的名句，表現高雅、疏淡、飄逸的情趣和潔身自好的品格。陶潛又有「九九」把菊之事，故又藉以詠菊、詠重陽節。後常藉以表現辭官歸隱後的田園生活或閒雅情志。

〔2〕擁鼻：把花置於鼻前嗅。此處指「擁鼻吟」，即用手捂住鼻子吟詠。後世借作低聲吟詠的同義語。《晉書·謝安傳》：「安本能為洛下書生詠，有鼻疾，故其音濁。名流愛其詠而弗能及，或手掩鼻以傚之。」唐唐彥謙《春陰》：「天涯已有銷魂別，樓上寧無擁鼻吟。」

【簡評】

雨中賞菊，細細體味著「擁鼻自知心」的孤吟情味，別有情調。此詩即表現詩人愛菊賞菊之情態。「折得自孤吟」既見其愛賞菊花之深，又見其獨得菊花之神韻，頗有孤芳自賞之意。這一賞愛之深情如癡似醉，遂使詩人竟忘卻身在雨中，衣已半濕。如此寫來，雖無一字言其愛菊，而其鍾愛菊花之情，當不下於「採菊東籬下」的陶淵明。

杜牧在花中特別喜歡菊花和梅花，他在長安家中就種了這兩種名貴的花。後來他從京城出任湖州時，還賦了一首《將赴湖州留題庭菊》的詩。他愛菊賞菊，正是喜愛菊花的超脫凡塵的清高格調，這和他的氣質頗有相融相合之處。

雲〔1〕

盡日看雲首不回，無心都大似無才〔2〕。可憐光彩〔3〕一片玉，萬里晴天何處來？

【注釋】

〔1〕《全唐詩》卷五二二題下注：「一作褚載詩」。此詩《樊川文集》卷三已錄，《文苑英華》卷一五六亦作杜牧詩，當不誤。

〔2〕「盡日」二句：意謂白雲往來無心，好像總是給人無才之感。無心：陶淵明《歸

去來分辭》：「雲無心以出岫，鳥倦飛而知還。」都大：猶言總是。

〔3〕可憐：可惜。光彩：明亮華麗。唐元稹《有鳥二十章》：「貴人妾婦愛光彩，行提坐臂怡朱顏。」

【簡評】

觀雲而發慨歎，有自喻之警。

終日細觀雲，片片浮空際，昂首不停看，雖大似無華。彩練空舞，七色相喧，明朗玉透，光彩照人；雖如此，然被烏雲所遮，萬里天空，晴日不見。忠賢被遮，姦佞橫空，真乃晴陰不分也。

醉後題僧院

離心忽忽復淒淒〔1〕，雨晦傾瓶取醉泥〔2〕。可羨〔3〕高僧共心語，一如攜稚往東西〔4〕。

【注釋】

〔1〕忽忽：恍惚。淒淒：悲傷淒涼。

〔2〕雨晦：因下雨而天色昏暗。傾瓶：飲酒一瓶。醉泥：醉如泥，爛醉的樣子。東漢人周澤醉後頹倒如泥，遂為後世詠酒醉之典。據《後漢書·儒林傳·周澤傳》：「一歲三百六十日，三百五十九日齋。」唐李賢注：「《漢官儀》此下云『一日不齋醉如泥。』」唐權德輿《酬趙尚書杏園花下醉後見寄》：「鶴髮杏花相映好，羨君終日醉如泥。」

〔3〕可羨：令人羨慕。

〔4〕一如：完全相同，非常像。唐徐鉉《贈浙西顧推官》：「狼藉杯盤重會面，風流才調一如初。」稚：幼童。東西：奔走或流亡義；多用為動詞。

【簡評】

詩人心懷抱德而志不可展，時常飲酒醉如泥，然心中亦十分哀戚；慨歎間，見老僧正坐禪榻，手執經卷，口中念念有詞，彷彿在與冥冥中的佛祖交談，臉上呈現著超脫一切悲喜哀樂淡然忘懷的神情；詩人不由心生羨慕。人生如若能斬斷這戀世的情絲，就可六根清淨、逍遙自得，倒免除了無窮的苦惱。詩人百感交集，遂援筆濡墨，題詩寺壁。

題禪院〔1〕

舴船一棹百分空，十歲青春不負公〔2〕。今日鬢絲禪榻畔，茶煙輕颺落

花風〔3〕。

【注釋】

〔1〕詩題一作《醉後題僧院》。詩寫詩人恬淡閒適的生活情趣，當是作者晚年在禪寺修養時有感而作。禪院：寺院。

〔2〕「舽船」二句：謂在豪飲中自得其樂，度過十載青春。舽（gōng）船：船形的大酒杯；此指載酒之船。舽，古代酒器，以兕角或銅製成。一棹：一劃；下水船盞的意思；唐時俗語。百分空：意謂忘卻一切世俗之事。百分，形容杯中的酒斟得很滿的樣子；唐宋時俗語。唐高騈《廣陵宴次戲筒幕賓》：「一曲狂歌酒百分，蛾眉畫出月爭新。」青春：喻指美好年華。公：詩人自謂，亦指酒神。「舽船」句化用西晉初畢卓好飲典故。《晉書·畢卓傳》：「（卓）常飲酒廢職。比舍郎釀熟，卓因醉夜至其甕間盜飲之，為掌酒者所縛，明旦視之，乃畢吏部也，適釋其縛。……卓嘗謂人曰：『得酒滿數百斛船，四時甘味置兩頭，右手持酒杯，左手持蟹螯，拍浮酒船中，便足了一生矣。』」

〔3〕「今日」二句：謂我兩鬢銀絲，躺在寺院的禪床上，風吹落花，茶煙在風中輕輕飄颺。鬢絲：鬢髮白如蠶絲，形容年歲老大。禪榻：禪床，僧人打坐用的床具。颺（yáng）：飄。清王昶《洞仙歌·自題小照》：「小榻揚茶煙，碧葉惜惜，好占取，松溪蕙礎。」

【簡評】

詩謂十載以來，芳時買醉，未嘗辜負時光。今已兩鬢染霜，願在僧院禪榻之上、茶煙之中，尋求帶有禪悅意味的雅趣。詩人追憶早年之落魄不羈，故作曠達語，「不負公」者，實有辜負青春、虛度年華之歎；寫晚年之遲暮，則為事業無成而悵惘。杜牧乃大有抱負之士，卻只能在「酒」與「禪」的世界中敞開襟抱，其感慨鬱結是不難體會的。然而詩人將憂鬱懷抱，竟寫得志得意滿，而境界幽淨，字清句雅，頗引後人稱賞。末句以景語作結，為比興手法，含不盡之慨，詩情曠達，境界清幽。語雖淡泊，淺吟酸辛。

全詩通過酒與茶兩種境界的對比描寫，深蘊著對人生的獨特體悟。年輕時的風流放浪以及壯志難酬，全在「舽船」「青春」等語句中體現出來；而今清靜禪院中的「禪榻」「茶煙」所引發的萬般感慨，如同縈繞於落花風中的茶煙一樣散去無蹤。

沈祖棻《唐人七絕詩淺釋》評云：「以兩種極端不同之境界，作強烈之對照，更不著一感慨語，而感慨全從虛處見出。明是感歎現在之牢落，過去之風

華，但於追念之中，不露惋惜，仍寫得似若躊躇滿志；感歎之中，不露酸辛，仍寫似若恬淡自甘，此其妙也。」

哭李給事中敏〔1〕

陽陵〔2〕郭門外，坡陀丈五墳〔3〕。九泉如結友，茲地好埋君〔4〕。

【注釋】

〔1〕本詩為追悼李中敏而寫。給事：給事中之省稱。因常在皇帝左右侍從，備顧問應對等事，執事在殿中，故稱。唐屬門下省。李給事中敏：即李中敏，詳參《李給事二首》詩注〔1〕。

〔2〕陽陵：漢景帝的陵墓，在今陝西省咸陽市東，漢代於此置陽陵縣。

〔3〕坡陀（pō tuó）：不平坦，傾斜貌。丈五墳：漢代朱雲墓。詩末原注：「朱雲葬陽陵郭外。」朱雲，字遊，漢魯（今屬山東）人。少任俠。元帝時為槐里令，數忤權貴，以是獲罪被刑。成帝時復上書，願借尚方劍，斬佞臣張禹，帝怒欲殺之，御史將雲去，雲攀折殿檻，以辛慶忌救得免。後當治檻，帝命勿易，以旌直臣。朱雲臨終留下遺言：「以身服斂，棺周於身，土周於槨，為丈五墳，葬平陵東郭外。」事見《漢書》本傳。平陵是漢昭帝劉弗陵的陵墓，在今咸陽西北，蓋杜牧誤記平陵為陽陵。參見《商山富水驛》詩注〔4〕。

〔4〕「九泉」二句：謂中敏今亦葬此，兩位直臣正可於地下結為知交。九泉，地下。東漢阮瑀《七哀詩》：「冥冥九泉室，漫漫長夜臺。」

【簡評】

這首詩構思角度新穎獨特。因前已有詩寫過李中敏的事蹟和人格，故此詩於這一方面不及片語，只就安葬之地發論。以「丈五墳」點出朱雲這位漢代著名諍臣，用「九泉結友」的奇特想像，道出李中敏乃何等剛直不阿之士，同時也暗示出他將和朱雲一樣為後人所景仰。此種筆法，正可謂不著一字，盡得風流。

黃州竹徑〔1〕

竹濁蟠〔2〕小徑，屈折鬥蛇來。三年〔3〕得歸去，知繞幾千回。

【注釋】

〔1〕此詩約作於會昌二年（842），杜牧初到黃州任刺史。

〔2〕蟠：屈曲；環繞

〔3〕三年：唐制，刺史任期一般為三年。

【簡評】

詩句簡短含蓄，悲憤淒苦情味躍然紙上。用竹間小徑的曲折，來象徵自己仕途的曲折坎坷，自己的仕途並非平坦大道，而是像竹間小徑一般的彎曲，受到排擠、打壓，無法實現自己的理想，字裏行間充斥著憤慨與無奈。

題敬愛寺樓〔1〕

暮景千山雪，春寒百尺樓〔2〕。獨登還獨下，誰會我悠悠〔3〕。

【注釋】

〔1〕本詩作於開成元年（836）春，杜牧時年三十四歲；在洛陽任監察御史分司東都時遊覽而作。敬愛寺：在洛陽懷仁坊，據《唐會要》記載，是顯慶二年（657）李弘做太子時為唐高宗和武則天所建，唐高宗和武則天經常在此舉辦道場，抄寫佛經，置官供給。殿內有李弘為武則天鑄造的金銅大香爐，高五尺五寸，闊四尺，重兩千斤，其餘金爐銅幡數十，高達丈餘，窮盡侈麗。佛像、壁畫等等，俱選當時聖手所作。時人稱其「選巧工，各騁奇思，莊嚴華麗，天下共推」。敬愛寺直到唐末猶存，是洛陽的勝蹟。宋王溥《唐會要》卷四八：「東京敬愛寺懷仁坊。顯慶二年，孝敬在春宮，為高宗、武太后立之，以敬愛寺為名。」「天授二年，改為佛授記寺，其後又改為敬愛寺。」

〔2〕百尺樓：泛指高樓；此狀寺樓之高。據《三國志·魏志·陳登傳》載，陳登（字元龍）在下邳會見許汜，許汜只談些瑣事，陳登漸漸不理他，並讓他臥下床，自己居高床大鋪。許汜很不滿，後來向劉備訴說此事。劉備說，當天下大亂，你不說些救世拯時的主意，反去求田問舍；陳登待你不錯了，要是我，就讓你躺在地上，而我自己卻睡在百尺高樓之上呢！唐王昌齡《從軍行》：「烽火城西百尺樓，黃昏獨上海風秋。」

〔3〕「獨登」二句：唐陳子昂《登幽州臺歌》：「前不見古人，後不見來者，念天地之悠悠，獨愴然而涕下。」杜牧化用其意。會：懂得，理解。悠悠：謂情思綿長。《詩·秦風·渭陽》：「我送舅氏，悠悠我思。」

【簡評】

杜牧大和九年（835）在長安為監察御史，其時鄭注專權，杜牧的好友李甘因直言得罪鄭注被貶死，杜牧見此情形，就在當年七月移疾分司東都。十一

月，京城就發生了震驚朝野的甘露之變。詩人於此國勢艱危之時獨上高樓，面對千山暮雪，料峭春寒，不勝悲涼，發而為詩。這是一首登高詠懷之作，表現詩人在洛陽時苦悶寂寞的心緒；場景闊大，立意冷峭，抒發了詩人難以為外人體味的無盡哀愁。此詩在客觀景物描寫中，融入詩人自身的抱負和情感，達到情景交融、主客合一的效果，是杜牧絕句中不可多得的佳作。

前兩句寫洛陽早春殘雪披山的景色，筆極簡練，境象開闊。寫「千山雪」和「百尺樓」，製題不苟，筆力飽滿，為後二句抒懷作了鋪墊。轉而兩個「獨」字，流露出詩人此時此地寂寥之情，緊接「誰會我悠悠」一筆關合，全詩形成了春雪寒徹、獨立蒼茫的詩境。這不僅僅是春寒，或者更主要的是社會人際的寒冷甚至是跨越古今的歷史陰寒，或者是如陳子昂「前不見古人，後不見來者。念天地之悠悠，獨愴然而淚下」的淒涼與孤獨。

此詩運用比興手法，託事於物，寄興深微。甘露之變導致中晚唐政局發生了劇烈變化，對晚唐士人的思想也產生了深刻影響。處於政治漩渦之中，他們不能自由地發洩心中的憂慮和憤懣，只能通過各種隱晦的方式來表達自己的感情。杜牧也是如此，只能將無限感慨寄諸「悠悠」，使得此詩言在此而意在彼，言有盡而意無窮，興寄深遠，感慨萬端。

送劉秀才歸江陵〔1〕

綵服鮮華覲渚宮〔2〕，鱸魚新熟別江東〔3〕。劉郎浦〔4〕夜侵船月，宋玉亭〔5〕春弄袖風。落落精神終有立，飄飄才思杳〔6〕無窮。誰人世上為金口〔7〕，借取明時一薦雄〔8〕。

【注釋】

〔1〕本詩為會昌五年（845）作，時杜牧在池州刺史任。劉秀才：即劉輅。張祜有《送劉輅秀才江陵歸寧》詩，知杜牧與張祜同送劉輅。杜牧又有《見劉秀才與池州妓別》，皆為同時之作。秀才：唐代應舉者的通稱。江陵：今湖北荆州，古稱江陵。

〔2〕「綵服」句：謂劉秀才懷著與老萊子一樣孝敬的心情回家省親。綵服：指孝養父母。《藝文類聚》卷二十引《列女傳》載：春秋時老萊子孝養二親，行年七十，仍扮成嬰兒，著五色彩衣，嘗取漿上堂，跌仆，因臥地為小兒啼，以博父母一笑。覲：覲省，拜見雙親。渚宮：春秋時楚國的別宮，故址在今湖北江陵。此作劉秀才家鄉江陵的代稱。

〔3〕「鱸魚」句：謂秋風起時劉秀才在江東告別。鱸魚：一種肉細味美的魚，盛產於蘇州一帶。此用晉張翰思鄉事。據《晉書・張翰傳》，張翰，字季鷹，雅有清才，善屬文，縱任不拘。齊王召為大司馬東曹掾。時政事混亂，翰為避禍，急欲南歸。在洛陽為官，乃託辭秋風起，思故鄉菰菜、蓴羹、鱸魚膾，辭官歸吳。

〔4〕劉郎浦：在江陵府石首（今屬湖北）城北的長江北岸，是一個渡口，原名浦口，因劉備曾在此處屯兵納婚而得名。《三國演義》中「賠了夫人又折兵」的故事就發生在這裡。

〔5〕宋玉亭：指江陵城北三里之宋玉故宅。宋姚寬《西溪叢語》：「唐余知己《渚宮故事》曰：庾信因侯景亂自建康遁歸江陵，居宋玉故宅。宅在城北三里，故《哀江南賦》云『誅茅宋玉之宅，穿徑臨江之府』。」

〔6〕落落：高超，卓越。多形容人的風貌襟懷或其他磊落不群的樣子。飄飄：飄逸輕舉的樣子；形容思想、意趣高遠。南北朝庾信《謝趙王新詩啟》：「落落詞高，飄飄意遠。文異水而湧泉，筆非秋而垂露。」三國魏曹植《七啟》：「志飄飆焉，嶢嶢焉，似若狹六合而隘九州。」杳：深遠。

〔7〕金口：喻言語珍貴如金；對他人之口或言語的敬稱。《晉書・夏侯湛傳》：「今乃金口玉音，漠然沉默。」南朝梁蕭統《七契》：「鄙人固陋，自潛幽藪，必枉話言，敬聆金口。」

〔8〕薦雄：用漢揚雄受到薦舉的典故，希望有人向朝廷推薦劉軺。揚雄《甘泉賦》：「孝成帝時，客有薦雄文似相如者。上方郊祀甘泉，泰時汾陰后土，以求繼嗣，召雄待詔承明之庭。」

【簡評】

劉軺曾在池州為杜牧座上賓，這次返鄉，杜牧寫詩贈別，這不僅是贈別詩，而且也是一首推薦詩。贈行一般都是面帶愁容，而劉軺此行卻是花團錦簇，光鮮照人，一派春風得意。詩人運用典故，表明此行是看望雙親，從而突出了劉軺的孝行，可見其品質高尚。不僅如此，詩人讚頌劉軺才華過人，不知何人能薦之朝廷，有矚望之意。

詩前四句想像劉軺歸家情景，突出了劉秀才德才兼備的品行。「綵服鮮華」一語道出一片孝心，而「鱸魚新熟」則巧妙交代出時地，詞清意婉。「劉郎」「宋玉」的比喻切合秀才姓氏、江陵地望，極涵濡風雅，使啟下過渡渾然無跡。

後四句言劉軺超群不凡，才華橫溢，必當有所成就，並倡請有聲望地位

者將其推薦於朝廷，如揚雄被薦於漢帝。張祜《送劉輅秀才江陵歸寧》詩有「出告遊方是素辭」「學禮三餘已學詩」「樽酒惜離文舉坐，郡齋誰覆仲宣棋」詩句，知劉輅秀才此次池州之行，除向杜牧間求詩學、切磋詩藝之外，也希望像禰衡見知於孔融（文舉）那樣，得到其延譽、推介，而本詩結尾一聯，正是對之親切的回應，表達了對劉秀才才華無處施展的惋惜之情及渴望有人能賞識他的才華。

見吳秀才與池妓別因成絕句〔1〕

　　紅燭短時羌笛〔2〕怨，清歌咽處蜀弦〔3〕高。萬里分飛兩行淚〔4〕，滿江寒雨正蕭騷〔5〕。

【注釋】

〔1〕本詩約作於會昌四年九月至會昌六年（844～846）九月，杜牧任池州刺史時。吳秀才：未詳其人。秀才，唐宋時應舉者的通稱。

〔2〕羌笛：唐宋時期一種豎吹的管樂器，類似現代的單管簫，形制較古笛為長，二尺四寸，三孔，或曰四孔。原為我國西部地區少數民族（古羌族）樂器，西漢之際，傳入中原。又叫雙笛。亦稱羌管。羌笛曲有《落梅花》《關山月》《折楊柳》等，多抒離別、感傷之情。漢馬融《長笛賦》：「近世雙笛從羌起，羌人伐竹未及己。龍鳴水中不見身，截竹吹之聲相似。」南北朝庾信《詠懷》：「胡笳落淚曲，羌笛斷腸歌。」

〔3〕清歌：音色純淨悅耳的歌唱。《抱朴子·知止》：「輕體柔聲，清歌妙舞，宋蔡之巧，陽阿之妍。」咽：演唱時稍作停頓，或聲調婉轉低回。蜀弦：謂琴瑟等絃樂器，以蜀地梧桐製做者音質為美。唐劉禹錫《傷秦姝行》：「蜀弦錚摐指如玉，皇帝弟子韋家曲。」

〔4〕「萬里」句：《說苑》卷一八《辨物》：「孔子曰：『回何為而吒？』回曰：『今者有哭者其音甚悲，非獨哭死，又哭生離者。』孔子曰：『何以知之？』回曰：『似完山之鳥。』孔子曰：『何如？』回曰：『完山之鳥生四子，羽翼已成乃離四海，哀鳴送之，為是往而不復返也。』」

〔5〕蕭騷：象聲詞，此處指風雨聲。

【簡評】

　　此詩傷悲別離，情意深沉。「紅燭」句為吳秀才與池妓相別創造氣氛。燭燃漸短，分手在即，此時羌笛訴怨，人情難堪。第二句寫清歌聲歇；唯聞蜀弦

之聲，其音非清非悅，幽咽悲愴，十分慘傷；池妓繾綣情態如在眼前，款款深情。「萬里」二句寫共聚無期，人分飛而淚兩行；雙頰淚落，似滿江寒雨；淅疏之聲，狀如蕭騷白浪。襯托出分別者的淒惻情緒。融情入景，寫出了吳秀才與池州妓之間的情深意篤。「悲莫悲兮生別離」，其情之深，大有「多情卻似總無情」之妙。所以，唐李商隱《杜司勳》詩云：「刻意傷春復傷別，人間唯有杜司勳。」全詩借音樂以抒懷，託景象以言情，迴環頓挫，哀感頑豔。

湖南正初招李郢秀才〔1〕

　　行樂及時〔2〕時已晚，對酒當歌〔3〕歌不成。千里暮山重迭翠，一溪寒水淺深清〔4〕。高人以飲為忙事〔5〕，浮世除詩盡強名〔6〕。看著白蘋〔7〕牙欲吐，雪舟相訪〔8〕勝閒行。

【注釋】

〔1〕本詩作於大中四年（850）冬，時杜牧為湖州刺史。詩題中「湖南」二字，馮集梧《樊川詩集注》認為當是「湖州」之誤。正初，正月初一。李郢，字楚望，大中十年（856）及進士第，歷湖州、淮南、睦州、信州從事，入為侍御史。後為越州從事卒。與李商隱、杜牧、賈島、方乾等為詩友，並以詩篇唱酬。秀才：唐時應進士試者之通稱。時李郢尚未中進士，故稱。

〔2〕行樂及時：即及時行樂，適時消遣娛樂。《古詩十九首·生年不滿百》：「生年不滿百，常懷千歲憂。晝短苦夜長，何不秉燭遊。為樂須及時，何能待來茲？」此化用其意。及時：趕上機遇，抓緊時機。唐李咸用《短歌行》：「少年歡樂須及時，莫學儒夫長泣歧。」

〔3〕對酒當歌：三國魏曹操《短歌行》：「對酒當歌，人生幾何。譬如朝露，去日苦多。」此用其意。

〔4〕「千里」二句：謂山巒重疊，翠色誘人；溪流澄清，深淺見底。此形容湖州山水秀美。

〔5〕高人：高雅、超脫世俗的人；此指李郢。以飲為忙事，此正見杜牧招飲之意。

〔6〕浮世：人間，人世。舊時以為世事虛浮無定，故稱。強（qiǎng）名：徒有虛名。強，勉強。

〔7〕看著：轉眼間。白蘋：一種水中浮草，即馬尿花。生淺水中，夏秋開小白花。湖州有白蘋洲，盛生白蘋。詳見《題白蘋洲》詩注〔1〕。

〔8〕雪舟相訪：用晉王徽之（字子猷）雪夜乘舟訪友典故為喻，招請李郢前來飲酒

賦詩暢敘。「訪戴」典故參見《許七侍御棄官東歸，瀟灑江南，頗聞自適，高秋企望，題詩寄贈十韻》詩注〔16〕。

【簡評】

這首詩是表達杜牧晚年心境的典型作品。此詩為招飲而作，抒發與李郢秀才的相契之情，也表現出歷經世事、洞悉人情後的晚年心態。想行樂及時，但趕不上時光；欲對酒當歌，也很難成事。蓋因多年棄逐，一朝回朝，本應胸懷暢達，然朝中複雜，並非理想之所，故於大中四年求守湖州。

由於詩歌以召喚友人到來飲酒為目的，所以詩中及時行樂以及放縱的思想比較突出。首聯寫及時行樂遺憾時光閃逝，對著酒樽無法飲酒，只因為友人的缺席。頷聯以江水比喻交情深，頸聯讚頌飲酒為高，詩名為勝，寫出召喚的目的是飲酒作詩，你還能拒絕嗎？本篇雖首句便寫行樂及時，然通篇並無頹廢逃避的氣息，即便無法達成自己的人生夢想，也要詩酒平生，尋景訪友，不失精彩地活著。

在藝術表現上，全詩六句對仗，很有特點。首聯「行樂及時」與「對酒當歌」相值極稱；而「時已晚」與「歌不成」不僅意義相對，而且形成頂真格，語感更為流暢。頷聯「千里暮山」與「一溪寒水」，俯仰遠近，山暮水寒，相映生趣。頸聯詩酒對偶，熟中生新，「高人」之於「浮世」的樂趣，以及作者的性格情操，都在字裏行間顯現。「高人」二句，是經歷人世滄桑後看破紅塵之語。

贈朱道靈〔1〕

劉根丹篆〔2〕三千字，郭璞青囊〔3〕兩卷書。牛渚磯南謝山〔4〕北，白雲深處有岩居〔5〕。

【注釋】

〔1〕本詩約作於開成年間（836～840），詩人入幕宣州時。朱道靈：事蹟不詳，據詩意，當是一位深於道術者。

〔2〕劉根：漢代術士，字君安，潁川人，一說為長安人，隱居嵩山，傳說能令人白日見鬼。《後漢書·劉根傳》：「諸好事者自遠而至，就根學道，太守史祈以根為妖妄，乃收執詣郡，數之曰：『汝有何術，而誣惑百姓？若果有神，可顯一驗事。不爾，立死矣。』根曰：『實無它異，頗能令人見鬼耳。』」丹篆：即丹訣，道家所謂煉丹成仙的秘訣。道家用紅筆篆書的靈符亦稱丹篆。

〔3〕郭璞：東晉文學家、方士，字景純。博學多才，有出世之道。精於陰陽、曆算、五行、卜筮之術，占卜奇驗。東晉初為著作佐郎，後為王敦任記室參軍。善堪輿術，被奉為堪輿之祖。今傳《郭弘農集》，係明人輯本。有《爾雅注》《方言注》《山海經注》《穆天子傳注》等。《晉書·郭璞傳》：「有郭公者，客居河東，精於卜筮，璞從之受業。公以《青囊中書》九卷與之，由是遂洞五行、天文、卜筮之術，攘災轉禍，通致無方，雖京房、管輅不能過也。」後以「青囊書」指道家經典。

〔4〕牛渚磯：在安徽當塗縣北三十五里，為牛渚山腳突入長江的部分。相傳古時有金牛出渚而得名。又因盛產五彩石，故又名采石磯。與南京燕子磯、岳陽城陵磯統稱為長江三磯。謝山：即安徽當塗縣東南三十里青山，一名青林山，南齊宣城太守謝朓曾築室於此，故唐時亦稱謝公山。

〔5〕白雲：喻指隱逸之趣或隱居之所。《南齊書·高逸傳》：「褚先生從白雲遊舊矣。」唐賈島《易州過郝逸人居》：「卻笑巢由輩，何須隱白雲。」岩居：建於岩石上的房舍。

【簡評】

這是贈給道士的詩，詩人巧妙運用典故，讚頌其丹書多，道術高明靈驗，勤於耕讀，著述多，而居住的地方為一方名勝，富有人文景觀。漢晉兩大神仙方士，本來已經具有神秘色彩，白雲深處結岩而住，更是雲山霧繞，富有神仙韻味。

詩人有一些與深於道術者交遊的作品，反映出作者禪悅情趣之外思想的另一側面。本詩以劉根、郭璞比喻朱道靈，可見其並非泛泛入道者。末句幽雅神遠，與「白雲生處有人家」相似，而「岩居」二字，正見出道靈修煉僻處，清淨無為的性格。

屏風絕句〔1〕

屏風周昉畫纖腰〔2〕，歲久丹青〔3〕色半銷。斜倚玉窗鸞髮女，拂塵猶自妒嬌嬈〔4〕。

【注釋】

〔1〕屏風，中國傳統建築物內部擋風用的一種家具，所謂「屏其風也」。屏風一般陳設於室內的顯著位置，起到分隔、美化、擋風、協調等作用。有的單扇，有的多扇相連，可以折疊。上面常有字畫。它與古典家具相互輝映，相得益彰，

渾然一體，成為中式家居裝飾不可分割的整體，而呈現出一種和諧之美、寧靜之美。

〔2〕周昉：字景玄，京兆人。是活躍在盛唐、中唐時期的一位著名畫家。他擅長畫仕女，精描細繪，層層敷色。頭髮的勾染、面部的暈色、衣著的裝飾，都極盡工巧之能事。其畫現存有《簪花仕女圖》《紈扇仕女圖》《調琴啜茗圖》等。事蹟見《唐朝名畫錄》《歷代名畫記》卷十。杜牧此詩所詠的「屏風」上當有周昉所創作的一幅仕女圖。纖腰：指女子；美人。

〔3〕丹青：紅色和青色的顏料。此處借指畫像，圖畫。唐白居易《題舊寫真圖》：「我昔三十六，寫貌在丹青。」

〔4〕「斜倚」二句：謂斜倚玉窗梳著鸞鳳形髮髻的少女，拂去畫上灰塵還在嫉妒美人嬌嬈。玉窗：窗的美稱。鸞髮：鸞鳳形髮髻。拂塵：撣去塵埃。猶自：還是，尚自。嬌嬈：柔美嫵媚；代指畫上的美女。

【簡評】

這是一首題周昉屏風畫的詩。周昉最擅長用畫表現上層婦女的日常生活，故用之屏風較多。此詩前二句是正面描寫，後二句是側面描寫。由倚窗少婦見到畫中之人，頓生嫉妒之心，而襯托出畫之高妙。這是深一層的寫法。可以想見，周昉「丹青色半銷」的舊畫尚且如此，則當其初畫成時，魅力更可想而知。

一面是已非舊觀的褪色畫，一面是活生生的漂亮女郎，而後者嫉妒前者，那麼前者的美也就盡在不言中了。可以說，是一種無以言喻的美。詩中用陪襯人來顯示屏風美人兒的美，的確獨具匠心。人們通常的做法是以醜襯美，古今中外的文學作品時常能見到。詩人卻以美襯美，以表達無以言喻的美，實在技高一籌。

詩和畫有共同的藝術規律，且各具不同特點。一般說來，直觀形相的逼真顯現是畫之所長，詩之所短。所以，「手如柔荑，膚如凝脂，領如蝤蠐，齒如瓠犀，螓首蛾眉」，窮形盡相的描寫並不見佳；而「巧笑倩兮，美目盼兮」（《詩·衛風·碩人》），從動態寫來，便有畫所難及處；而從美的效果來寫美，更是詩之特長。此詩寫畫而充分發揮了詩的特長，這是它藝術上的成功所在。

哭韓綽〔1〕

平明送葬上都門〔2〕，紼翣交橫〔3〕逐去魂。歸來冷笑〔4〕悲身事，喚婦呼兒索酒盆〔5〕。

【注釋】

〔1〕韓綽：晚唐時淮南節度使府判官。杜牧的好友。參見《寄揚州韓綽判官》詩。

〔2〕上都：即唐首都長安。

〔3〕紼（fú）：古代出殯時拉棺材的大繩。翣（shà）：出殯時像扇子一樣的棺飾。交
橫：縱橫交錯。

〔4〕冷笑：無可奈何地笑。

〔5〕「喚婦」句：《晉書・劉伶傳》記載，有一次劉伶讓他妻子拿酒喝，他的妻子把
酒倒了，把酒器毀了，哭著責備他喝得太多了，必須戒酒。劉伶說他管不住自
己，必須向鬼神發誓，拿酒肉來起誓。妻子於是拿來了酒肉。劉伶發誓說：天
生我劉伶，以豪飲出名。婦人和小兒的話，都不能聽。於是喝酒吃肉，大醉。

【簡評】

這是一首悼友詩。

自己不得志，而友人先喪，都門送葬之時，見紼翣交橫，魂魄逐飛，悲痛
甚矣。歸來之時，感友之先歸，悲己之不達，故發冷笑，喚婦呼兒，索酒澆愁。
憤懣無可排泄，然以酒銷愁更添憂。

詩人不直接讚頌友人的功績、品行、著述，而是直接抒發自己哀痛不已、
看破紅塵，以酒消愁，表現了詩人極度的痛苦，這實際上是對友人無限思念所
致。「冷笑」句寫出自己歸來後的一反常態，大有萬事皆空的愁緒。

新定途中〔1〕

無端偶效張文紀，下杜鄉園別五秋〔2〕。重過江南更千里，萬山深處一孤
舟〔3〕。

【注釋】

〔1〕本詩為會昌六年（846）九月作，杜牧自池州刺史改任睦州刺史途中。新定：郡
名，即睦州，又名新定郡；治所在今浙江建德。

〔2〕「無端」二句：謂自己偶然仿傚張綱而得罪權貴，被外放任刺史，離別故鄉已有
五載。無端：無來由。張文紀：東漢張綱，字文紀，生性耿直，風骨凜然。敢
於彈劾權貴，被外戚梁冀等排擠出京，任廣陵太守。詳見《後漢書・張皓傳》
附《張綱傳》。參見《除官歸京睦州雨霽》詩注〔14〕。下杜：即下杜城，在唐
長安杜陵附近，詩人故鄉。周代時有杜原城，漢宣帝時在原上築陵墓並置縣，
改名下杜。別五秋：杜牧自會昌二年（842）四月外放為黃州刺史，轉池州、睦

州，至會昌六年（846）赴睦州任，首尾五年。

〔3〕「重過」二句：謂這次又過江南，睦州距故鄉有千里之遠；萬山環繞之中，自己
正乘小舟歷艱險而赴任。杜牧《祭周相公文》：「牧於此際，更遷桐廬。東下京
江，南走千里。曲屈越嶂，如入洞穴。驚濤觸舟，幾至傾沒。萬山環合，才千
餘家。夜有哭鳥，晝有毒霧。」可作此二句的注腳。更千里：馮集梧《樊川詩
集注》卷三引《元豐九域志》：「池州南至本州島界二百八十里，自界首至歙州
三百五里，歙州東南至本州島界一百一十里，自界首至睦州二百六十里。」萬
山：這裡指睦州多山。孤舟：即孤帆。孤帆、孤舟用之於詩歌，往往表現作者
孤獨、失意和與朋友離別的惆悵之感。唐詩中一般有兩種用法，一是指自己所
乘之船，一是指與朋友離別、朋友所乘之船。唐權德輿《月夜江行》：「彌傷孤
舟夜，遠結萬里心。」唐李白《黃鶴樓送孟浩然之廣陵》：「孤帆遠影碧空盡，
唯見長江天際流。」

【簡評】

　　杜牧於會昌六年九月由池州刺史改授睦州刺史，睦州在池州之南，離朝廷
更遠，也離家鄉更遠，故赴任途中而作此詩。詩寫赴任時所感，用東漢張綱的
典故。張綱因彈劾權奸梁冀及其弟梁不疑，被出為廣陵太守。杜牧本為朝官，
被排擠出守黃州、池州，正與張綱相似。詩歌抒發了這種失意與愁緒以及寂寞
思鄉之情。

　　首二句紀事。運用典故含蓄點明自己外放是因為直言，表面是「無端偶
效」，其實是天性使然。可見詩人在朝為直臣的耿介風骨。自謂可與張剛相比，
浮遊宦場，離鄉五秋，「東下京江，南走千里」「曲屈越嶂，如入洞穴，驚濤觸
舟，幾至傾沒。」愈遷官，誰料離鄉愈遠，更加荒涼。後二句紀行。婉曲唱歎，
富有遠神。此遷睦州，景況雖稍轉好，但離家鄉越遠，鄉愁越濃；重過江南，
千里萬山，孤舟獨行，能不感慨？情調悽楚，而辭句仍很爽麗。詩末兩句以景
寫情，雖不言孤苦怨恨，而此心境已含蘊其中，自能令人沉吟久之。

題新定八松院小石〔1〕

　　雨滴珠璣碎，苔生紫翠重。故關〔2〕何日到，且看小三峰〔3〕。

【注釋】

〔1〕此詩約作於會昌六年底至大中二年（846～848）八月，時杜牧在睦州刺史任。
　　新定：郡名，即睦州。

〔2〕故關：指秦函谷關，在今河南靈寶縣西南。詳見《過驪山作》詩注〔6〕。

〔3〕小三峰：指形似華山三峰之小石。華山有蓮花、落雁、朝陽三峰，詩人倘由睦
　　州回京，當經函谷關、華山。

【簡評】

　　詩人善於以清倩明麗的語言，描狀出優美的形象和意境。詩中以「珠璣碎」來描寫雨點滴在石上碎裂飛濺的形象，用語極美。淺切易懂，清新自然，看似不加思索信手拈來，實則是經過凝神苦思達到的極致。

卷　四

往年隨故府吳興公夜泊蕪湖口，今赴官西去再宿蕪湖，感舊傷懷因成十六韻〔1〕

南指陵陽〔2〕路，東流似昔年。重恩山未答，雙鬢雪飄然。數仞〔3〕慚投跡，群公愧拍肩〔4〕。駑駘〔5〕蒙錦繡，塵土浴潺湲。郭隗黃金峻〔6〕，虞卿白璧鮮〔7〕。貔貅環玉帳〔8〕，鸚鵡破蠻箋〔9〕。極浦沉碑會〔10〕，秋花落帽筵〔11〕。旌旗明迥野〔12〕，冠佩照神仙。籌畫言何補，優容〔13〕道實全。謳謠人撲地〔14〕，雞犬樹連天。紫鳳超如電〔15〕，青襟〔16〕散似煙。蒼生未經濟〔17〕，墳草已芊綿〔18〕。往事唯沙月，孤燈但客船。峴山〔19〕雲影畔，棠葉〔20〕水聲前。故國〔21〕還歸去，浮生〔22〕亦可憐。高歌一曲淚，明日夕陽邊。

【注釋】

〔1〕此詩開成四年（839）春杜牧由宣州取道潯陽赴京任左補闕、史館修撰任途中作。故府吳興公：指沈傳師。詳見《張好好詩》注〔3〕。杜牧於大和二年至七年入沈傳師江西、宣歙二幕府。蕪湖口：即蕪湖水入長江處。《元和郡縣圖志》卷二八當塗縣：「蕪湖水在縣西南八十里。源出丹陽湖，西北流入於大江。漢末湖側亦嘗置蕪湖縣，吳將陸遜、晉謝尚、王敦皆嘗鎮此。」

〔2〕陵陽：山名，在宣城。此以陵陽代指宣城。參見《池州送孟遲先輩》詩注〔2〕。

〔3〕數仞：即數仞牆，喻身份或修養高，此用以稱頌沈傳師。《論語・子張》載，叔孫武叔在朝中對大夫說：子貢比孔子賢能。子貢知道了，說：我和老師就像兩堵牆。我的牆像肩膀這樣高，站在那兒能看見院子裏的宮室。老師的牆有數仞

高，不從門進去就看不見裏面。能夠進門的人是非常少的。仞：古時計量單位；八尺或七尺叫作一仞。投跡：謂任職；舉步前往，投身。

〔4〕「群公」句：晉代郭璞《遊仙詩》其三：「翡翠戲蘭苕，容色更相鮮。綠蘿結高林，蒙籠蓋一山。中有冥寂士，靜嘯撫清絃。放情凌霄外，嚼蕊挹飛泉。赤松臨上游，駕鴻乘紫煙。左挹浮丘袖，右拍洪崖肩。借問蜉蝣輩，寧知龜鶴年。」這裡把幕府中的同僚比作神仙。

〔5〕駑駘：劣馬；此用以自比。《史記·滑稽列傳》載，楚莊王給愛馬穿上錦繡，放在華麗的宮室。這裡指自己受到沈傳師的禮遇。

〔6〕「郭隗」句：戰國時期燕昭王即位，招納賢士復仇，郭隗給他提建議說：我聽說從前有位國君想用千金買千里馬，三年還沒買到。一位近侍對國君說他可以去找，國君同意了。近侍找了三個月，找到千里馬了，但是馬已經死了，於是用五百金買了馬的骨頭。國君大怒，近侍解釋說：您用五百金買了馬骨頭，天下人知您是真心買馬，何愁千里馬沒有人來賣呢？果然不到一年，就有三個人來獻千里馬。見《戰國策·燕策》。

〔7〕「虞卿」句：虞卿是戰國時期邯鄲人。他曾經穿著草鞋去游說趙孝成王，深得賞識。趙孝成王第一次見到他就賜黃金百鎰、白璧一雙；再見他時封上卿，所以名虞卿。事見《史記·平原君虞卿列傳》。參見《懷鍾陵舊遊四首》詩注〔3〕。

〔8〕貔貅（pí xiū）：傳說中的猛獸。比喻勇猛之士。玉帳：軍旅中主將所居的帳帷。

〔9〕「鸚鵡」句：三國時期，禰衡很有文采，他和黃祖的兒子黃射關係好，一次黃射大會賓客，有人獻上一隻鸚鵡，黃射舉著酒杯要求禰衡作賦。禰衡拿過筆就寫，文不加點，詞采很豔麗。事見《後漢書·禰衡傳》。蠻箋：謂蜀箋，指蜀地（四川）所產名貴的彩色箋紙。唐陸龜蒙《酬襲美夏首病癒見招次韻》：「雨多青合是垣衣，一幅蠻箋夜款扉。」詩中亦稱蜀紙。唐韓偓《寄恨》：「秦釵枉斷長條玉，蜀紙虛留小字紅。」宋韓浦《以蜀箋寄弟泊》：「十樣蠻箋出益州，寄來新自浣溪頭。」宋辛棄疾《賀新郎·賦海棠》：「十樣蠻箋紋錯綺，粲珠璣。」又，蠻箋為唐時高麗紙的別稱。宋顧文薦《負暄雜錄·紙》：「唐，中國紙未備，多取於外夷，故唐人詩中多用蠻箋字，亦有謂也。高麗歲貢蠻紙，書卷多用為襯。」以上二句言沈傳師武文兼備。

〔10〕極浦：遙遠的水濱。戰國屈原《九歌·湘君》：「望涔陽兮極浦，橫大江兮揚靈。」沉碑：晉代的杜預希望自己留名後世，認為有時山陵變為谷，山谷變為陵，變化極大，於是把自己的功績刻在兩塊石碑上，一塊沉在萬山下，一

塊立在硯山上。事見《晉書·杜預傳》。沉碑會，指節鎮慶功的宴集。

〔11〕秋花：指菊花。落帽：晉代孟嘉於九月九日出席桓溫在龍山的宴集，興致很高，帽子被風吹落全然不知。桓溫命孫盛作文嘲諷他，孟嘉揮筆作答，文詞甚美，滿座讚歎。見《晉書·桓溫傳》附《孟嘉傳》及《世說新語·識鑒》南朝梁劉孝標注引《孟嘉別傳》。落帽筵，謂重陽登高，瀟灑遊宴。

〔12〕迥野：曠遠的原野。唐司空曙《送魏季羔長沙覲兄》：「鶴高看迥野，蟬遠入中流。」

〔13〕優容：優待，寬容。《漢書·何武傳》：「九江太守戴聖，《禮經》號小戴者也。行治多不法，前刺史以其大儒，優容之。」唐呂溫《病中自戶部員外郎轉司封》：「羸臥承新命，優容獲所安。」

〔14〕謳謠：歌唱，歌詠。撲地：滿地，遍地。

〔15〕「紫鳳」句：比喻光陰流逝得非常快；這裡是委婉地說沈傳師去世。紫鳳：傳說中的神鳥。唐王昌齡《蕭駙馬宅花燭》：「青鸞飛入合歡宮，紫鳳銜花出禁中。」

〔16〕青襟：青衿，青色交領的長衫，士人所穿，這裡代指沈傳師的幕僚們。

〔17〕蒼生：百姓。經濟：經世濟民。

〔18〕芊綿：草茂盛的樣子。

〔19〕峴山：又稱峴首山，在今湖北襄樊南。晉代羊祜鎮守襄陽時，經常登此山飲酒賦詩，死後百姓於峴山立廟建碑，望碑者莫不流涕，杜預名之曰墮淚碑。見《晉書》本傳。

〔20〕棠葉：甘棠的葉子。周朝時召公曾經為西伯，常常在甘棠樹下聽政事，人們因為愛戴他，連這棵樹也喜歡，所以作《甘棠》詩，收在《詩經》中。此句指沈傳師有善政遺愛。

〔21〕故國：故鄉，家鄉。

〔22〕浮生：世事無定，人生如浮雲不定。

【簡評】

　　杜牧由宣州赴潯陽夜泊蕪湖，感舊傷懷，回憶了當年在沈傳師幕中的生活，讚頌了沈傳師的人品、學識與才華，慨歎其對自己恩重如山而自己卻沒法回報，表達了對沈傳師的感激與悵惘之情。詩末，又沉痛地弔念這位恩人。「往事唯沙月，孤燈但客船」，將眼前的景物、對往昔的回憶、自己的行跡融為一體，寫得虛幻朦朧而又愁緒萬千。

懷鍾陵舊遊四首〔1〕

一謁征南最〔2〕少年，虞卿雙璧截肪鮮〔3〕。歌謠千里春長暖，絲管〔4〕高臺月正圓。玉帳軍籌羅俊彥〔5〕，絳帷環佩立神仙〔6〕。陸公餘德機雲〔7〕在，如我酬恩合執鞭〔8〕。

滕閣中春綺席〔9〕開，柘枝蠻鼓殷〔10〕晴雷。垂樓萬幕青雲合，破浪千帆陣馬〔11〕來。未掘雙龍牛斗氣〔12〕，高懸一榻〔13〕棟樑材。連巴控越〔14〕知何有，珠翠沉檀〔15〕處處堆。

十頃平湖〔16〕堤柳合，岸秋蘭芷綠纖纖〔17〕。一聲明月採蓮女〔18〕，四面朱樓捲畫簾〔19〕。白鷺煙分光的的〔20〕，微漣風定翠㳠㳠〔21〕。斜輝更落西山〔22〕影，千步虹橋氣象兼〔23〕。

控壓平江十萬家，秋來江靜鏡新磨。城頭晚鼓雷霆後，橋上遊人笑語多。日落汀痕千里色，月當樓午〔24〕一聲歌。昔年行樂穠桃〔25〕畔，醉與龍沙〔26〕揀蜀羅。

【注釋】

〔1〕鍾陵：唐代洪州治所，今江西南昌。因唐寶應元年（762）曾改為鍾陵縣，故稱。唐文宗時期，沈傳師曾任江西觀察使，杜牧在他幕下做幕僚。作者26歲時入江西沈傳師幕府，所謂「懷舊遊」，即回顧當年在江西的生活。

〔2〕一謁：初次拜見。征南：東漢初，岑彭以征伐南陽許邯之功，封征南大將軍。西晉開國元勳羊祜曾任征南大將軍，主持了伐吳的準備工作。杜預以征南軍司，繼羊祜完成了平吳之舉，死後追封征南大將軍。詳見《後漢書·岑彭傳》《晉書·羊祜傳》及《杜預傳》。唐詩中多用征南將軍喻指節鎮，或以征南喻指其征討之戰功。這裡借指沈傳師。

〔3〕虞卿雙璧：賢士受封賞的典故。《史記·平原君虞卿列傳》：「虞卿者，游說之士也。躡蹻擔簦說趙孝成王。一見，賜黃金百鎰，白璧一雙。再見，為趙上卿，故號為虞卿。」參見《往年隨故府吳興公夜泊蕪湖口，今赴官西去再宿蕪湖，感舊傷懷因成十六韻》詩注〔7〕。截肪：切開的脂肪。比喻璧玉的白潤。鮮：潔淨。夏傳才唐紹忠《曹丕集校注·與鍾繇謝玉玦書》：「竊見玉書，稱美玉白若截肪，黑譬純漆，赤擬雞冠，黃侔蒸栗。」

〔4〕絲管：弦樂與管樂。指拉、彈、吹奏的樂器；因拉、彈的樂器上面有絲絃（琴、箏、瑟之類），吹奏的樂器是用竹管製成的（簫、笛、笙之類）；所以稱這類樂器為絲管，也稱絲竹、管絃。亦泛指歌舞宴樂。唐杜甫《贈花卿》：「錦城絲管

日紛紛，半入江風半入雲。」

〔5〕玉帳：軍旅中主將所居的帳帷。軍籌：籌劃軍事。俊彥：才智出眾的人；賢才。

〔6〕絳帷：紅色的帷幕。神仙：指美女，此謂幕府中的歌伎。漢馬融才高博洽，為世通儒。教養諸生，常坐高堂，施絳帳，前授生徒，後列女樂。事見《後漢書》本傳。

〔7〕陸公、機雲：三國時吳國名將陸遜，有兩個出名的孫子陸機和陸雲，都擅長文學。這裡比喻沈傳師的兩個兒子沈樞和沈詢。《晉書·陸機傳》：「至太康末，與弟雲俱入洛。」又《陸雲傳》：「少與兄機齊名，雖文章不及機，而持論過之，號曰『二陸』。」後以「二陸」稱美兄弟並秀。

〔8〕「如我」句：謂我願意報答恩情為他們趕馬。《史記·管晏列傳》太史公曰：「假令晏子而在，余雖為之執鞭，所忻慕焉。」執鞭：執鞭駕車，表示對某人敬仰之意。

〔9〕滕閣：滕王閣，在今江西南昌，唐初滕王李元嬰為洪州都督時所建。王勃《滕王閣序》：「豫章故郡，洪都新府。星分翼軫，地接衡廬。」參見《張好好詩》注〔11〕。綺席：豪華筵席。

〔10〕柘（zhè）枝：樂曲名，亦舞名。舞因曲得名。柘枝舞在唐代屬於健舞，據專家研究它來自西域的石國，石國又名柘枝，也稱柘羯。《柘枝舞》節奏明快，旋轉迅速，剛健婀娜兼而有之。一傳進來，就使人感到耳目一新。最初跳柘枝舞的，都是石國的姑娘，後來，中原的女子也逐漸學會了，不僅宮廷、軍營和官員家中有會舞柘枝的樂伎，甚至社會上出現了以舞柘枝為業的藝人，叫做「柘枝妓」；可見此舞廣為流行。《柘枝舞》本是獨舞，後來有兩個人表演的《雙柘枝》。唐代詩人所寫的有關柘枝舞的詩歌，其數量超過了其他任何一種舞蹈，這些詩對柘枝舞的服飾、舞姿等描述得非常詳細，詩人白居易、劉禹錫、張祜等都寫有許多柘枝舞的詩篇。蠻鼓：外族傳入的鼓；指少數民族樂器。蠻，古代對南方少數民族的稱呼。殷：震動聲；此指雷聲。

〔11〕千帆：眾多的帆船。陣馬：戰馬。

〔12〕雙龍：指雙劍，即豐城劍。牛斗氣：寶劍的光氣。詳見《李甘詩》注〔38〕。

〔13〕高懸一榻：即陳蕃榻。《後漢書·徐稚傳》載：徐稚字孺子，乃南昌高士，為太守陳蕃所禮重。陳蕃在郡不接賓客，唯稚來特設一榻，稚離去就把榻懸掛起來。又《陳蕃傳》載：陳蕃再遷為樂安太守，又特為郡人高潔之士周璆置一榻，去則懸之。後因以「陳蕃榻」為禮待賢士嘉賓或受人禮遇的典故。唐崔善為《答

王無功冬夜載酒鄉館》：「頒條忝貴郡，懸榻久相望。」唐李白《寄崔侍御》：「高人屢解陳蕃榻，過客難登謝朓樓。」

〔14〕連巴控越：巴指四川省東部一帶。越指古越地，在今浙江一帶。唐王勃《滕王閣序》：「襟三江而帶五湖，控蠻荊而引甌越。」

〔15〕珠翠：珍珠翡翠，婦女頭上的首飾。《文選·傅毅·舞賦》：「珠翠的皪而照耀兮，華袿飛髾而雜纖羅。」沉檀：沉香和檀香。

〔16〕平湖：東湖，在南昌城東，與贛江相通。《水經注·贛水篇》：「（豫章郡）東大湖十里二百二十六步，北與城齊，南緣回折至甫塘，本通章江，增減與江水同。漢永元中，太守張躬築塘以通南路，兼遏此水。冬夏不增減，水至清深，魚甚肥美。」

〔17〕蘭芷：蘭草和白芷，兩種香草。戰國屈原《離騷》：「扈江離與辟芷兮，紉秋蘭以為佩。」纖纖：細長貌，柔細貌。

〔18〕明月：曲名。《詩經》中收錄的陳國的一首民間情歌，名《月出》，共三章。採蓮：最早見於漢樂府民歌《江南》：「江南可採蓮，蓮葉何田田。魚戲蓮葉間，魚戲蓮葉東，魚戲蓮葉西，魚戲蓮葉南，魚戲蓮葉北。」這首民歌始載《宋書·樂志》，是一首情歌。「採蓮曲」流傳開來以後，成為唐宋時期達官貴人、文人墨客之歌舞酒宴中盛行不衰、經常演出的節目。時時有詩人們對曾經眷戀過的歌女的回憶留戀，或者是對曾經歷過的歌舞場面的緬懷。都是以追憶的方式寫對舊情的眷戀。杜牧詩如此。

〔19〕朱樓：華麗的紅色樓房。《後漢書·馮衍傳·顯志賦》：「伏朱樓而四望兮，采三秀之華英。」南朝齊謝朓《入朝曲》：「逶迤帶綠水，迢遞起朱樓。」畫簾：形容門簾非常漂亮，上面織繡的花樣宛然如畫。

〔20〕的的：鮮明的樣子。

〔21〕微漣：細小的波紋。湉（tián）湉：水靜靜地流淌。原注：「徒兼切」。馮集梧《樊川詩集注》卷四：「按，字書無湉，《廣韻》：『湉，徒兼切，水聲。』左思《吳都賦》：『潭湉漠而無涯。』注：『潭湉，安流貌。湉音恬。』疑此湉即湉也。」

〔22〕西山：在江西新建縣西，一名南昌山，又名厭原山。

〔23〕虹橋：拱橋。氣象兼：氣象萬千。兼：助詞，用於句尾。

〔24〕午：此指午夜、半夜。

〔25〕穠桃：繁盛的桃花。此喻指歌伎。

〔26〕龍沙：沙洲名。詳見《張好好詩》注〔20〕。

【簡評】

　　這組詩回憶鍾陵故地盛況，懷念當年江西幕府生活；同時表達了對沈傳師的感激和懷念。杜牧在江西幕府期間，多次到風景名勝之地遊覽宴集，度過了賞心悅目、優游自在的美好時光，留下了終生難忘的美好印象。離開多年後仍難以忘懷，深情地回憶，賦詩抒情。

　　杜牧 26 歲入沈傳師江西幕，度過人生一段美好時光。回憶起來，當時「最少年」，依然興奮自豪。

　　第二首，先寫奇景奇勢，筆調輕快，洋溢著歡樂氣息，描寫了鍾陵的奇異美好景色、華麗宴席、歌舞樓臺、奇人趣事，層層推進，顯得既清新明快又波瀾壯闊、氣象恢宏。再寫奇人奇物。運用兩個與豫章相關的典故，別具匠心，而「雙龍」與「一榻」，「氣」與「才」的對偶，自然相照，不著痕跡。典故的運用，寫出了鍾陵人才輩出的情形，也流露出人才得不到重用的傷感，表達了希望得到賞識的願望。最後以「連巴控越知何有」的問語收結，寫其地得江河便利，珍貴之物甚多，發人豔羨之情。

　　第三首，主要回憶當時遊覽東湖的情景；寫湖上風光。波光如鏡的湖水上面，楊柳輕拂，岸邊一片蘭芷柔美蒼翠，採蓮女動人的歌聲在四周飄蕩繚繞。白鷺的紛飛，打破了湖面最初的平靜，然而泛起的漣漪隨即又隨著風住歸於靜謐。即便是落日的餘暉，也能帶給人恬美的享受。整首詩歌畫面清爽，風格飄逸，意境優美。其中三處用了疊字，「纖纖」「的的」「泔泔」，音節響亮，神采煥發，尤顯「小杜」風神。

　　第四首，吟詠當年遊覽龍沙的情景。

　　這四首詩不僅寫出了杜牧年少時初涉仕途的壯志與豪情，也描繪出了洪州一帶的旖旎風光和人文風俗。平湖、堤柳、蘭芷、白鷺是自然風景的描畫，滕閣、龍沙是名勝之地的記述，而「柘枝蠻鼓殷晴雷」和「一聲明月採蓮女」則寫出了富有地域特色的歡歌笑語的場景。這一系列描寫給我們展現出了一幅包含廣闊內容的具有當地特點的畫卷。

臺城曲二首〔1〕

　　整整復斜斜〔2〕，隋旗簇晚沙〔3〕。門外韓擒虎，樓頭張麗華〔4〕。誰憐容足地，卻羨井中蛙〔5〕。

　　王頒〔6〕兵勢急，鼓下坐蠻奴〔7〕。瀲灩倪塘〔8〕水，叉牙出骨鬚〔9〕。乾蘆一炬火〔10〕，回首是平蕪〔11〕。

【注釋】

〔1〕此詩是杜牧經過臺城時懷古之作。臺城：南朝宮城，故址在今南京市玄武湖側。舊址在今南京市雞鳴山南，本是三國時期吳國的後苑城，東晉成帝時改建。從東晉到南朝結束，這裡一直是朝廷臺省（中央政府）和皇宮所在地，故名；既是政治中樞，又是帝王荒淫享樂的場所。中唐時期，昔日繁華的臺城已是「萬戶千門成野草」；到了唐末，這裡就更荒廢不堪了。五代時因修金陵城，臺城遺址遂廢。唐代劉禹錫、韋莊都有《臺城》詩。參見宋洪邁《容齋續筆》卷五《臺城少城》。

〔2〕整整、斜斜：形容戰旗旗簇擁紛亂的樣子。

〔3〕「隋旗」句：隋朝滅陳前，隋朝大將賀若弼率軍與陳軍隔江對峙。他下令沿江設防的士兵每次換崗時必須集中起來大列旗幟，陳朝軍隊以為是大軍到了，趕緊調集兵馬，後來才知道隋軍是換崗，就放鬆了警惕。後來賀若弼率大軍渡江時，陳軍一時竟沒有發覺。見《隋書·賀若弼傳》。簇：動詞；停止、停留的意思。此言駐馬停留。唐白居易《北樓送客歸上都》：「長津欲度回船尾，殘酒重傾簇馬蹄。」

〔4〕門外樓頭：《南史·陳後主紀下》《南史·陳後主張貴妃傳》《隋書·韓擒虎傳》等記載：南朝陳後主耽於聲樂酒色，尤寵貴妃張麗華，怠於政事。後主自居臨春閣，張貴妃居結綺閣，龔、孔二貴嬪居望仙閣，並複道交相往來。隋將韓擒虎率精騎五百，直入朱雀門，後主與張貴妃等宮人為隋軍所執，國遂亡。後因以「門外樓頭」指君主荒淫，國家破亡。韓擒虎：原名豹，字子通，河南東垣人。隋朝大將，以膽略見稱，屢立戰功。開皇初為盧州總管，文帝委以平陳之任。開皇九年，攻打陳朝時，韓擒虎為先鋒，直取金陵，生俘了後主陳叔寶。陳平，進位上柱國。見《隋書》本傳。張麗華：陳後主妃，以美色見寵。隋兵入陳，與後主自投入宮內景陽井，為隋軍搜出，被殺。見《隋書》附《沈皇后傳》。宋王安石《桂枝香·金陵懷古》：「念往昔，繁華競逐。歎門外樓頭，悲恨相續。」

〔5〕「誰憐」二句：謂有誰會同情他們像青蛙那樣投入景陽井中去藏身呢？容足：立足。井中蛙：韓擒虎進入宮城後，陳後主和張麗華、孔貴人躲入枯井裏。士兵在井口喊陳後主，陳後主不答應，後來士兵說不答應就往井裏扔石頭，陳

後主才開口。隋兵用繩子拉他們，奇怪怎麼會這麼重，等到拉出來一看，原來有三個人。參見《資治通鑒》卷一七七《隋紀》。胡三省注：「景陽井在法華寺。或云，白蓮閣下有小池，而方丈餘。或云在保寧寺覽輝亭側。《舊傳》云：欄有石脈，以帛試之，作胭脂痕，一名胭脂井，又名辱井。」

〔6〕王頒：字景彥；隋軍將領，他的父親王僧辯在梁朝為官，被陳武帝陳霸先設計殺死。王頒在隋攻打陳朝時，自請作戰，以報父仇。陳滅亡後，王頒召集父親的舊部下，連夜挖掘了陳武帝的陵墓，焚燒屍首，把骨頭投到水裏，還喝了河裏的水。之後王頒向隋文帝楊堅請罪，楊堅沒有怪罪他。參見《隋書》本傳。

〔7〕鼓下：本意是軍中殺人的地方，這裡指俘虜坐的地方。蠻奴：陳朝大將任忠的小名，韓擒虎率兵來時，為鎮東大將軍，守來雀門。他不但沒有誓死把守，反而不讓士兵抵抗，全部投降。

〔8〕倪塘：在南京城東南，倪氏所築，故名。

〔9〕「叉牙」句：言王頒挖開陳武帝的陵墓，見陳武帝屍體上的鬍鬚沒有爛掉，鬍鬚的根都長在了骨頭上。叉牙：此指鬍鬚零亂貌。

〔10〕「乾蘆」句：指隋將賀若弼進攻陳朝宮城的時候，用乾蘆葦放火燒了宮城的北掖門。事見《陳書·後主紀》。

〔11〕平蕪：綠草繁茂的平曠原野。唐高適《田家春望》：「出門何所見，春色滿平蕪。」

【簡評】

　　這是一組憑弔古蹟的詠史詩。詩人來到六朝宮城遺址，想起六朝歷史，詠歎南朝陳朝滅亡。透過荒蕪的臺城，詩人的目光聚焦於陳朝滅亡的那一刻。第一首描寫陳後主荒淫昏庸以至亡國的悲劇；設想陳後主、張麗華進入井中躲難，恨不得變為青蛙，諷刺了陳後主荒唐至極與荒淫亡國。第二首寫大臣不戰而降，致使國家敗亡，甚至皇室陵墓也遭受奇恥大辱。杜牧生活的時代，王朝日趨衰敗，詩人免不了有總結歷史教訓警示當朝的用心。詩歌精警動人，宋蘇軾《虢國夫人夜遊圖》有「門外韓擒虎，樓頭張麗華」句，可見其對這一組詩歌的喜愛。

江上雨寄崔碣〔1〕

　　春半〔2〕平江雨，圓文破蜀羅〔3〕。聲眠篷底客，寒濕釣來蓑〔4〕。暗澹〔5〕遮山遠，空蒙〔6〕著柳多。此時懷一恨〔7〕，相望意如何〔8〕。

【注釋】

〔1〕崔碣：字東標，及進士第，曾任右拾遺。後官至河南尹，咸乾間任陝虢觀察使。參《新唐書·宰相世系表》《新唐書·僖宗本紀》。

〔2〕春半：春之半，謂陰曆二月。參見《村行》詩注〔2〕。

〔3〕圓文：雨點落在水面漾起的圓形水紋。唐韋應物《西澗即事》：「空林細雨至，圓文遍水生。」蜀羅：蜀州絲羅，唐代為地方貢品。此用以比喻江面。唐張祜《送走馬使》：「新樣花文配蜀羅，同心雙帶蹙金蛾。」

〔4〕蓑：蓑衣，雨具。喻漁翁，亦可喻小漁舟。

〔5〕暗澹：昏暗不明貌。唐元稹《桐花落》：「暗澹滅紫花，句連蹙金萼。」

〔6〕空濛：迷濛的輕霧。南朝齊謝朓《觀朝雨》：「空濛如薄霧，散漫似輕埃。」

〔7〕恨：遺憾。唐人言「恨」，多悲愁之意。唐盧綸《秋中野望寄舍弟綬兼令呈上西川尚書舅》：「舊恨尚填膺，新悲復縈睫。」唐雍陶《憶山寄僧》：「新愁舊恨多難說，半在眉間半在胸。」

〔8〕如何：怎麼樣。唐劉禹錫《贈眼醫婆羅門僧》：「師有金箆術，如何為發蒙。」

【簡評】

這是一首對友人的親切懷念之歌。仲春時節，詩人的行舟在連綿不斷的雨中飄搖，他想起友人，不禁「新悲徒自起，舊恨空浮江」（孟郊《和令狐侍郎郭郎中題項羽廟》），故借景抒懷。頸聯「暗澹」「空濛」狀愁最為形象，而一「遠」一「多」寫出悲愁之深廣。末句言「相望意如何」，將詩筆從對面寫來，設想當我思友人之時，友人也在懷想自己，是杜甫「香霧雲鬟濕，清輝玉臂寒」（《月夜》）的手法。據說此詩深得宋黃庭堅「酷愛而屢稱之」（元祝誠《蓮堂詩話》卷上）。

罷鍾陵幕吏十三年，來泊湓浦，感舊為詩 〔1〕

青梅雨中熟，檣倚 〔2〕酒旗邊。故國殘春夢，孤舟一褐 〔3〕眠。搖搖遠堤柳，暗暗十程 〔4〕煙。南奏 〔5〕鍾陵道，無因 〔6〕似昔年。

【注釋】

〔1〕此詩作於會昌元年（841）春末，詩人請假前往潯陽看望患有眼病的弟弟，經過江西鍾陵。鍾陵：即洪州鍾陵，漢時名南昌縣，隋代改豫章郡，唐代改為鍾陵。幕吏：幕僚，杜牧大和四年罷沈傳師江西幕，至此時十二年，胡可先《杜牧詩文編年補正》認為「十三年」為傳抄過程的筆誤。湓（pén）浦：古水名。

亦稱溢江、溢水。即今天的龍開河，源出今江西瑞昌西南青山，山上有井，形狀像盆，所以稱溢水。溢水東流到九江市，名溢浦港，向北流入長江。

〔2〕檣倚：帆船停靠。檣是帆船上的桅杆，這裡指船。

〔3〕孤舟，參見《新定途中》詩注〔3〕。褐：粗布。這裡指粗布做的被子。

〔4〕程：指驛站之間的距離。江州南至洪州三百二十五里，其間約置十驛。

〔5〕南奏：向南。奏，通「湊」，向，往。

〔6〕無因：沒有機緣。

【簡評】

詩人離開江西沈傳師幕已經十二年。詩人描寫了如今的孤舟獨泊，春殘花謝，心緒不佳，雖然船兒在十二年前的河流上漂蕩，可是「無因似昔年」，表達了對當年幕府生活的懷念。「搖搖遠堤柳，暗暗十程煙」，疊字的使用與工整的對偶，使得詩句聲情搖曳，含蓄有味，渲染一種迷離哀愁的氛圍。

商山麻澗〔1〕

雲光嵐彩四面合〔2〕，柔柔垂柳十餘家。雉〔3〕飛鹿過芳草遠，牛巷雞塒〔4〕春日斜。秀眉〔5〕老父對樽酒，蒨袖女兒簪〔6〕野花。征車自念塵土計，惆悵溪邊書細沙〔7〕。

【注釋】

〔1〕本詩作於開成四年（839）春，時杜牧越武關，經商山而至京城，任左補闕、史館修撰。商山：又名地肺山，在今陝西省商南縣東南，地形險阻，景色幽勝；相傳秦末漢初「商山四皓」曾在此隱居。麻澗：地名，在陝西商州熊耳山下。因山澗環抱，其地適宜種麻，因名麻澗。過麻澗行六十里即至秦嶺。見《讀史方輿紀要》卷五四。

〔2〕雲光嵐彩：山光霧氣，山村夕照時特有之景觀。嵐（lán）彩：山間的霧氣在陽光的照射下發出的光彩。唐陸龜蒙《奉和襲美添漁具五篇·蓑衣》：「滴瀝珠影泫，離披嵐彩虛。」合：圍繞。

〔3〕雉（zhì）：野雞。

〔4〕雞塒（shī）：牆壁上挖洞做成的雞窩。《詩·王風·君子于役》：「雞棲于塒，日之夕矣，羊牛下來。」

〔5〕秀眉：即眉壽。老年人常有一二根眉毛特長，舊說以為是長壽的象徵，謂之秀眉。《詩·小雅·南山有臺》：「樂只君子，遐不眉壽。」漢毛亨傳：「眉壽，秀

眉也。」。

〔6〕蒨（qiàn）袖：紅色的衣袖。蒨，草名，同「茜」；多年生，根可作紅色染料；
　　　這裡指紅色。簪：插，戴。

〔7〕「征車」二句：意謂回顧自身，風塵僕僕，不勝惆悵，唯有在溪邊塗畫細沙以遣
　　　落寞之懷。征車：旅途中乘坐的車。塵土：塵世，世俗之事。指官場奔波，風
　　　塵僕僕。惆悵：傷感，失意。

【簡評】

　　這是作者赴京任官行至商山麻澗，目擊秀麗風景，感受淳美人情的心理描
繪。詩以清雋的筆調展示了山村秀美的景色和農家淳樸、恬靜的生活；同時，
不禁為自己的奔波而深感惆悵。

　　此詩前六句寫景，後二句抒情。雲光嵐彩，柔桑垂柳，雉飛鹿過，牛巷
雞塒，加以「芳草遠」「春日斜」，真是風景如畫。「秀眉老父對樽酒」，意氣閒
逸；「蒨袖女兒簪野花」，充滿生氣。此情此景，不由引發作者四處宦遊的惆
悵，並透露出人世滄桑之感。

　　尾聯用細節描寫展示了一時的進退維谷狀態，突出了商山的魅力。「惆悵
溪邊書細沙」，很傳神地表現出詩人悵然若失的神情；使此詩的情調在明快中
透出一縷淡淡的憂愁。詩人將自己的悵然失落的神情一起攝入畫面，曲折地表
達了因仕途曲折而對田園生活的嚮往之情，富有意趣。用細節表現心理，能發
幽抉微，是妙筆奇思。

　　在藝術構思和表現手法上，遠景近景相結合，動靜相生，以動襯靜，情景
交融，將美麗的自然風光和田園景象以及作者愉快又失落的情感完美地結合
起來，意境優美、情感豐富，充滿了濃鬱的詩情畫意。

商山富水驛〔1〕

　　益戇猶來未覺賢〔2〕，終須南去弔湘川〔3〕。當時物議朱雲小，後代聲華白
日懸〔4〕。邪佞每思當面唾〔5〕，清貧長欠一杯錢〔6〕。驛名不合輕移改，留警
朝天者惕然〔7〕。

【注釋】

〔1〕本詩作於開成四年（839）春，時杜牧除官赴京取道長江、漢水，途經商山富水
　　　驛。商山：在今陝西商縣東南，亦名商嶺、商阪；是終南山的支脈，林壑幽邃，
　　　有七盤十二峰。富水驛：驛站名。唐代每三十里置一驛站，用以接待往來官員

和傳遞公文的人，供他們換馬、休息。詩題原注：「驛本名與陽諫議同姓名，因此改為富水驛。」在今陝西省商南縣東二十餘里，原名陽城驛，中唐以後改名富水驛。唐元稹之前尚未改名。陽諫議即陽城，唐德宗時人，進士及第後隱居中條山，後召拜諫議大夫；以敢於犯顏直諫著稱。參見《新唐書·陽城傳》。

〔2〕「益戇」句：謂陽城如同汲黯一樣愚直，而人未覺其賢。益戇（zhuàng）：即越來越戇直的人，指非常耿直而不通世故。此用漢代汲黯敢於面諫武帝典故。汲黯，字長孺，為人性倨少禮，不能容人之過。武帝時為東海郡太守，後召為九卿，敢於面折廷諍。武帝外雖敬重，內頗不悅。曾言：「甚矣，汲黯之戇也！」後出為淮陽太守，七年而卒。《史記》《漢書》皆有傳。後因以「益戇」為詠直臣之典。猶來：由來，本來；語氣副詞。

〔3〕「終須」句：謂陽城如同賈誼一樣被貶謫南方，唯有臨湘水而弔屈原。賈誼，漢洛陽人。參見《感懷詩一首》注〔53〕。湘川：即湘水，又名湘江，湖南省最大的河流。賈誼被貶為長沙王太傅，經過汨羅江，作《弔屈原賦》，自傷不得志。此句以賈誼外貶比陽城由諫議大夫出為亦屬湘中之地的道州刺史。

〔4〕「當時」二句：謂朱雲當時敢以小臣之地位直諫，在後代享有聲譽，光輝如日。物議：眾人的議論；輿論。朱雲：字遊，西漢人。漢元帝時博士，在朝官位很低，「小人居下」，但敢於直諫。曾因劾奏位高權重的安昌侯張禹而觸犯成帝，為御史押下，猶攀殿檻大呼，以至檻折。事見《漢書·朱雲傳》。參見《哭李給事中敏》詩注〔3〕。小：指評價低；小看。聲華：聲望；美好的名聲。

〔5〕邪佞：指巧言善媚很不正派的人，此謂裴延齡輩。《新唐書·陽城傳》：「（德宗）欲遂相延齡，城顯語曰：『延齡為相，吾當取白麻壞之，哭於廷。』帝不相延齡，城力也。」唐代詔書用麻紙謄寫，有黃白麻之分，任命宰相的詔書用白麻。當面唾：當面痛斥。《戰國策·趙策》：「有復言令長安君為質者，老婦必唾其面。」此指陽城反對裴延齡為相事。

〔6〕「清貧」句：謂陽城的生活清廉簡樸，家無餘財。《新唐書·陽城傳》：「（城）常以木枕布衾質錢，人重其賢，爭售之。每約二弟：『吾所俸入，而可度月食米幾何，薪菜鹽幾錢，先具之，餘送酒家，無留也。』」一杯錢：買一杯酒的錢；即酒資。一杯，表數量。多用於酒、水。此處特指酒。

〔7〕「驛名」二句：謂「陽城」的驛名不可輕易更改，而應留下來警示那些朝見天子的人，讓他們感到惶恐。此語當是對元稹等人輕易地改動驛名而發。因元稹《陽城驛》云：「商有陽城驛，名同陽道州。」「我願避公諱，名為避賢郵。」

陳寅恪《元白詩箋證稿》稱：「然則元白詩之流行於當時，及其影響之深巨，信有徵矣。惟牧之之詩之結論云：『驛名不合輕移改，留警朝天者惕然。』雖文人喜作翻案文字，然亦牧之素惡元白之詩所使然也。」不合：不應該。移改：更改。朝天者：指赴京做官的人。惕然：戒慎恐懼貌。

【簡評】

杜牧此次赴京任左補闕，亦為諫官，作此詩的目的就是要效法陽城，以敢言直諫為己任；表達了對前賢的敬仰之情。

詩人連用歷史上三位諍臣作比，在對他們風骨的激賞中，顯示出自己的精神祈向。其中，汲黯與賈誼為暗喻，而朱雲為明喻。明用朱雲之典，實則隱含譏刺；因為成帝雖昏庸，最終猶能納諫，能不易折檻，以彰直臣；而德宗則將陽城謫貶道州，可見其昏庸之甚！史稱杜牧「剛直有奇節」，「敢論列大事，指陳病利尤切至」（《新唐書·杜牧傳》），於此詩，可見其性格之一斑。牧之以「題詠好異於人」（《苕溪漁隱叢話》語）著稱，此詩即為顯例。

首頷兩聯以汲黯、朱雲為陽城的直言敢諫作陪襯，言直臣終是難容，雖不為當時所重，而引起後代的追思；以此開頭，奠定了全詩雄勁豪宕的基礎。頸聯以形象語句來概括陽城的剛直直言與清貧生活，再次描寫陽城勁直清廉的性格。尾聯推翻元稹的主張，提出應保留驛名，使「朝天者」警惕。全詩充滿了正義凜然的豪氣，讀來令人振奮。

全詩以氣勝，而用典貼切、有力，正可激蕩其氣。至於最為後人注意的「朱雲」（人名）與「白日」（天文）利用色彩關係加以對偶，是基於充分聯想後成為奇巧的「假對律」（邵博《邵氏聞見後錄》卷一七）。「朱雲」與「白日」相對，這種對仗古人也歸在借對中，它屬於借專名作通名。「朱雲」是漢代人名，但這裡又作為通名（朱色之雲）與「白日」相對。此外，在「留警」句中，打破了七律前四後三的常格，而變為前五後二，更增加了全詩的豪宕峭拔之感。

丹　水〔1〕

何事苦縈回〔2〕，離腸不自裁〔3〕。恨聲隨夢去，春態〔4〕逐雲來。沉定藍光徹〔5〕，喧盤粉浪〔6〕開。翠岩〔7〕三百尺，誰作子陵臺〔8〕。

【注釋】

〔1〕本詩作於開成四年（839）春，時杜牧越武關，經商山而至長安，任左補闕、史館修撰。丹水：發源於秦嶺，在湖北丹江口注入漢江，是漢江最長的支流。丹

水得名有二說：一是傳說堯的長子丹朱死後葬在這裡而得名。二是戰國時長平之戰後，秦國坑殺了趙國降卒四十萬人，血流淙淙，河水都變紅了，所以號丹水。

〔2〕縈回：河水盤曲環繞。唐元結《登白雲亭》：「州渚曲湘水，縈回隨郡城。」

〔3〕離腸：離別時的傷感。唐王昌齡《送李擢遊江東》：「離腸便千里，遠夢生江樓。」自裁：不能自我決定。裁，節制，定奪。此處以情不自禁狀作擬人化描寫。

〔4〕春態：春姿，春日的景象。唐李九齡《春行遇雨》：「夾路輕風撼柳條，雨侵春態動無慘。」

〔5〕沉定：沉著鎮定。徹：水清澈見底。

〔6〕喧盤：河水動盪發出像盤子撞擊一樣的聲音。粉浪：白色的浪花。

〔7〕翠岩：清脆的山岩，指丹水南面的丹崖山。《水經注・丹水》：「丹水南有丹崖山，山悉禎壁霞舉，若紅雲秀天，二岫更為殊觀矣。」

〔8〕子陵臺：東漢嚴子陵隱居釣魚處。參見《正初奉酬歙州刺史邢群》詩注〔3〕。

【簡評】

　　杜牧赴長安任職途經丹水；或許是丹水的人文歷史勾起了詩人的愁緒，或者是「近鄉情更怯」的思緒加重，儘管丹江一帶風光美好，詩人卻惆悵萬千。整首詩體現了作者深深的悲痛，也許丹江的美景讓作者暫時忘卻了內心的痛苦，但畢竟抑鬱難以排遣，而自己要面臨的可能是更深的痛苦。

　　首聯設問的修辭，劈頭蓋來，一下子把人帶入無盡的憂愁中去。鬱悒之情溢滿紙端。一個「離」字，暗示了這與濃鬱的思鄉有很大關係。「春態」句運用擬人的修辭手法，既點明了寫作時間是在春天，又好像作者撥雲見霧一般在痛苦的內心中看到了一絲希望，作者在以春天的美好來反襯自己內心的悲痛。「沉定」二句是對丹水景色的描寫。體現了丹水的清澈和時而的波濤洶湧。描寫具有動態美，使讀者彷彿身臨其境般地感受到了丹江的美麗與宜人。

　　尾聯中「翠岩」之「翠」字，運用得生動形象，表現了岩石的翠綠。「三百尺」運用誇張的修辭，體現了丹江瀑布的奔騰咆哮、騰空而下。「誰作子陵臺」運用嚴子陵拒絕做官來隱居的典故，又回到了作者起初的心情，將詩旨引向歸隱一端。詩人用樂景寫哀愁的反襯手法，加重了愁緒的濃度與廣度；又用明點離愁暗寓歸隱蘊含對官場的不愜意，這種虛虛實實的技巧，表達了內心的複雜。

　　全詩鮮麗工切，藻采豔發，卻沒有浮華之感，正所謂情愫流貫，意味便濃。此詩景色描寫逼真形象，真切地抒發了作者內心抑鬱的情感，是一首難得的好詩。

題武關〔1〕

　　碧溪留我武關東〔2〕，一笑懷王跡自窮〔3〕。鄭袖嬌嬈酣似醉，屈原憔悴去如蓬〔4〕。山牆谷塹依然在〔5〕，弱吐強吞盡已空〔6〕。今日聖神家四海〔7〕，戍旗長卷夕陽中〔8〕。

【注釋】

〔1〕本詩為開成四年（839）春作，時杜牧由宣州赴京取道長江、漢水入京，途經武關。武關：在陝西省商南縣西北，為戰國時秦國的南關。楚懷王三十年（前299），秦昭王遺書楚王，約會於此。今武關地理位置與唐時相同。

〔2〕「碧溪」句：謂清澈的溪水汨汨地流過要留我在武關之東。碧溪：指商洛水。《元豐九域志》卷三：「商洛：州東八十里。……有商山，商洛水。」

〔3〕「一笑」句：謂可笑當年的楚懷王入關投秦卻是到了絕路。懷王：楚懷王熊槐，戰國楚王，威王子。信任靳尚及幸姬鄭袖，疏遠屈原，國政腐敗，先後為秦、齊所敗。又聽張儀計，輕信秦昭王之約，不聽屈原勸阻，徑往武關，入朝於秦，秦伏兵斷絕其歸路以求割地，懷王怒而不從逃往趙國，趙國懼秦不敢接納。懷王只得又回秦國，結果死於秦國。詳見《史記・楚世家》和《屈原列傳》。跡自窮：謂楚懷王自己走上窮途末路。

〔4〕「鄭袖」二句：謂懷王寵幸鄭袖，為其美色所惑，而斥逐賢臣屈原，使其流落沅湘。鄭袖：戰國楚懷王后，號稱南后。能歌善舞，寵冠後宮。張儀出使楚國，用割讓秦國六百里地的條件騙楚懷王和齊國斷交，懷王聽信了，秦國卻不履行承諾。楚懷王聲言要殺張儀，後來張儀到楚國，懷王欲殺之，張儀因與懷王幸臣靳尚合謀，使鄭袖日夜說懷王，釋放張儀，親秦絕齊。楚因孤立，為秦所滅。事見《史記・張儀列傳》及《戰國策・楚策三》。嬌嬈（ráo）：嬌豔美好，嫵媚多姿。酣（hān）：暢快飲酒。屈原：曾任楚國的三閭大夫，被小人陷害，失去楚懷王的信任，被流放。《史記・屈原列傳》：「屈原至於江濱，被髮行吟澤畔。顏色憔悴，形容枯槁。」憔悴：面容黃瘦。蓬（péng）：蓬草。蓬草隨風飄轉，常用來比喻人的身世飄零或行蹤不定。

〔5〕山牆谷塹：謂武關地勢險要，有群山環繞，溪谷深如壕溝。山牆：陡峭的山。

　　谷塹（qiàn）：谷深如壕溝。塹，壕溝。依然：依舊，仍然。

〔6〕「弱吐」句：謂戰國時期弱肉強食七國爭雄的歷史像過眼煙雲已成空。弱吐強
　　吞：謂強國侵吞弱國。

〔7〕聖神：指皇帝英明神聖。家四海：謂四海一家，天下一統。

〔8〕「戍旗」句：謂如今武關上長風浩蕩戍旗翻卷於夕陽中。戍（shù）旗：邊防區
　　域營壘、城堡上的旌旗。唐趙嘏《欽州道中僕逃》：「莫遣窮歸不知處，秋山重
　　疊戍旗多。」

【簡評】

　　武關為楚懷王入秦不反之地，詩人赴長安途經此處，不免興起懷古之情，對楚懷王外受欺於秦，內為鄭袖美色所惑深致譴責，而對屈原遭貶放逐則表示同情惋惜。

　　首聯開門見山，敘述詩人來到了武關的東邊，描寫清清溪水從眼前汩汩流過，好像在向行人訴說著前朝的史事。頷聯緊承這一脈絡，具體地分析了「懷王跡自窮」的根源。頸聯從對歷史的沉思、敘述過渡到抒發眼前的感喟。最後，詩人的眼光再次落到武關上。如今天子神聖，四海一家，天下統一。武關上長風浩蕩，戍旗翻卷，殘陽如血。

　　詩人懷古頌今，總結了荒淫誤國、國之強盛取決於用人的經驗，讚頌如今的國家統一與穩定和平。詩以頌揚唐王朝統一安定作結，然有弦外之音。意謂應以楚懷王之客死異邦為前車之鑒，微露詩人對現狀之隱憂。詩雖詠史，意在為當朝皇帝提供借鑒。

　　詩中的雄心壯志的激情、無可奈何的痛苦、憂國憂民的深沉以及敬仰先賢、感傷自己的情感，具有撼動人心的魅力。

　　此詩用語、意境、結構與唐劉禹錫《金陵懷古》異曲而同工。詩之前四句，語氣鬱憤而見骨力，但後四句抒發今非昔比之意，腔調過高，不及劉禹錫《西塞山懷古》「從今四海為家日，故壘蕭蕭蘆荻秋」，慷慨中有沉鬱之氣。

除官赴闕商山道中絕句〔1〕

　　水疊鳴珂〔2〕樹如帳，長楊春殿九門珂〔3〕。我來惆悵不自決〔4〕，欲去欲住終如何〔5〕。

【注釋】

〔1〕此詩作於開成四年（839）春。除官：授官。指授左補闕、史館修撰。除，猶易，

以新易舊謂除。赴闕：到京城去朝見。

〔2〕鳴珂：馬籠頭上的玉飾，行走時叮咚作響。雖有玉珂之名，而實多為貝製。本指馬，後以此形容居官顯赫或指官宅。《新唐書·張嘉貞傳》：「嘉祐，嘉貞弟，有幹略。方嘉貞為相時，任右金吾衛將軍。昆弟每上朝，軒蓋騶導盈閭巷，時號所居坊曰『鳴珂里』。」唐岑參《衛節度赤驃馬歌》：「憶昨看君朝未央，鳴珂擁蓋滿路香。」

〔3〕長楊：漢代的長楊宮，因為宮中有垂楊數畝而得名，是皇帝的遊獵之所；這裡指唐朝宮殿。《史記·司馬相如列傳》：「常從上至長楊獵。是時天子方好自擊熊彘，馳逐野獸，相如上書諫之。」參見《杜秋娘詩》注〔34〕。九門：古代天子所居有九門，後因用以代指宮廷，亦代指京城。《禮記·月令》：「田獵置罘、羅罔、畢翳、獸之藥，毋出九門。」漢鄭玄注：「天子九門者，路門也，應門也，雉門也，庫門也，皋門也，城門也，近郊門也，遠郊門也，關門也。」唐鄭嵎《津陽門詩》：「九門回望塵坌多，六龍夜驅兵衛疲。」

〔4〕惆悵：倉促。自決：自己決定。

〔5〕如何：怎麼樣。

【簡評】

　　杜牧赴長安任左補闕經過商山，作此詩，表達了人生抉擇的困難。詩人穿行於碧樹蔭下、水流淙淙聲中，一想到將要達到的長安宮闕，心裏犯了愁。詩歌描繪了商山這座歸隱聖地的美麗景色，表達了做官與否的猶疑不決。首句寫實，次句是想像之詞，「長楊春殿九門珂」，也許暗示著為官仍有作為。選擇是如此之難，「終如何」啊，游移不定，十分困惑。

漢　江〔1〕

　　溶溶漾漾白鷗〔2〕飛，綠淨春深好染衣〔3〕。南去北來人自老〔4〕，夕陽長送釣船歸。

【注釋】

〔1〕本詩作於開成四年（839）春，時杜牧赴京任左補闕，經過漢江。漢江：即漢水。詳見《西江懷古》詩注〔2〕。

〔2〕溶溶漾（yàng）漾：水面廣闊而波光浮動的樣子。白鷗：鳥名。詩中多藉以表達飄然出世、閒適忘情的情趣。古人常把它視作悠閒自在的隱逸之士的最好伴侶。唐高適《同薛司直諸公秋霽曲江俯見南山作》：「我心寄青霞，世事慚白鷗。」

〔3〕「綠淨」句：謂暮春的漢江水碧綠潔淨，簡直可以用來漂染衣物。淨：清澈透明。

　　春深：指暮春。染衣：指人的影子倒映在江水裏，衣服好像被江水的綠色所染。

〔4〕人自老：喻指自己一事無成。

【簡評】

　　此詩寫暮春的傍晚詩人行經漢江時的所見所感，是一幅美麗的漢江暮春圖；既歌頌春天又表達傷春的情感；並在其中寄託了人生哲理的思索。詩前半寫景，以江鷗之白與江水之綠相映襯，寫出了春天的生機。後半言情，表現了對歲月流逝的感歎與宦遊生活的厭倦。

　　首句寫漢水浩瀚，波光瀲灩，白鷗在水面自由自在地飛翔。「溶溶漾漾」四字，既壯闊蓬勃，又優美新鮮，畫出滿紙江水迷離之狀。鷗鳥貼水掠波，使空碧悠悠中忽有鮮活之妙；人與景物的和諧，陶然共忘機。第二句則寫江水之清碧，以其色綠可染衣狀其澄澈，動靜相間，極寫漢水之優美景色。此時詩人突發奇想，要用這澄綠的漢水來染衣。自來只有水中浣衣，寫水中染衣者，以杜牧此詩為首創。首二句白鷗與綠水這兩個意象組合在一起，景物色彩搭配和諧、自然，宛如一幅明麗的山水畫。將春意的新、淨、亮、麗的特質，全都蘊含在其中。此處還有一個小細節。杜牧此去京城任左補闕，這是從七品官，按制度穿淺綠色官服，正是漢水所染之色。

　　第三句反觀自身，由景至人。行詩至此，情緒忽而一轉，自然美景不得久留，詩人不得不奔波紅塵之中，南去北來，無止無休，思及於此，感慨繫之。進而引出末句，不是夕陽長送，而是詩人在夕陽中長長目送。釣船歸去家中，而詩人卻還要跋涉征途，不知明日如何。末二句有漢水長流、夕陽常在，而人壽短促的無限感慨。從眼前之景、眼前之情拓開，把「人自老」的歎息巧妙地引向對宇宙人生哲理的思索，從而使全詩的意蘊又深入一層。最後一句是全詩的傳神煉意之筆。它與前兩句呼應，將漢江春景點綴得更具情趣。

　　此詩開篇意境開闊，結尾韻調悠長，筆勢婉曲自如，令人在目接清景的同時，體會到一種雋永的理趣。全詩設色淡雅，用筆秀豔，清新雋麗，情韻悠長，含蓄委婉，自是妙處，而四句造語脫俗，自出機杼，略無斧鑿之痕，意境圓融，可謂無處不好，從後人屢屢化用可知。

　　寫江水綠色，白居易《憶江南》有「春來江水綠如藍」，比較平淡；「綠淨春深好染衣」，突出了綠色的純淨，更為生動。自杜牧「染衣」之後，宋人詩中多用此語，如「濕翠拋來覺染衣」（陳岩《翠瀑亭》）、「湛碧溶溶可染衣」

（陳岩《東陽澗》）、「漾漾池塘碧染衣」（高翥《首夏》）、「傍岸溪流可染衣」（李復《移官慶陽過定平縣》）、「白馬湖光綠染衣」（李埴《白馬湖》）、「沙潋鶴爭飛，波光可染衣」（司馬光《孫器之奉使淮浙至江為書見寄以詩謝之五首》）、「江水悠悠綠染衣」（曾極《白鷺洲》）、「春流綠染衣」（趙蕃《去冬十二月與成父分袂於上饒春見於溧陽又見於臨安成父竟先言歸作是詩以送之》），等等，卻沒有一個能化用出神，超出杜牧詩的。「南去北來」一句也屢被宋人引用。「南去北來何處是，坐令楊子泣多歧」（胡寅《題指南軒二絕》）、「南去北來今漸老，難負尊前」（晏幾道《浪淘沙》）、「南去北來何事，瀟湘雲楚水，目極傷心」（姜夔《一萼紅》），等等。

襄陽雪夜感懷〔1〕

往事起獨念，飄然自不勝〔2〕。前灘急夜響，密雪映寒燈。的的〔3〕三年夢，迢迢一線緪〔4〕。明朝楚山〔5〕上，莫上最高層。

【注釋】

〔1〕本詩作於開成五年（840）冬；時杜牧自長安請假前往潯陽探望弟弟，取道漢上，途經襄陽，作此詩。

〔2〕飄然：思緒飄飛、恍然失落的樣子。自不勝：自己承受不了。

〔3〕的的：清楚、分明貌。《淮南子·說林》：「的的者獲。」注：「的的，明也，為眾所見，故獲。」唐杜甫《宿白沙驛》：「隨波無限月，的的近南溟。」

〔4〕迢迢：遙遠的樣子。一線緪：一條線連接。緪（gēng），連接，貫串。唐李賀《仁和里雜敘皇甫湜》：「枉辱稱知犯君眼，排引才升強緪斷。」

〔5〕楚山：指望楚山，在襄陽南。在襄陽城西南峴山諸峰中，望楚山古稱中峴。據清乾隆《襄陽府志》記載，望楚山一名英山，又名馬鞍山。相傳宋孝武帝劉駿出生在這裡，劉駿做武陵王的時候，喜歡此山的秀麗之色，就改名望楚山。據說登上山頂可以眺望楚國的宜城。

【簡評】

詩人用景色渲染手法，營造了一個淒苦氛圍，抒發了深深的愁緒；登高望遠本可以消解憂愁，詩人卻說不要登高，以免牽惹愁腸。是什麼事情讓人情不自勝？是什麼情況，三年來一直讓人牽腸掛肚，又恍若游絲，連接著過去與當前？一如寒雪飄灑、孤燈明滅，無從知曉，增加了詩歌的神秘之感。此詩看似平淡，卻於無意中透露出詩人日趨淡泊、疲憊，甚至欲於仕途退縮的心跡。

　　此詩的感情表達相當含蓄隱晦，「獨念」念何？「三年夢」所喻為何？是回想當年揚州幕府生活，還是曾經來過襄陽時經歷的往事？尾聯「明朝」二句，是一般意義的抒發感傷情懷，還是有特定的喻旨？這些都如寒燈密雪，飄忽難測。此詩情辭朦朧而美，作者未予道明的情感隱秘增加了它的魅力。

詠歌聖德遠懷天寶因題關亭長句四韻〔1〕

　　聖敬文思〔2〕業太平，海寰〔3〕天下唱歌行。秋來氣勢洪河〔4〕壯，霜後精神泰華獰〔5〕。廣德者強朝萬國〔6〕，用賢無敵是長城〔7〕。君王若悟治安論〔8〕，安史何人敢弄兵〔9〕。

【注釋】

〔1〕此詩約大中五年（851）秋作，時杜牧自湖州除官赴京，經關亭。天寶：唐玄宗年號。關亭：唐代近京有潼關、鴻關等，其驛亭稱關亭。《水經注·河水篇》：「門水又東北歷陽華之山，……又東北歷峽，謂之鴻關水，水東有城，即關亭也。」唐孫逖《冬末送魏起居赴京》：「驛騎朝丹闕，關亭望紫煙。」

〔2〕聖敬文思：唐宣宗徽號。《舊唐書·宣宗本紀》：大中「二年春正月壬戌，宰臣率文武百僚上徽號曰聖敬文思和武光孝皇帝，御宣政殿受冊訖，宣德音。」

〔3〕海寰：猶海宇；指中國境內。

〔4〕洪河：大河；此指黃河。

〔5〕泰華：山名，即太華，指西嶽華山，在陝西渭南縣東南。因華山遠望如華（花），故稱華山；因其西有少華山，故又稱太華。泰華獰，指華山山勢險峻。

〔6〕「廣德」句：謂玄宗開元時期德澤廣布，各國都來朝拜。

〔7〕「用賢」句：謂玄宗時用賢任能，使國家強盛。長城：喻可倚為屏障之大將。《宋書·檀道濟傳》：「檀道濟被收，脫幘投地曰：乃復壞汝之萬里長城。」《新唐書·李勣傳》：「帝曰：煬帝不擇人守邊，勞中國築長城以備虜；今我用勣守並（州），突厥不敢南，賢長城遠矣。」金趙元《修城去》：「君不見得一李勣賢長城，莫道世間無李勣。」

〔8〕治安論：指治安的策略。漢代賈誼曾經作《治安策》。見《漢書·賈誼傳》。

〔9〕安史：安祿山、史思明。安史二人於唐玄宗天寶十四載發動叛亂，史稱「安史之亂」；戰爭前後延續八年。弄兵：興兵，造反；挑起戰亂。《新唐書·兵志》：「范陽節度使安祿山反，犯京師，天子之兵，弱不能抗。其後祿山子慶緒及史思明父子繼起，中國大亂。」

【簡評】

這是一首題壁詩，描寫了山河壯麗，關河險要，歌詠了國家長治久安的關鍵在於以德治國和任用賢明，慨歎唐玄宗如果領悟治國之道，就不會爆發安史之亂。詩歌前半部分歌頌玄宗前期的太平盛世景象和山河險峻，最後兩句突起發問，詩意陡轉直下，感慨良多。由此可知，在詩人心目中，對於唐玄宗真是既稱頌又諷刺，五味雜陳。

途中作〔1〕

綠樹南陽〔2〕道，千峰勢遠隨。碧溪風澹態，芳樹雨餘姿〔3〕。野渡雲初暖，征人袖半垂〔4〕。殘花不一醉，行樂〔5〕是何時。

【注釋】

〔1〕本詩作於開成四年（839）春，時杜牧由宣州赴京任左補闕、史館修撰，取道長江、漢水入京經南陽途中。同時之作還有《村行》。

〔2〕南陽：唐鄧州南陽縣在今河南省南陽。

〔3〕「碧溪」二句：謂碧溪在春風吹拂下有恬淡之態，芳樹在微雨後綽有風姿。風澹：和風澹蕩，多指春風。澹：恬靜，安定。唐楊巨源《楊花落》：「韶風澹蕩無所依，偏惜垂楊作春好。」雨餘：雨後。

〔4〕征人：遠行的人。袖半垂：征人衣衫較常服為緊，衣袖亦不寬鬆，以便於旅行，故其狀稱「袖半垂」。垂袖者，唐代貴族著閒裝的樣子。唐元稹《古豔詩二首》：「春來頻到宋家東，垂袖開懷待好風。」

〔5〕行樂：消遣娛樂。唐李白《月下獨酌》：「月既不解飲，影徒隨我身。暫伴月將影，行樂須及春。」

【簡評】

面對綠樹遍野，千山連綿，碧溪風清，芳樹新浴，野渡春暖，行人從容的如畫美景，詩人甚至覺得自己如盛開將敗的野花般陶醉，是該行樂的好日子了！

本詩「綠樹」兩句，大筆塗抹風景，筆力飽滿，而「碧溪」二句寫雨後韶風，清新恬淡，亦可與「嫋嫋垂柳風，點點回塘雨」媲美。「野渡」二句，抒發行旅情景，大可入畫。尾聯寫「殘花」，有惜春之意，自然引出行樂之想，見詩人性情一斑。此詩與《村行》同為經南陽途中兩首清疏秀朗的五言佳作。

重到襄陽哭亡友韋壽朋〔1〕

　　故人墳樹立秋風，伯道無兒〔2〕跡更空。重到笙歌分散〔3〕地，隔江吹笛〔4〕月明中。

【注釋】

〔1〕此詩約作於會昌元年（841）七月。韋楚老，字壽朋。長慶四年登進士第，大和末、開成初曾官拾遺。杜牧與之交誼頗密。

〔2〕伯道無兒：晉鄧攸，字伯道。先後任河東吳郡和會稽太守。官至尚書右僕射。因避石勒兵亂，帶了自己的兒子和侄子逃難。途中屢遭險阻，深恐難得兩全，就丟掉自己的兒子，保全了侄子。以後，他再也沒有兒子。時人同情他，為之怨天。見《晉書·良吏傳·鄧攸傳》。後來稱別人無子，多用此語。此典唐人多用於哀傷悼亡之詩，對賢士無子寄予同情。唐韓愈《遊西林寺題蕭二兄郎中舊堂》：「中郎有女能傳業，伯道無兒可保家。」

〔3〕笙歌分散：用王子晉得道成仙，好吹笙作鳳凰鳴，後騎鶴降於緱氏山事，見《列仙傳》卷上《王子喬》。此以王子晉吹笙成仙遠去，暗喻韋楚老辭世。笙歌：用單笙來吹奏歌曲；泛指音樂舞蹈。分散：離別，離散。

〔4〕隔江吹笛：晉名士向秀，與嵇康、呂安二人友善，共居山陽，交往密切。二人被司馬昭所殺害。向秀重經山陽舊居，聽到「鄰人有吹笛者，發聲寥亮，追想曩昔遊宴之好」，作《思舊賦》，抒發懷念亡友的情思。見《晉書·向秀傳》。後因以山陽笛、鄰笛為懷念故友之典。唐竇牟《奉誠園聞笛》：「秋風忽灑西園淚，滿目山陽笛里人。」唐錢起《哭曹鈞》：「一聲鄰笛殘陽裏，醉酒空堂淚滿衣。」

【簡評】

　　此詩為重過舊地，悼亡友之作。亡友之墳，秋風蕭殺，歎友人無兒承業，行跡散空。舊日笙歌宴舞，一去不返，今明月之下聞隔江寥亮之笛聲，「追想曩昔遊宴之好，感昔而歎。」（《晉書·向秀傳》）

　　作品以沉鬱淒迷的意境，抒發了作者對韋楚老拾遺的悼念之情。「伯道無兒」的比喻，並不著眼於敘述韋氏身世，而在於對其人格精神的欽慕。「笙歌分散」「隔江吹笛」是熟典，但隨手拈來，天然無痕，在抑鬱淒涼中透出清婉朗潤，是典型的杜牧手筆。

赤　壁〔1〕

折戟沉沙鐵未銷〔2〕，自將磨洗認前朝〔3〕。東風不與周郎便〔4〕，銅雀春深鎖二喬〔5〕。

【注釋】

〔1〕本詩約作於會昌二年至四年（842～844），時杜牧任黃州刺史。赤壁：山名。湖北省有三赤壁：一在蒲圻縣西北長江南岸，北岸為烏林。其地石山高聳，突入江濱，上刻「赤壁」二字，漢末吳蜀聯軍曾大敗曹魏數十萬大軍於此。一在武昌縣東南，又名赤磯，亦名赤圻。一在黃岡縣，亦名赤鼻，屹立長江濱，土石皆帶赤色，下有赤鼻磯。杜牧與北宋蘇軾所寫當為黃岡赤壁，並非赤壁之戰時周瑜破曹操之地，只是借黃州赤壁抒懷古之意而已。

〔2〕「折戟」句：謂當年的斷戟沉埋在泥沙裏還未完全銷蝕。形容失敗慘重。折戟：折斷的戟頭。戟，古代兵器，長杆頭上附有月牙狀利刃。沉：埋沒。鐵未銷：鐵質的兵器還沒有腐朽。銷，銷蝕，熔化，此處意為朽爛。

〔3〕「自將」句：謂自己磨洗後發現這是當年赤壁之戰東吳破曹時的遺留之物。將：把、拿。磨洗：打磨沖洗。前朝：指吳蜀聯軍與曹魏軍隊大戰赤壁的時代。

〔4〕「東風」句：指火燒赤壁事。漢建安十三年（208），曹操率領大軍南下攻吳，因北方軍士不習水戰，故以鐵索將船艦連在一起。周瑜用黃蓋火攻計策，趁東南風沖近曹軍，同時發火，「頃之，煙焰張天，人馬燒溺死者甚眾。」大敗曹軍於赤壁。事見《資治通鑒》卷六五。周郎：周瑜，字公瑾，二十四歲即為將，「吳中皆呼為周郎」；與孫策同歲，並相友善，策死，弟孫權繼位，瑜以中護軍與長史張昭共掌眾事。赤壁之戰後，拜南郡太守。後進軍取蜀，至巴丘而死。事見《三國志·吳書·周瑜傳》。便（biàn）：便利，方便。

〔5〕「銅雀」句：此承上句，謂倘若不是東風給周瑜助勢，結局恐怕是曹操取勝，二喬被關進銅雀臺了。銅雀：即銅雀臺。詳見《杜秋娘詩》注〔29〕。二喬：東吳喬玄的兩個女兒，是有名的美女。大喬嫁給孫權的哥哥孫策，小喬嫁給了周瑜。參見《三國志·吳書·周瑜傳》。此處以二喬被擄代指東吳滅亡。傳說曹操發動赤壁之戰的意圖之一是為了得到二喬。

【簡評】

這首詩是晚唐詠史詩的名篇，為懷古詠史傑作，也是「死案活翻」最成功的篇章之一。詩以地名為題，實則是懷古詠史。在氣勢磅礴的歷史感悟中，壯志的激發，建功立業的渴望，無用武之地的悵然，以及對國運的憂慮等豐富的

情感都蘊含在其中了。

　　詩前兩句敘事，後兩句議論。詩人從眼前折戟這一細節引出對於五百年前赤壁大戰之慨歎，讚美周瑜統率指揮之功，過渡自然。「東風」兩句以假設語氣從反面落筆，有意想不到之藝術魅力，使詠史詩而具有抒情詩意境，較之正面議論更具匠心。「銅雀春深」句富於形象性，即小見大，展現了詩人藝術處理上獨特的成功之處。

　　詩表明作者對赤壁之戰的看法，認為周瑜之勝出於僥倖。如果不是東風相助，孫吳霸業將成泡影，三國鼎立的局面就不會形成，整個歷史也將重寫。實寫和虛寫相結合，懷古和傷今相映襯，歌頌和悲傷相融合，具有豐富和深刻的思想與情感。詩亦隱寓作者懷才不遇的情緒。全詩豪邁俊爽，峭拔勁健，最能代表杜牧絕句的特色。同時議論精闢，對宋詩影響很大。

　　杜牧自負知兵，心懷濟世之策，然不見用，借史事以吐胸中之抑鬱。詠赤壁之詩眾多，而人皆稱小杜之作，皆由於其妙想與不同凡俗之識，如無苦肉之計、東風之便，曹公未必慘敗，若二喬為銅雀之囚，吳亡國無疑矣。方可以勝敗論英雄乎？非也。譬喻新警，具史論色彩。杜牧把周瑜在赤壁戰役中的巨大勝利，完全歸之於偶然的東風，這是很難想像的。他之所以這樣地寫，恐怕用意還在於自負知兵，借史事以吐其胸中抑鬱不平之氣。其中也暗含有阮籍登廣武戰場時所發出的「時無英雄，使豎子成名」那種慨歎在內，不過出語非常隱約，不容易看出來罷了。

雲夢澤〔1〕

　　日旗龍旆想飄揚，一索功高縛楚王〔2〕。直是超然五湖客，未如終始郭汾陽〔3〕。

【注釋】

〔1〕此詩約作於會昌二年至四年（842～844）秋，時杜牧任黃州刺史。雲夢澤：古澤藪名。湖北省江漢平原上的古代湖泊群的總稱，是中國歷史上最大的淡水湖。古雲夢澤湖面甚廣，地及湖北和湖南部分地區。先秦時這一湖群的範圍周長約 450 公里。後因長江和漢水帶來的泥沙不斷沉積，漢江三角洲不斷伸展，雲夢澤範圍逐漸減小。魏晉南北朝時期已縮小一半，唐宋時解體為星羅棋佈的小湖群。今洪湖、梁子湖等數十湖泊，皆古雲夢的遺跡。唐孟浩然《望洞庭湖贈張丞相》：「氣蒸雲夢澤，波撼岳陽城。」

〔2〕「日旗」二句：謂漢高祖偽稱出遊雲夢，設計擒獲楚王韓信。日旗龍旆（pèi）：古代繪有日月、交龍圖案的旗幟，是帝王出巡的儀仗。一索：一根繩索。楚王：指韓信。韓信原為項羽部下，後隨劉邦平天下，以功高封齊王，後徙楚王。後有人告韓信要謀反，劉邦以出巡雲夢澤會諸侯為藉口，親赴楚地，令武士把他捆綁上帶到洛陽，下詔降其為淮陰侯。韓信曾云：「果若人言，狡兔死，良狗烹；高鳥盡，良弓藏；敵國破，謀臣亡。天下已定，我固當烹！」終因謀反罪為呂后所誅。詳見《史記·淮陰侯列傳》。

〔3〕「直是」二句：謂即使是功成引退、泛舟五湖的范蠡，亦不如富貴壽考的郭子儀。直是：即便是，就算是。唐吳融《關西驛亭即事》：「直是無情也腸斷，鳥歸帆沒水空流。」五湖客：指范蠡，曾佐越王句踐興越滅吳，後隱退，泛舟五湖而去。詳見《國語·越語下》《史記·越王句踐世家》。郭汾陽：即郭子儀。唐代名將，八十多歲才告別沙場，戎馬一生，屢建奇功。唐玄宗時為朔方節度使，因平定「安史之亂」有功，官至太尉、中書令，封汾陽王。唐代宗時，郭子儀又主張和回鶻結盟，打擊吐蕃，國家賴以安寧。儘管郭子儀權傾天下，但朝廷沒有猜忌他；儘管其生活奢侈，皇帝也沒有治其罪，富貴壽考，世代尊榮。見《新唐書·郭子儀傳》。

【簡評】

這是一首懷古詠今的詩篇，詩人於煙波浩渺的雲夢澤畔，思索為官之道。韓信、范蠡和郭子儀是著名歷史人物，都曾經叱吒風雲，輔佐帝王建有巨功，但結局卻大不同。

韓信先由楚王降為淮陰侯，最後竟然因「謀反」見誅。范蠡佐助句踐滅吳興越，自知與君王可以同患，而難處安，故功成身退，泛舟五湖而隱，難免遺憾。唯有郭子儀以一身繫天下安危者殆二十年，功高莫比，終能富貴壽考，世代尊榮，名身兩全，才是值得倣仿的楷模；既表現出作者對郭子儀的祈羨，也透露出自身的「英雄」觀。

除官行至昭應聞友人出官因寄〔1〕

賤子來千里，明公去一麾〔2〕。可能〔3〕休涕淚，豈獨感恩知。草木窮秋〔4〕後，山川落照時。如何〔5〕望故國，驅馬卻遲遲〔6〕。

【注釋】

〔1〕此詩作於大中五年（851）秋末，時杜牧由湖州除官歸京。昭應：唐京兆府屬

　　縣，在今陝西臨潼。

〔２〕賤子：詩人謙稱。詳見《雨中作》詩注〔２〕。一麾：一揮手。後人用為旌麾之
　　麾，指出任州刺史。參見《將赴吳興登樂遊原一絕》詩注〔４〕。

〔３〕可能：怎能；何至。表反詰、強調。

〔４〕窮秋：晚秋；深秋。指農曆九月。

〔５〕如何：為何，為什麼。

〔６〕遲遲：眷念貌；依戀貌。唐劉禹錫《出鄂州界懷錶臣二首》：「離席一揮杯，別
　　愁今尚醉。遲遲有情處，卻恨江帆駛。」

【簡評】

　　詩人回京任職，途中聞友人離京赴任，寄詩送行。

　　詩祝友人陞官赴職，又想見，時值深秋，夕陽照射山川之路；感念聖主之
恩，涕淚漣漣；遠離家鄉赴外任，驅馬緩行，依依不捨之情見諸筆端。升職雖
為樂事，而值深秋，離鄉悲切眷戀情狀，又蒙一層淒涼之感；體現出友人及詩
人的複雜心境。

寄浙東韓乂評事〔１〕

　　一笑五雲溪〔２〕上舟，跳丸日月〔３〕十經秋。鬢衰酒減欲誰泥，跡辱魂慚
好自尤〔４〕。夢寐幾回迷蛺蝶〔５〕，文章應廣畔牢愁〔６〕。無窮塵土無聊事，不
得清言解不休〔７〕。

【注釋】

〔１〕此詩約作於會昌四年（844），時杜牧在黃州刺史任。韓乂（yì）：越中（今浙江
　　紹興）人，進士及第後，大和中入沈傳師江西、宣州幕，與杜牧同事。時為浙
　　東觀察使幕府史。為人廉慎高潔，不趨奉競進。參《樊川文集》中《唐故平盧
　　軍節度巡官隴西李府君墓誌銘》《薦韓乂啟》。評事：即大理評事。大理是大理
　　寺，掌管刑獄的官署，設有大理寺卿、少卿、評事等。此處是韓乂為浙東幕吏
　　時所帶之京銜。

〔２〕五雲溪：即若耶溪，在今浙江紹興東南。北流入鏡湖。《太平寰宇記》卷九六：
　　「越州會稽縣若耶溪，在縣東南二十八里，唐吏部侍郎徐浩遊之云：『曾子不居
　　勝母之閭，吾豈遊若邪之溪？』遂改為五雲之溪。」

〔３〕跳丸日月：喻時光流逝之迅速。跳（tiāo）丸：古代雜戲的一種，用手拋擲兩
　　個以上彈丸的雜技。唐韓愈《秋懷》：「憂愁費晷景，日月如跳丸。」唐陳陶

《游子吟》：「窮通在何日，光景如跳丸。」十經秋：大和十年（836）年，杜牧在淮南節度使幕任掌書記，曾與韓乂集會，距作此詩之際已經近十年了。

〔4〕「鬢衰」二句：意謂鬢髮染霜，酒興大減，將怪誰？而功業無成，深感羞慚之際，也只能自怨自歎。泥（nì）：糾纏，引申為怨、怪。此義中晚唐人多用，白居易《新秋》：「老去爭由我，愁來欲泥誰。」姚合《別春》：「留春不得被春欺，春若無情遣泥誰。」跡辱：這裡指功業無成。跡，功業可見者。自尤：自怨自責。

〔5〕「夢寐」句：謂要像莊子那樣，超然物外。《莊子・齊物論》：「昔者莊周夢為胡蝶，栩栩然胡蝶也。自喻適志與！不知周也。俄然覺，則蘧蘧然周也。不知周之夢為胡蝶與？胡蝶之夢為周與？周與胡蝶，則必有分矣。此之謂物化。」莊周夢蝶，含有夢幻非真之意。比喻虛幻的事物或人生變幻無常。

〔6〕「文章」句：謂欲學揚雄，窮極無聊，以文章遣愁。廣：擴充、提高。畔牢愁：揚雄辭賦名。《漢書・揚雄傳》：「又旁《離騷》作重一篇，名曰《廣騷》；又旁《惜誦》以下至《懷沙》一卷，名曰《畔牢愁》。」顏師古注引李奇曰：「畔，離也；牢，聊也。與君相離，愁而無聊也。」畔牢愁，借指離愁之作。此語為詩人自歎不為世所用，語含牢騷與煩惱。

〔7〕「無窮」二句：謂塵世之事煩冗無聊，希望得到韓乂指點迷津。塵土：謂世事；塵世煩擾。清言：猶清談。《世說新語・文學篇》：「（王導）語殷（浩）曰：『身今日當與君共談析理。』既共清言，遂達三更。」杜牧《薦韓乂啟》：「其為人也，貞潔芳茂，非其人不與遊，非其食不敢食。」可見韓乂是杜牧服膺的清雅之士。

【簡評】

杜牧為黃州刺史，由李德裕排擠所致，故心中頗多抑鬱不平，與友人酬贈之作不免流露出來。本詩表現自己牢騷不平與無聊之態。

前二韻寫分別多年的情景。首聯點明分別之後時光閃逝，倏忽十載，總領全篇。「一笑」二字開十年幽抱，而霜鬢漸衰，酒量已減，仕途不顯，精神難振，都當自艾自責。詩歌表達了對黃州為官的不滿，對友人的思念。

後二韻寫今後所願：如莊周夢蝶，物我混沌；如揚雄作文，打發無聊。此猶不能超脫紛擾塵事，終極妙道尚在友人的清言之中。作者與韓乂之友情，韓乂之為人性格，詩中似未多著筆墨，然寫我之種種，便清晰呈現出友人種種了。「畔牢愁」的典故，一方面寫出了愁緒，另外一方面或者有某種接近王朝核心

的願望。

　　「無窮」一聯，或者是對被排擠來黃州的怨憤，或者是藉以表達對友人到來的渴望。總之，寄給友人話語裏的光景是淒苦哀愁，不見一絲光鮮。同時，此聯造語別致，是牧之以開朗語感抒抑鬱情懷的筆風，可謂特色。

泊秦淮〔1〕

　　煙籠寒水〔2〕月籠沙，夜泊秦淮近酒家〔3〕。商女〔4〕不知亡國恨，隔江猶唱後庭花〔5〕。

【注釋】

〔1〕此詩約大中二年（848）作，時杜牧由睦州赴京，途經金陵。秦淮：即秦淮河，在今南京市。據說秦始皇東遊，有方士對他說南京五百年後有天子氣，鑿山可以斷掉龍脈，所以秦始皇下令把南京的古稱金陵改為秣陵，把方山鑿開，讓淮水向西流入長江。南京秦淮河在漢朝時也稱淮水，因相傳是秦始皇開鑿，在唐朝時改稱秦淮河。

〔2〕煙籠：煙霧籠罩。寒水：清冷的江水，指秦淮河。南北朝庾信《小園賦》：「荆軻有寒水之悲。」沙：秦淮河邊的沙岸。此句意思是煙月籠寒水、沙；將「煙」「月」分開，將「寒水」「沙」分開，修辭學上稱作「互文見義」或「分述法」。

〔3〕泊：停泊。近酒家：唐韋莊《又玄集》卷中選此詩，「近」作「寄」，是一個重要異文，義似較優。可參考。

〔4〕商女：歌女。羅時進編選《杜牧集》釋「商女」為「靜女，即溫柔婉淑之女。」略備一說。

〔5〕江：指秦淮河。隔江，指秦淮河對岸的酒店裏。後庭花：歌曲《玉樹後庭花》的簡稱。南朝陳後主陳叔寶溺於聲色不問朝政，終日與妃嬪宴樂，直至亡國。其所悅歌曲有《玉樹後庭花》，詞中誇稱宮人美色，男女唱合，輕蕩而其音甚衰，後世以此曲為亡國之音。後因用作詠荒淫亡國的典故。《陳書·後主沈皇后傳》附魏徵史論：「後主每引賓客對貴妃等遊宴，則使諸貴人及女學士與狎客共賦新詩，互相贈答，採其尤豔麗者以為曲詞，被以新聲，選宮女有容色者以千百數，令習而歌之，分部迭進，持以相樂。其曲有《玉樹後庭花》《臨春樂》等。大指所歸，皆美張貴妃、孫貴賓之容色也。」參見《隋書·音樂志》。唐劉禹錫《金陵五題·臺城》：「萬戶千門成野草，只緣一曲後庭花。」

【簡評】

這是一首寫景名篇，也是詠史佳構，是一首膾炙人口的作品。近人陳寅恪以為：「此來自江北揚州之歌女，不解陳亡之恨，在其江南故都之地，尚唱靡靡遺音，牧之聞其歌聲，因為詩以詠之耳。」(《元白詩箋證稿·新樂府·鹽商婦》)可知詩的主旨是針對當時吟詩作曲流於綺靡的風氣而發，側重於聽歌時一剎那的感受。全詩寓興亡之感於夜色歌聲中，構思之巧，令人歎服。

第一句寫了四種自然景象：煙霧、寒水、殘月、岸沙，並疊用了兩個「籠」字，將四種景象融為一體，描繪出秦淮河月夜朦朧的特色，用以寄託詩人淒冷的心境；朦朧之景與詩人心中淡淡的哀愁和諧統一。第二句將時間、地點、人物交代得一清二楚。此句看似平淡，卻十分值得玩味，在全詩中承上啟下，「夜泊秦淮」照應了詩題，以「近酒家」的豐富內涵啟動思古之幽情。後兩句抒情，是全詩的主旨所在。「不知」抒發了詩人對「商女」的憤慨，也間接諷刺不以國事為重，紙醉金迷的達官貴人，即醉生夢死的統治者。「猶唱」二字將歷史、現實巧妙地聯為一體，傷時之痛，委婉深沉。一個「猶」字透露出作者批判之意，憂慮之情。詩人借古喻今，深切地表達了對國家命運的擔憂、對民眾的同情及對統治者貪圖享樂的譴責。

詩歌的語言含蓄與精練互為表裏，相得益彰。寫景、抒情、議論、懷古、傷今渾然一體；景為情設，情隨景至；言近旨遠、委婉含蓄、意境渾成；構思精巧縝密。清代評論家沈德潛盛讚此詩為「絕唱」，確為中肯的評價。

秋浦途中〔1〕

蕭蕭山路窮秋〔2〕雨，淅淅溪風一岸蒲〔3〕。為問寒沙〔4〕新到雁，來時還下杜陵〔5〕無？

【注釋】

〔1〕本詩作於會昌四年（844）九月，時杜牧由黃州刺史轉池州，赴任途中。秋浦：即今安徽貴池，唐時為池州州治所在。《元和郡縣志》卷二八：「秋浦水在（秋浦）縣西八十里。」按，唐代池州有秋浦縣，當以其地秋浦水取以立名。

〔2〕蕭蕭：義同「瀟瀟」，雨聲。窮秋：深秋；秋末。指農曆九月。窮，盡。《樂府詩集·鮑照·白紵歌》：「窮秋九月荷葉黃，北風驅雁天雨霜，夜長酒多樂未央。」

〔3〕淅（xī）淅：象聲詞。風、雨、水流、物體摩擦等聲。此處形容風聲。一岸：

一道堤岸。蒲：即香蒲，多年生草本植物，葉供編織，可以作席、扇、簍等具。多生於河灘上。

〔4〕為問：請問，試問。寒沙：深秋時帶有寒意的沙灘。南朝梁丘遲《旦發魚浦潭》：「森森荒樹齊，析析寒沙漲。」

〔5〕杜陵：地名。在今陝西西安東南。古為杜伯國，秦置杜縣，漢宣帝築陵於東原上，因名杜陵。杜牧家在長安杜陵。無：表疑問的語氣助詞，相對於現代漢語「嗎」。

【簡評】

杜牧赴任池州刺史，時值深秋。本來任黃州刺史就是受人排擠而外放，現在不僅不能歸京，還要更遷池州，其心中苦楚，化而為詩。

詩歌描繪出一幅風雨淒迷的深秋行旅圖景。前兩句描寫水陸風光，再現詩人風塵僕僕的身影和暗淡淒迷的心態。寫出途中特有景象，也影射出詩人被外放僻左小郡的落寞心情。於景色描繪中流露出濃鬱的思鄉情緒，也暗寓作者欲有所為而壯志難酬的苦悶。

後兩句寄情於雁，詩思含蓄委婉。一轉一合，是奇思妙筆，多少思鄉之情，都在這問而不答之中，欲還京城而不得的失落悵惘也暗寓其中。以虛間實，故設一問，陡然地翻起波瀾，可謂筆力奇橫，妙到毫顛。大雁這個古典詩詞中的傳統意象寄寓了秋意漸濃、漂泊的游子思念家鄉卻不能歸鄉的痛苦等諸多含義。「來時還下杜陵無？」輕聲一問，把作者對故鄉、對親人的懷念，及其宦途的感觸、羈旅的愁思，宛轉深致地表現出來。

這首詩構思精巧，詩人把自己的感情隱含在景物的描寫之中，並不直說出來，給人留下回味的餘地。詩前兩句採用絕句詩中不多見的對起之格，目的是為了增強描寫的感染力。僅此，就把山雨淒迷的行旅之圖描繪了出來。「蕭蕭」「淅淅」兩個象聲詞，採用的是互文的用法，兼言風雨。透過景物的描寫，蘊藉而含蓄地抒寫懷抱，表現情思，這是杜牧絕句的擅勝之處。徐獻忠云：「牧之詩含思悲淒，流情感慨，抑揚頓挫之節，尤其所長。」（《唐音癸籤》卷八引）此語是極有見地的。詩雖短，但曲折迴環，窮極變化。

題桃花夫人廟〔1〕

細腰宮裏露桃新〔2〕，脈脈無言〔3〕度幾春。至竟息亡緣底事〔4〕，可憐金谷墮樓人〔5〕。

【題解】

〔1〕此詩作於會昌二年至四年（842～844）間，時杜牧為黃州刺史。詩題原注：
「即息夫人。」息夫人姓媯（guī），是春秋時陳侯之女，嫁與息國君主，稱息
媯。楚文王聞其美貌，滅息取之。息夫人在楚宮生二子，但始終沒有說話。詳
見《左傳・莊公十四年》。漢劉向《列女傳》說法有異，可參考。桃花夫人廟：
《輿地紀勝》卷四九《淮南西路・黃州》：「桃花廟在黃岡縣東三十里，杜牧所
謂息夫人廟也。」

〔2〕細腰宮：即楚王宮。《墨子・兼愛中》：「昔者，楚靈王好士細要（腰），故靈
王之臣皆以一飯為節，脅息然後帶，扶牆然後起。」又《韓非子・二柄》：「楚
靈王好細腰，而國中多餓人。」故後世稱楚王宮為細腰宮。細腰指纖細的腰
肢，後多借指宮女、美女。露桃：清新豔麗的桃花。詩以露桃新綻起興，暗喻
在楚宮的桃花夫人，其美貌、薄命亦如桃花。

〔3〕脈（mò）脈：矜持凝視貌，相視無語。無言：息夫人被楚文王強納為夫人後，
生二子，但一直不與楚王言語。後來楚王問她，她回答說：「吾以婦人而事二
夫，縱弗能死，其又奚言！」無言又暗用《史記・李將軍列傳》：「桃李不言，
下自成蹊。」既切桃花之意，亦寫息夫人難忘息侯舊情之隱痛。

〔4〕至竟：到底。底事：何事，什麼事。唐人習用語。

〔5〕可憐：可惜；可歎。金谷：地名，在洛陽西北，晉石崇於此置金谷園。墜樓人：
指西晉石崇愛妓綠珠。趙王司馬倫的親信孫秀垂涎綠珠的美色，曾向石崇要綠
珠，石崇不給，兩人結下了怨恨。後來趙王司馬倫專權，石崇等人反對趙王司
馬倫，孫秀借機率領大軍包圍了金谷園。石崇見大勢已去，就對綠珠說：我因
為你獲罪，你準備怎麼辦？綠珠流著淚說：妾當效死君前！於是從樓上跳下身
亡。孫秀因為沒有得到綠珠，盛怒之下將石崇斬首。事見《晉書・石崇傳》及
《世說新語・仇隙篇》。北魏楊衒之《洛陽伽藍記》卷一：「昭儀寺有池，……
後隱士趙逸云：『此地是晉侍中石崇家池，池南有綠珠樓。』」參見《金谷園》
詩。

【簡評】

這是一首具有史論色彩的佳作。息夫人貌美，楚文王滅息奪之；石崇寵
妓，自招矯詔收捕之禍，可憐綠珠，被迫墜樓而死。但息夫人「外結舌而內
結腸，先箝心而後箝口。」（白敏中《息夫人不言賦》）雖生猶死。此詩「以
綠珠之死，形息夫人之不死，高下自見；而語詞蘊藉，不顯露譏訕，尤得風

人之旨耳。」（清趙翼《甌北詩話》卷十一）

　　首句將歷史典故化為「細腰」和「桃花」兩個意象，鮮明地體現了詩作形象生動、畫面感強的特點。第二句「幾度春」這個時間是為了突出忍辱負重時間之長，桃花夫人痛苦之深重。第三句突然轉折，由含情的描述轉為冷冷的一問，先揚後抑。這一問，揭示出了息夫人內心的隱痛，而這恰是以前人們所忽略了的。第四句中綠珠為了節操性情剛烈、不畏權貴、勇於反抗，這和前面「桃花夫人」默默的忍受形成了鮮明對比，句中不置一字褒貶，而褒貶俱在其中，詞語蘊藉，含意幽深。

　　此詩借息夫人與綠珠的典故，傳述了詩人一反傳統的觀點——即「女人非禍水」。其中隱含統治者的誤國是政治腐敗的必然結果，並非由女子所致的認識。玄宗如此，晚唐君主亦如此。從此看來，它與晚唐一些作家的思想有著共同的基礎。如在詠西施的作品中，崔道融說：「宰嚭亡吳國，西施陷惡名。浣紗春水急，似有不平聲。」（《西施灘》）羅隱說：「家國興亡自有時，吳人何苦怨西施。西施若解傾吳國，越國亡來又是誰。」（《西施》）陸龜蒙也說：「吳王事事堪亡國，未必西施勝六宮。」（《吳宮懷古》）這些作品的基調都對傳統的看法提出質疑，已不同於盛唐的熱烈歌詠，而變得「冷靜」。

　　唐代王維有《息夫人》詩：「莫以今朝寵，能忘舊日恩，看花滿眼淚，不共楚王言。」塑造了一鍾情女子的形象，表現的是緘默不語的反抗，而杜牧身當晚唐之際，以史論為詩，以剛烈赴死的道義相激，有特殊的時代意義。二詩各有千秋，人們欣賞的角度不同，所以評價不一。

初春有感寄歙州邢員外〔1〕

　　雪漲前溪〔2〕水，啼聲〔3〕已繞灘。梅衰未減態，春嫩不禁寒〔4〕。跡去夢一覺，年來事百般〔5〕。聞君亦多感，何處倚闌干〔6〕。

【注釋】

〔1〕本詩作於大中二年（848）初春，時杜牧在睦州刺史任。歙州：故治在今安徽歙縣。邢員外：即邢群，字渙思，及進士第，為浙西節度使幕吏，以杜牧薦，入朝為監察御史。會昌五年（845），由戶部員外郎出為處州刺史。轉歙州。大中三年（849）卒於東都洛陽，年五十。事蹟見杜牧《唐故歙州刺史邢君墓誌銘》。杜牧與邢群是摯友。員外：唐朝各部均有員外郎。邢群以戶部員外郎出守，故稱。

〔２〕前溪：溪名，是分水江支流，在桐廬縣西部。《景定嚴州續志》卷九《分水縣》：
「前溪在縣南，出柳柏鄉，經分水鄉入安定，會於天目溪。」

〔３〕啼聲：指水流聲。狀寫前溪的水流聲如同啼哭一般。一個「啼」字，把奔流的
小溪寫得活了起來。

〔４〕「梅衰」二句：謂梅花雖已凋謝，猶未減其丰采；早春時分，春寒料峭使人難
耐。禁（jīn）：忍受，承受得起。

〔５〕「跡去」二句：謂往事逝去如夢之覺醒，近來事務之多亦足以擾人。年來：時間
名詞，等於說近來，指距眼前不遠的一段時間。唐盧綸《春日登樓有懷》：「年
來笑伴皆歸去，今日晴明獨上樓。」百般：各種各樣。

〔６〕「聞君」二句：遙致問候之意，意謂知道你有諸多感慨，但不知向何處傾訴耳。
邢群《郡中有懷寄上睦州員外杜十三兄》云：「城枕溪流更淺斜，麗譙連帶邑人
家。經冬野菜青青色，未臘山梅處處花。雖免嶂雲生嶺上，永無音信到天涯。
如今歲晏從羈滯，心喜彈冠事不賒。」

【簡評】

杜牧與邢群是摯友，其時都受到排擠而出守外郡，鬱鬱不得志。二郡相距
約三百里，常互相作詩寄贈，互勉、互慰；但亦不能會面，因而詩末表現深深
思念之情。

在描畫了早春睦州雪融溪漲、春鳥鳴唱、梅衰春嫩的景色之後，「跡去夢
一覺」四句寫道：年前的一切已化為如夢雲煙，新年伊始卻百事纏身；聽說老
友你也感觸良多，但不知你怎樣消解心中的抑鬱？看來，杜牧並不消閒，雖說
滿腹憂悒、憂憤，卻並不在刺史任上玩忽職守、敷衍塞責，而仍在認認真真做
事，解除民生疾苦。

書懷寄中朝往還〔１〕

平生自許少塵埃，為吏塵中勢自回〔２〕。朱紱久慚官借與，白頭還歎老將
來〔３〕。須知世路難輕進，豈是君門不大開〔４〕。霄漢幾多同學伴，可憐頭角盡
卿材〔５〕。

【注釋】

〔１〕本詩作於大中五年（851），時杜牧在湖州刺史任。中朝：即朝中；謂朝廷。往
還：有往還之誼者；指朋友故舊。詩指有所來往的同僚、故交。唐杜甫《送率
府程錄事還鄉》：「常時往還人，記一不識十。」

〔2〕「平生」二句：意謂平生頗以高潔自負，不為世俗所染；雖為官多年，但始終嚮
　　　往歸隱山林。少塵埃：謂有高情遠趣，而少世俗風習。戰國屈原《漁父》：「安
　　　能以皓皓之白而蒙世俗之塵埃乎？」惠能偈曰：「本來無一物，何處惹塵埃。」
　　　回：回覆自然，此謂歸隱。

〔3〕「朱紱」二句：謂自己久任刺史，蹉跎歲月，慨歎老之將至。朱紱（fú）：即朱
　　　衣，代指刺史之職。紱，古代繫佩玉或印章的紅色絲帶。官借與：即借緋。唐
　　　制，官階五品以上著緋衣及佩銀魚袋，未到五品而特許著緋衣的稱借緋。見《唐
　　　會要》卷三一《內外官章服》。杜牧累為刺史，但未加朝散大夫階，只能借緋。
　　　參見《新轉南曹未敘朝散初秋暑退出守吳興書此篇以自見志》詩注〔4〕。白頭
　　　還歎：唐劉希夷《代悲白頭翁》：「寄言全盛紅顏子，應憐半死白頭翁。」將來：
　　　到來、帶來或送來之義；將是動詞。

〔4〕世路：仕途。唐韓愈《縣齋有懷》：「世路多權詐，蹉跎顏遂低。」輕：輕易。
　　　君門不大開：暗用戰國宋玉《九辯》典：「豈不鬱陶而思君兮，君之門以九重。
　　　猛犬狺狺而迎吠兮，關梁閉而不通。」君門，朝廷。

〔5〕「霄漢」二句：謂多有同窗共事者身居朝中高位，彼等頭角崢嶸，均為卿相之
　　　材！霄漢：天際最高處，喻朝廷身居高位者。霄，雲霄；漢，天河。同學：同
　　　師受業者。唐劉禹錫《和蘇郎中尋豐安里舊居寄主客張郎中》：「同學同年又
　　　同舍，許君雲路並華輈。」可憐：可歎，讚歎。稱羨之詞。頭角：頭頂左右的
　　　突出處。常用來比喻人們的氣概與才華。唐韓愈《柳子厚墓誌銘》：「嶄然見
　　　頭角。」卿材：可作卿相之人材。語出《左傳・襄公二十六年》：「晉卿不如
　　　楚，其大夫則賢，皆卿材也。」

【簡評】

　　此詩作於杜牧在湖州刺史任上，借向京中故交寫信的機會，稱讚幾多好
友位居高位，表達了自己鬱鬱不得志和渴望被汲引的情懷。詩中反映了詩人
矛盾複雜的心情：既對久任刺史不得升遷深感不滿，又對才具平庸卻能飛黃
騰達者表示不齒。全詩未從正面著墨，故作曠達之語，表其脫俗之志，不以
官位高低為意。

　　詩人運用對比與誇張的手法，寫友朋如在霄漢，說自己如墮泥塵，自己
一向清高自許，但長期「為吏塵中」勢必會沾染塵土。一個「勢」字，寫出
幾多無奈，幾多悲憤。杜牧今日的處境，一如杜甫《夢李白》的哀歎：「冠蓋
滿京華，斯人獨憔悴。」

　　詩中有對「世路難輕進」的怨悱，有對「君門不大開」的解嘲，亦有對幾多同學位及公卿、直登霄漢的企羨，但仍對不蒙塵俗、謹守分際無怨無悔。詩人往復唱歎，表現出複雜的心情，語意怨而不怒，哀而不傷。尾聯貌似羨慕、稱讚居高位者必有其材，實則譏諷朝廷不識賢愚、壓抑人材，憤激之情，溢於言表。

寄崔鈞〔1〕

　　緘書報子玉〔2〕，為我謝平津〔3〕。自愧掃門士〔4〕，誰為乞火人〔5〕。詞臣陪羽獵〔6〕，戰將騁駢鄰〔7〕。兩地差池〔8〕恨，江汀〔9〕醉送君。

【注釋】

〔1〕崔鈞：唐代義成節度使崔元略的弟弟元受的兒子，字秉一，登進士第，曾為太常少卿、蘇州刺史。見《舊唐書·崔元略傳》。

〔2〕緘書：書信。子玉：東漢崔瑗字，這裡借指崔鈞。《後漢書·崔瑗傳》：「瑗字子玉，與扶風馬融、南陽張衡篤相友好。」

〔3〕平津：漢武帝時公孫弘為丞相，為平津侯。漢代凡非列侯為丞相者必封侯爵，自此始。詩中當指對杜牧有知遇之恩的人。

〔4〕掃門士：指尋求權貴援引的窮士。此用魏勃來喻自己。西漢魏勃欲見齊相，曾為齊相舍人掃門以為進謁之由。後舍人薦之於曹參，遂為曹參舍人。後因以「相門灑掃」謂求官有術；作為干謁求仕的典故。《史記·齊悼惠王世家》：「魏勃少時，欲求見齊相曹參，家貧無以自通，乃常獨早夜掃齊相舍人門外。相舍人怪之，以為物而伺之，得勃。勃曰：『願見相君無因，故為子掃，欲以求見。』於是舍人見勃曹參，因以為舍人。一為參御，言事，參以為賢，言之齊悼惠王。悼惠王召見，則拜為內史。」

〔5〕乞火人：謂推薦賢士的人；用蒯通的典故。詳見《酬張祜處士見寄長句四韻》詩注〔5〕。

〔6〕詞臣：文學侍從之臣，如翰林之類。羽獵：帝王狩獵，士卒負羽箭隨從，故名羽獵。西漢揚雄曾跟隨皇帝羽獵。見《漢書·揚雄傳》。《文選·宋玉·高唐賦》：「傳言羽獵，銜枚無聲。」唐錢起《漢武出獵》：「漢家無事樂時雍，羽獵年年出九重。」

〔7〕駢（pián）鄰：比鄰；近鄰。《史記·高祖功臣侯者年表》：「柏至，以駢憐從起昌邑。」司馬貞索隱：「憐、鄰聲相近。駢鄰，猶比鄰也。」一說，謂並兩騎為

> 軍翼。《漢書·高惠高后文功臣表》:「柏至靖侯許盎,以駢鄰從起昌邑。」顏師
> 古注:「二馬曰駢。駢鄰,謂並兩騎為軍翼也。」

〔8〕差池:不齊,這裡指分別不在一處。

〔9〕江汀:江邊平地。

【簡評】

　　這是一首寄給好友的詩歌,寫作年代不詳。詩歌典雅情深,運用典故,向友人表明感激,並囑咐他向某位提挈自己的人表示感謝。從平津侯的指稱來看,恩公位列宰相。「掃門士」的自愧與「乞火人」的疑問,隱約包含著期待某種事情需要他人相助。詩歌表達了詩人對友人的思念,委婉地表明自己的請求。

初春雨中舟次和州橫江,裴使君見迎,李趙二秀才同來,因書四韻,兼寄江南許渾先輩〔1〕

　　芳草渡頭微雨時,萬株楊柳拂波垂。蒲根〔2〕水暖雁初浴,梅徑〔3〕香寒蜂未知。辭客倚風吟暗淡〔4〕,使君回馬濕旌旗〔5〕。江南仲蔚多情調,悵望春陰幾首詩〔6〕。

【注釋】

〔1〕此詩作於開成四年(839)春,時杜牧離開宣城赴京,溯長江,入漢水,經南陽、武關、商山入長安。詩為途中舟次和州時所作。次:停留。和州:今安徽和縣。橫江:即和州橫江渡,與南岸采石磯隔江對峙。也稱橫江浦,長江重要渡口。裴使君:即裴儔,字次之,杜牧的姐夫,時任和州刺史。使君,州郡長官之別稱。李趙二秀才:姓名事蹟未詳。秀才:唐應舉者皆稱秀才,謂才能優秀之人。許渾:字用晦,大和年間進士,唐代著名詩人。歷監察御史,當塗、太平縣令,睦州、郢州刺史等。其時許渾為當塗縣令。許渾《丁卯集》卷上有《酬杜補闕初春雨中泛舟次橫江喜裴郎中相迎見寄》詩,當為答謝之作。詩曰:「江館維舟為庾公,暖波微淥雨濛濛。紅牆迤邐春岩下,朱旆聯翩曉樹中。柳滴圓波生細浪,梅含香豔吐輕風。郢歌莫問青山吏,魚在深池鳥在籠。」先輩:唐進士間互相推敬謂之先輩。

〔2〕蒲:香蒲,多年生草本植物,生於淺水或池沼中。根可供食用,葉可供編織用。

〔3〕梅徑:梅樹間的小路。

〔4〕辭客:有文辭之士,善為吟誦之人;此指李、趙二位秀才。倚風:臨風,迎著

風。吟暗淡：在微雨迷蒙中吟詩。暗淡，天空陰沉、昏暗。

〔5〕使君：指裴儔。回馬：掉轉馬頭；謂回返。旌旗：太守出行儀仗中的旗幟。或
　　稱朱旆。參見注〔1〕許渾詩。

〔6〕「江南」二句：謂許渾一似張仲蔚之博學而多才思，當其悵望春雨之時，定能吟
　　寫許多動人詩篇。仲蔚：即張仲蔚，漢代著名隱士張仲蔚，擅長寫詩作賦，但
　　是從來不做官，不求名利。他閉門讀書，謝絕所有朋友往來，所居之處長滿了
　　蒿草，只有一條小路通到門口。晉皇甫謐《高士傳》卷中：「張仲蔚者，平陵人
　　也。與同郡魏景卿俱修道德，隱身不仕。明天官博物，善屬文，好詩賦，常居
　　窮素，所處蓬蒿沒人。閉門養性，不治榮名。」此處用以比許渾。情調：情意，
　　情味。春陰：春天的時光。

【簡評】

　　本詩題目便交代了時間、地點、人物，奠定了本詩的敘事抒情基調，並以
「初春」和「送迎」為中心展開全詩。此詩題目三十四字，事關數端，人涉各
方，故製題殊為不易，而作者卻舉重若輕。

　　首聯從寫景入手，表明寫作地點「渡頭」並交代了「微雨」，營造了一種
唯美的意境，呼應了詩題。「拂」字用擬人的手法完美地點明了萬株楊柳在微
風下垂掛在水面隨水波輕盈飄蕩的動人畫面。頷聯首句運用視覺和感覺等感
官，由近及遠，「雁初浴」從側面說明春水還略帶寒意，表明早春時節；梅徑
尚香，表明餘寒未去，因而蜂蝶未知，音信渺遠。運用嗅覺從側面表明春寒料
峭的情景；以細膩的筆觸，將早春的節候特點描畫得淋漓盡致。前兩聯通過正
面與側面相結合的手法，展現了初春渡口春寒料峭又不乏生機的生動畫面，為
下文抒情做鋪墊，並奠定了傷春的感情基調。

　　頸聯情感又由輕鬆轉為凝重，「辭客」句當是寫相會時之情景；「使君」句
則是寫送別時的情景。「吟暗淡」生動地表明「辭客」的悵惘；「回馬」一詞，
使人感受到使君的豪爽與勇猛，給人以視覺的衝擊力，可見作者與使君見迎二
秀才時的歡樂和辭客歸去的悵惘。尾聯則是遙想許渾，表達的是一種跨越了時
間和空間的友情。同時引用張仲蔚這一隱者多情調也不免傷春的事實，豐富了
詩作內容，增加了本詩的歷史氣息。對這美好的「春陰」，作者感歎自己只能
用幾首詩作為記錄，時光易逝的惆悵不覺已滿心胸，給人無限遐思。

　　前四句，點「初春雨中，舟次橫江」之意，芳草渡頭，楊柳拂波，雁浴暖
水，梅徑香寒，筆筆都是初春景象，狀難寫之景如在目前。頸聯扇開兩面，分

別對應李杜秀才和裴使君，是實寫其事；尾聯落筆於友人許渾，乃想像之詞，有不盡之意在於言外。

　　全詩以新鮮的筆觸描繪了江南初春全景的同時，又表達了作者對美好時光匆匆流逝而自己卻又無能為力的無奈，既有清新的自然，又有細膩的人情，詩作呼應緊密，扣題周密，讀起來朗朗上口，百讀不厭。這是一首友朋交往的交際性質的詩歌，詩人用景色渲染，巧妙地顧及了到場與不在場的各個方面，寫得情深意切，含蓄雋永。全詩句意縝密，而感情溫潤，在贈酬之作中足稱佳構。

　　此詩描繪初春微雨景象，生動如畫。宋蘇軾《惠崇春江晚景》詩似從中受到啟發。蘇詩：「竹外桃花三兩枝，春江水暖鴨先知。蔞蒿滿地蘆芽短，正是河豚欲上時。」句法意境，均頗神似。

和州絕句〔1〕

　　江湖醉渡十年春，牛渚山邊六問津〔2〕。歷陽前事〔3〕知何實，高位紛紛見陷人。

【注釋】

〔1〕此詩作於開成四年（839）春，杜牧由宣州赴京任左補闕，途經和州作此詩。

〔2〕牛渚山：在安徽當塗縣北，與和州橫江渡相對。據說牛渚山上的洞穴可以通到洞庭，有人從山口進去探視，探不到底，卻看見像金牛一樣的怪物，急忙跑出來。牛渚山歷來是兵家要地，山北有采石磯。秦始皇東巡會稽時，也是從這裡的渡口上船。六問津：六次路過牛渚山渡口。

〔3〕歷陽前事：歷陽是淮南國名。《淮南子·俶真》高誘注記載，有一個老婦人經常做仁義的事情，有一次兩個書生路過，說這裡將要變成大湖，如果看見東城的城門上有血跡，就趕快上山，不要回頭看。後來守城的人因為殺雞，把雞血塗在了門上，老婦人看見了，急忙跑上山。歷陽一晚上就變成了大湖。

【簡評】

　　十年幕府，醉度江湖，今欲還京，微有慨歎，過牛渚，思宦遊，歷經六次矣。歷陽國為湖沒之舊事，已不可考，然居高位者掘井陷人之害，紛紛可見。

　　杜牧赴京途中，聯想到和州流傳的一個宣揚因果報應的傳說，一下子觸發詩人神經。現實生活中，居高位的、人生大紅大紫的大部分不是姦邪之人嗎？自己淪落江南十個年頭，多年沉醉，六次路過牛渚山，不就是現實嗎？詩人不

由得質疑傳說的真實性。詩歌流露出詩人對自己江南為官的不滿,對官場險惡的痛斥,赴京任職途中對於長安為官的憂慮。

題烏江亭〔1〕

　　勝敗兵家事不期〔2〕,包羞忍恥是男兒〔3〕。江東子弟多才俊,捲土重來未可知〔4〕。

【注釋】

〔1〕本詩開成四年(839)春作,時杜牧自宣城赴京任左補闕,途經和州烏江亭所作。烏江亭:在今安徽省和縣東北烏江鎮。楚漢相爭,項羽兵敗而不肯過江東,自刎於此地。《史記‧項羽本紀》:「於是項王乃欲東渡烏江。烏江亭長檥船待,謂項王曰:『江東雖小,地方千里,眾數十萬人,亦足王也。願大王急渡。今獨臣有船,漢軍至,無以渡。』項王笑曰:『天之亡我,我何渡為!且籍與江東子弟八千人渡江而西,今無一人還,縱江東父兄憐而王我,我何面目見之?縱彼不言,籍獨不愧於心乎?』……乃自刎而死。」

〔2〕「勝敗」句:謂勝敗乃是兵家常事,難以事前預料。兵家:猶言掌管軍事的人;軍事家。期:預料。

〔3〕「包羞」句:謂能夠忍受失敗和恥辱的才是真正男兒。包羞忍恥:忍辱負重。包羞,承受羞辱。男兒:猶言大丈夫,可成就宏大事業的真正英雄。

〔4〕「江東」二句:謂江東子弟大多是才能出眾的人,若能重整旗鼓捲土殺回,楚漢相爭,誰輸誰贏還很難說。江東子弟:長江以南地區的男兒。江東,指今江蘇、安徽長江以南地區。自漢至隋唐稱自安徽蕪湖以下的長江南岸地區為江東。才俊:才能出眾的人。捲土重來:指失敗之後積蓄力量,恢復勢力,以求再起。「捲土重來」一詞,自杜牧始創,語言精練,成為描寫有關事業成敗的著名成語。

【簡評】

　　「垓下之圍」項羽四面楚歌,已經英雄末路,且無法挽回失敗命運,烏江渡口一刎是楚漢相爭勝負的最後定論。然而杜牧認為項羽剛愎自用,有勇無謀,不能包羞忍恥,缺乏男兒應有的氣質,經不起失敗的挫折,更缺乏大英雄的遠見卓識,否則應捲土重來。詩一方面對項羽進行批評與慨歎,同時也反映了杜牧的胸襟與氣概,議論出奇立異,富含哲理意味。這首懷古詠史之作,浸透著濃厚的現實憂患意識和報國願望,但也暗含著無奈的抑鬱和痛苦。

　　議論入詩，歷來是詩家的一大難題，應該說杜牧的詠史詩在這一點上的處理是無可挑剔的。宋謝枋得《唐詩絕句注解》卷三：「眾人題項羽廟，只言項羽有速亡之罪耳，牧之題項羽廟，獨言項羽有可興之機。此等意思，亦死中求活，非淺識所到。」清代吳景旭在《歷代詩話》中從文學角度分析，認為杜牧借題發揮，闡發了勝不驕、敗不餒的精神，是難能可貴的。言杜牧正是「用翻案法，跌入一層，正意益醒」。此語可謂是悟出了詩人的真意。杜牧這首詩，案翻得十分新奇，是他知兵論事的體現，同樣含有不以勝敗論英雄的思想。

　　對於歷史，總是仁者見仁，智者見智。唐李商隱《題漢祖廟》：「乘運應須宅八荒，男兒安在戀池隍。君王自起新豐日，項羽何曾在故鄉。」通過劉邦和項羽兩種志向、兩種作為、兩種結果的對比，微諷了項羽。宋王安石《詠烏江亭》：「百戰疲勞壯士哀，中原一敗勢難回。江東弟子今雖在，肯為君王捲土來？」這是針對杜牧詩而發的，恰與杜牧唱反調。此詩在論史中隱喻著得天下者必先得民心、失天下者必因失民心的道理。宋李清照《絕句》：「生當作人傑，死亦為鬼雄。至今思項羽，不肯過江東。」對項羽寧願自刎與將士們一道犧牲，也不肯隻身逃跑的英雄性格，表示了無限的欽佩和讚美，是從另一角度對他進行肯定，亦不失為一家之言。

題橫江館〔1〕

　　孫家兄弟晉龍驤，馳騁功名業帝王〔2〕。至竟〔3〕江山誰是主？苔磯空〔4〕屬釣魚郎。

【注釋】

〔1〕本詩作於開成四年（839）初春，時杜牧入京經和州，應裴儔之邀遊橫江館，憑弔古蹟。橫江館：橫江浦之驛館。馮集梧注引《太平府志》：「采石驛在采石鎮，濱江即橫江館也。」

〔2〕「孫家」二句：謂橫江浦古來為兵家爭鬥之地，孫策、孫權兄弟及西晉王濬都曾在此馳騁一時，而終成帝王之業。孫家兄弟：三國東吳孫策、孫權兄弟。孫策，字伯符，三國吳郡富春（今浙江富春）人，吳主孫權之兄。父孫堅為劉表部將黃祖射殺，策依附袁術。後得其父部曲，渡江轉戰，在江東建立政權。孫權，字仲謀。繼其兄孫策據江東六郡。漢獻帝建安十三年（208），與劉備合力破曹操於赤壁。從此西聯蜀漢，北抗曹魏，成三分之局面。黃龍元年（229）稱帝，建都建業，國號吳。龍驤：指西晉大將王濬，字士治，為巴州刺史，遷益州刺

史。復為龍驤將軍。武帝謀伐吳，吳人於江中設鐵椎鐵鎖，濬燒斷鐵鎖，渡過江險，抵達石頭城。孫皓無奈投降，東吳遂亡。見《晉書·王濬傳》。唐劉禹錫《西塞山懷古》：「王濬樓船下益州，金陵王氣黯然收。千尋鐵鎖沉江底，一片降幡出石頭。」

〔３〕至竟：到底。明李詡《戒庵老人漫筆》：「唐人多言至竟，如云到底也。」

〔４〕苔磯：長滿青苔的石磯。磯，突出江邊的小石山。空：徒然。

【簡評】

杜牧赴京任左補闕，舟行和州，波瀾壯闊的三國歷史又湧現心頭。見證歷史風雲的大江如今是荒涼冷寂，只見水邊苔蘚蔓延，漁翁唱晚。詩人不由得慨歎功名事業的虛幻。也許歷經人生困苦的詩人已經參透紅塵，宏偉的業績、帝王將相的名利，都是空夢一場。詩人從大處立意，從細微處著筆。廣闊的江面、雄偉的歷史場景竟然落筆於長有苔蘚的江邊石頭，英雄帝王讓位於漁翁。立意新穎，精警動人。詩人弔古抒慨；隱約流露歲月流逝而功業未成之苦悶情懷。

江山依舊、人事已非。三、四兩句點明題旨，詩人讓「帝王」與「釣魚郎」形成強烈的身份反差，以產生一定的幽默效果，而「誰是主」的答案中蘊涵哲理，意味尤深。「至竟」「空屬」之語，突出了今昔對比，增強了詩歌的情感表現力度，使得前兩句的帝王功業之語更顯虛無。「晉龍驤」和「釣魚郎」的字面選擇也別出心裁，刻意營造了一種龍與魚、貴與賤、英雄與凡人、昔與今、變與不變的強烈對比。清趙翼《甌北詩話》評價曰：「杜牧之作詩，恐流於平弱，故措詞必拗峭，立意必奇闢。」

這種歷史興廢、人事無常的虛無感，在杜牧詩中反覆出現，例如「可憐赤壁爭雄渡，唯有蓑翁坐釣魚」（《齊安郡晚秋》）、「山牆谷塹依然在，弱吐強吞盡已空」（《題武關》）、「長空澹澹孤鳥沒，萬古銷沉向此中。看取漢家何事業，五陵無樹起秋風」（《登樂遊原》）、「六朝文物草連空，天淡雲閒今古同。鳥去鳥來山色裏，人歌人哭水聲中」（《題宣州開元寺水閣》）、「千秋釣舸歌明月，萬里沙鷗弄夕陽。范蠡清塵何寂寞，好風唯屬往來商」（《西江懷古》），等等。類似的情緒，在中晚唐詩歌中也是大量出現，如許渾《金陵懷古》：「玉樹歌殘王氣終，景陽兵合戍樓空。松楸遠近千官冢，禾黍高低六代宮。石燕拂雲晴亦雨，江豚吹浪夜還風。英雄一去豪華盡，唯有青山似洛中。」陳跡荒蕪，山川依舊，歷史變遷，人事無常，一切都在歷史的長河中不斷消逝，

這不是普通的懷古傷今，而是中晚唐的衰世之感在士人心中造成的強烈陰影。中晚唐的懷古詩中往往有一種包含自身在內的強烈的滄桑幻滅之感，極力渲染盛衰的反差和短暫與永恆的強烈對比，這是以前的懷古詩所沒有的。

寄澧州張舍人笛〔1〕

　　髮勻肉好生春嶺〔2〕，截玉鑽星〔3〕寄使君。檀的染時痕半月〔4〕，落梅飄處響穿雲〔5〕。樓中威鳳傾冠聽〔6〕，沙上驚鴻掠水〔7〕分。遙想紫泥封詔〔8〕罷，夜深應隔禁牆〔9〕聞。

【注釋】

〔1〕此詩作於大中二年（848），時杜牧在睦州刺史任。澧州：隸屬於湖南省常德市，因澧水貫穿全境而得名。梁敬帝紹泰元年（555）始置澧州，民國二年九月，廢州為縣，始稱澧縣。張舍人：張次宗。《新唐書・張次宗傳》：「李德裕再當國，引為考功員外郎、知制誥。出澧、明二州刺史，卒。」唐代以他官兼知制誥也可以稱舍人。

〔2〕「髮勻」句：謂笛之產地與資質都極好。髮勻肉好：髮量均勻，肌膚姣好，這裡比喻竹子。《漢書・律曆志》：「黃帝使伶倫自大夏之西，崑崙之陰，取竹之解穀生其竅厚均者，斷兩節間而吹之，以為黃鍾之宮。製十二簫以聽鳳之鳴，其雄鳴為六，雌鳴亦六，比黃鍾之宮，而皆可以生之，是為律本。」

〔3〕截玉鑽星：截斷竹子，鑽出孔洞製成笛子。玉指竹管，星指笛孔。

〔4〕「檀的」句：謂鑿笛孔，留下紫色月牙形痕跡。檀的：古代女子用紅色點於面部的裝飾，這裡借指美女。宋徐鉉《夢遊》：「檀的慢調銀字管，雲鬟低綴折枝花。」

〔5〕落梅：即落梅花的省稱。唐代笛曲、角曲皆有《梅花》，即《梅花落》一曲，詩人顛倒其文稱為落梅花。亦省作花落。唐韋莊《章江作》：「杜陵歸客正裴回，玉笛誰家叫落梅。」唐李商隱《宮詞》：「莫向樽前奏花落，涼風只在殿西頭。」響穿雲：笛聲響亮悠揚。

〔6〕「樓中」句：謂此笛一奏，能有蕭史引鳳的功效。威鳳：有威儀的鳳凰。傾冠：傾斜著頭。吹簫典參見《梅》詩注〔5〕。

〔7〕驚鴻：體態輕盈、迅疾飄忽的鴻雁。掠水：很輕快地拂過水面。

〔8〕紫泥封詔：古人書信用泥封，泥上蓋印；皇帝詔書則用紫泥封存，上面加蓋玉璽。後稱皇帝詔書為紫泥詔、紫泥書，或簡稱紫泥。漢衛宏《漢舊儀》：「皇帝

六璽，……皆以武都紫泥封，青布囊，白素裏。」這裡指詔書起草完畢。因張次宗曾為中書舍人，掌詔旨制敕及璽書冊命，皆按典故起草以進。唐李白《玉壺吟》：「鳳凰初下紫泥詔，謁帝稱觴登御筵。」

〔9〕禁牆：即宮牆。唐鄭谷《長門怨》：「春來卻羨桃花落，得逐晴風出禁牆。」

【簡評】

此詩是一首贈給友人的詩歌，又是一篇描繪音樂的篇章。詩歌正面描寫、側面描寫相結合，運用神話傳說和誇張的手法，讚頌了朋友音樂才華高超，其笛聲響徹雲霄，鳳凰側耳傾聽，鴻雁動容；設想他起草詔書後吹起笛子，聲傳宮禁，稱讚他富於雅興，能夠從容處理政務。

寄揚州韓綽判官〔1〕

青山隱隱水遙遙〔2〕，秋盡江南草木凋〔3〕。二十四橋〔4〕明月夜，玉人何處教吹簫〔5〕？

【注釋】

〔1〕本詩約作於開成初年。杜牧大和末年在揚州為淮南節度掌書記，韓綽為判官，後牧入京為監察御史，韓仍在揚州，杜牧思念而作此詩。韓綽：生平未詳。曾及進士第，與杜牧同入牛僧孺淮南幕府，為節度判官。杜牧另有《哭韓綽》詩，知其早逝。判官：官名。參見《自宣州赴官入京，路逢裴坦判官歸宣州，因題贈》詩注〔1〕。另，唐趙嘏有《送韓綝歸淮南寄韓綽先輩》詩。

〔2〕遙遙：深遠的樣子。

〔3〕草木凋：花木因秋而凋零。凋（diāo），凋謝。

〔4〕二十四橋：指揚州城中的二十四座橋。宋沈括《夢溪筆談·補筆談》卷三：「揚州在唐時最為富盛，舊城南北十五里一百一十步，東西七里三十步。可紀者有二十四橋：最西濁河茶園橋，次東大明橋，入西水門有九曲橋，次東正當帥牙南門，有下馬橋，又東作坊橋。橋東河轉向南，有洗馬橋，次南橋，又南阿師橋，周家橋，小市橋，廣濟橋，新橋，開明橋，顧家橋，通泗橋，太平橋，利園橋。出南水門有萬歲橋，青園橋。自驛橋北河流東出，有參佐橋，次東水門，東出有山光。又自牙門下馬橋直南，有北三橋、中三橋、南三橋，號九橋，不通船，不在二十四橋之數，皆在今州城西門之外。」馮集梧注：「按：沈氏所列橋下或自注今存，知己有不存者，且數亦不合。《方輿勝覽》云：『揚州府二十四橋，隋置，並以城門坊市為名，後韓令坤省築州

城，分布阡陌，別立橋樑，所謂二十四橋，或在或廢，不可得而考矣。』斯
語當得其實。」唐韋莊《過揚州》：「二十四橋空寂寂，綠楊摧折舊官河。」
一說即紅藥橋。清李斗《揚州畫舫錄》卷十五：「廿四橋即吳家磚橋，一名紅
藥橋，在熙春臺後，……揚州鼓吹詞序云，是橋因古二十四美人吹簫於此，
故名。」

〔5〕玉人：喻人容貌如玉之美，風神俊秀。此指貌美的男子；喻韓綽。晉裴楷字叔
　　　則，衛玠字叔寶，以貌美被人稱為玉人或璧人。《世說新語·容止》：「裴令公有
　　　俊容儀，脫冠冕，粗服亂頭皆好，時人以為『玉人』。見者曰：『見裴叔則如玉
　　　山上行，光映照人。』」《晉書·衛玠傳》：「總角乘羊車入市，見者皆以為玉人。」
　　　唐權德輿《送盧評事婺州省觀》：「客酬青眼別，家喜玉人歸。」教：使，令。
　　　吹簫典參見《梅》詩注〔5〕。唐包何《同諸公尋李方直不遇》：「聞說到揚州，
　　　吹簫憶舊遊。」知吹簫用揚州故實。

【簡評】

　　　這是一首詼諧幽默充滿風趣的調笑詩。全詩風調悠揚，意境優美，感情
溫馨。通過揚州勝景的描寫，委婉地探問韓綽的近況，表達自己的思念之情，
是杜牧筆法的高妙之處。既表現出對友人的深情厚誼，同時還寓杜牧對揚州
的留戀嚮往之情。雖然短短幾句，卻有著豐富的景色和豐滿的情感。宋謝枋
得《唐詩絕句注解》卷三稱本詩：「厭江南之寂寞，思揚州之歡娛，情雖切
而辭不露。」明胡應麟《詩藪》內編卷六曰：「此等入盛唐亦難辨。」

　　　首句從大處落墨，化出遠景：青山透迤，隱於天際；綠水如帶，迢遞不
斷。「隱隱」「遙遙」這對疊字，不但畫出了山清水秀、綽約多姿的揚州風貌，
而且隱約暗示出詩人與友人之間山遙水長的空間距離，那抑揚的聲調中彷彿
還蕩漾著詩人思念舊遊之地的似水柔情。此時雖然時令已經過了深秋，江南
的草木卻未凋落，風光依舊旖旎秀媚。正由於詩人不堪晚秋的蕭條冷落，因
而格外眷戀江南的青山綠水，越發懷念遠在熱鬧繁華之鄉的故人了。

　　　詩的後兩句本是問候友人的近況，卻故意用玩笑的口吻與韓綽調侃，幽
默風趣。這樣，不但韓綽風流倜儻的才貌依稀可見，兩人親昵深厚的友誼得
以重溫，而且調笑之中還微微流露了詩人對自己「十年一覺揚州夢，贏得青
樓薄倖名」的感喟，從而使詩平添了許多風韻。杜牧又長於將這類調笑寄寓
在風調悠揚、清麗俊爽的畫面之中，所以雖寫言情卻並不流於輕薄。

送李群玉赴舉〔1〕

　　故人別來〔2〕面如雪，一榻拂雲秋影中〔3〕。玉白花紅三百首〔4〕，五陵誰唱與春風〔5〕。

【注釋】

〔1〕此詩作於大中四年（850）秋。李群玉：字文山，澧州人。大中八年，獻詩三百首，為宰相薦為弘文館校書郎。後遭冤屈，憤而棄官南歸。生平見《唐摭言》卷十、《北夢瑣言》卷六、《唐詩紀事》卷五四、《唐才子傳校箋》卷七等。

〔2〕別來：別後。

〔3〕「一榻」句：此指受州郡長官禮遇秋試事。唐時州郡試，於秋日舉行。一榻：一張坐臥器具，用陳蕃禮遇徐稚事。詳見《懷鍾陵舊遊四首》詩注〔12〕。又李群玉曾獲裴休禮遇，《新唐書·藝文志四》云：李群玉「字文山，澧州人。裴休觀察湖南，厚延致之。及為相，以詩論薦，授校書郎。」

〔4〕三百首：指李群玉曾有詩三百首。李群玉《進詩表》：「草澤臣群玉……謹捧所業歌行、古體詩、今體七言、今體五言四通等合三百首，謹詣光順門，昧死上進上進。」

〔5〕五陵：指漢代五位皇帝的陵墓。此用以代指長安。詳見《登樂遊原》詩注〔3〕。與：向，對。唐進士禮部試在春日舉行，故常以「春風得意」以形容進士及第。唐孟郊《登科後》：「春風得意馬蹄疾，一日看盡長安花。」

【簡評】

　　詩人送友人赴京應舉，極力誇讚憑藉友人的才華、詩名，定能馬到成功、舉手折桂。

送薛種遊湖南〔1〕

　　賈傅松醪酒〔2〕，秋來美更香。憐君片雲思〔3〕，一棹去瀟湘〔4〕。

【注釋】

〔1〕薛種：杜牧友人，事蹟不詳。

〔2〕賈傅：西漢政治家、文學家賈誼，主張改革，為權貴排擠，任長沙王太傅，稱賈太傅。見《史記·屈原賈生列傳》。參見《感懷詩一首》注〔53〕。松醪（láo）：即湘中酒名松醪春，用松肪或松花釀製的酒。唐戎昱《送張秀才之長沙》：「松醪能醉客，慎勿滯湘潭。」

〔3〕片雲思：指羈旅漂泊之情思。

〔4〕棹（zhào）：船槳，引申為船。瀟湘：水名。詳見《早春寄岳州李使君，李善棋愛酒，情地閒雅》詩注〔5〕。

【簡評】

這首贈別小詩寫分別而沒有離別悲傷場面，雖然簡短卻情真意切，輕快悠揚。前兩句寫湖南風物，點明去湖南的時節，賈誼曾經品賞的美灕散發著清香，等待著友人來暢飲。後兩句將自己對友人的思念幻化為天際的雲彩，伴隨著友人遠行。

第一句用賈誼懷才不遇之典，第二句點明秋天送別時令。第三、四句用「片雲思」「一棹去」，寄託了詩人對賈誼命運多舛的同情和自己身處晚唐混亂時世，飽償宦海沉浮之苦，頓生歸隱之思的情懷。

題壽安縣甘棠館御溝〔1〕

一渠東注芳華苑〔2〕，苑鎖池塘百歲空。水殿半傾蟾口澀〔3〕，為誰流下蓼花〔4〕中？

【注釋】

〔1〕此詩作於開成元年（836），是杜牧在洛陽任監察御史時遊訪之作。壽安縣：在今河南宜陽縣。其地有連昌宮、興泰宮，乃高宗、武后時置。故有御溝、水殿等語。御溝，指圍繞皇宮的河溝，流入皇宮御苑。馮集梧注：「《隋書·地理志》：河南郡壽安，後魏置縣，曰甘棠。仁壽四年改焉。《一統志》：壽安故城，今宜陽縣治。相傳為周時召伯聽政之所。……《名勝志》：宜陽縣西北有勝因寺，即甘棠驛故址。」

〔2〕芳華苑：洛陽有芳華神都苑。馮集梧注：「《西京雜記》：東都隋苑曰會通，又改為芳華神都苑，周回一百二十六里，東面七十里，南面三十九里，西面五十里，北面四十二里。」

〔3〕蟾口：宮殿簷下蟾蜍形排水口。澀：不通暢。

〔4〕蓼：草本植物，有水蓼、馬蓼、辣蓼等。其花淡紅色或白色。

【簡評】

遊賞故跡，發而為詩。前朝盛景不在，蹤跡猶存。一「空」一「澀」，二字寫盡蕭條、空曠之景及水流不暢、花落誰家之歎。多少興亡故事，皆隨時空流淌而逝。

汴河懷古〔1〕

　　錦纜龍舟隋煬帝〔2〕，平臺複道漢梁王〔3〕。遊人閒起前朝念，折柳孤吟斷殺腸〔4〕。

【注釋】

〔1〕汴（biàn）河：又稱汴水、汴渠；隋煬帝時發動河南淮北的民眾開鑿的通濟渠。

〔2〕錦纜龍舟：隋煬帝在大業元年沿著運河南遊江都，所乘龍舟和尾隨的船隻在河
　　　上綿延二百餘里。煬帝下令用五彩錦緞做船帆和纜繩，窮極奢靡。見《隋書·
　　　煬帝紀》及《隋遺錄》。

〔3〕平臺：位於今河南商丘東北。魯襄公十七年（前 556），宋國的皇國父做了太
　　　宰，為了討好宋平公，他提議為宋平公建造一座高臺，孔子的弟子、著名的
　　　賢臣子罕進諫說等農事忙完再造不遲，但是宋平公沒採納。後因為建造這座
　　　平臺，百姓無暇收割莊稼，耽誤了農事。複道：樓閣之間有上下兩層通道而
　　　架空者稱複道。梁王：即西漢梁孝王劉武。他依仗其母竇太后寵愛，大治宮
　　　室，築東苑，方圓三百餘里，又建複道將宮殿與平臺相連，率領一些文人墨
　　　客在這裡賦詩遊樂。見《史記·梁孝王世家》。

〔4〕折柳：古樂曲名。樂府詩題有《折楊柳》，多懷念在邊征人之作，詩文中引作
　　　《折柳》，以為惜別的典故。《樂府詩集》中所收的六朝、隋及唐人「折楊柳」
　　　曲有二十餘首，其中大多數是傷別之辭，故詩文中常用「折柳」為惜別懷人
　　　的典故，有時還常把吹笛、折柳、怨別三者聯繫起來。《折楊柳》是表達哀愁
　　　之思的，同時隋煬帝在汴河兩岸遍植楊柳，這裡是雙關手法。孤吟：一個人
　　　吟唱《折楊柳》。斷殺腸：形容傷感到極點。殺，表示「極」「很」的意思。

【簡評】

　　這是一首詠史懷古的篇章。詩人遊覽汴河，想當年梁孝王大造宮室，規
模可謂宏大；隋煬帝乘龍舟，氣派可謂豪華。然歷史都為陳跡，思前朝，睹
今日，盛唐不存，晚唐已近黃昏，孤吟《折柳》，肝腸寸斷；詩人不由得發出
一聲聲慨歎。前兩句，詩人平靜地托出兩個不同時期王朝的奢華景象，而遊
賞之人，也只是在閒來無事時才偶而想起了前朝往事，也就是前兩句展示的
華麗的場景，這裡採用了倒敘的手法。第三句承上啟下，落筆自然。最終詩
人的感慨是什麼呢？詩中沒有交代，卻只是渲染自己陷入無盡哀愁中。《折楊
柳》是寫哀愁的詩篇，詩人情不自禁地吟唱，而且真的「斷殺腸」。詩人揭示

了國家衰亡的道理，和自己深沉的感慨，卻以平和閒散的筆調寫出，層次井然，情韻悠長，含蓄委婉，耐人尋味。

汴河阻凍〔1〕

千里長河初凍時，玉珂瑤佩響參差〔2〕。浮生〔3〕恰似冰底水，日夜東流人不知。

【注釋】

〔1〕本詩作於大中二年（848），杜牧自睦州刺史赴京任司勳員外郎時。汴河：又稱汴渠，唐宋時人們稱通濟渠為汴河，今汴河故道由河南省鄭州、開封，流經江蘇合泗水入淮河。《文獻通考》：「開封府有通濟渠，隋煬帝開，引黃河水以通江淮漕運，兼引汴水。」阻凍：因為冰凍，舟行受阻。

〔2〕「玉珂」句：此句形容汴河上結冰時發出的響聲；如玉珂、瑤佩振動有聲，就像樂器洞簫般叮噹作響富於變化。玉珂：馬絡頭上貝製的裝飾物，色白似玉，振動則有聲，貴官用之。也用以指馬。《樂府詩集·張華·輕薄篇》：「文軒樹羽蓋，乘馬鳴玉珂。」唐岑參《和祠部王員外雪後早朝即事》：「色借玉珂迷曉騎，光添銀燭晃朝衣。」瑤佩：美玉製成的佩飾。唐張子容《春江花月夜》：「交甫憐瑤佩，仙妃難重期。」參差：古代樂器名。洞簫，即無底的排簫。亦名笙。相傳為舜造，像鳳翼參差不齊。此處亦指聲音大小變化。《楚辭·九歌·湘君》：「望夫君兮未來，吹參差兮誰思？」唐皎然《同李中丞洪水亭夜集》：「佳人但莫吹參差，正憐月色生酒卮。」

〔3〕浮生：短暫虛幻的人生。人生在世，虛浮無定，故稱浮生。《莊子·外篇·刻意》：「其生若浮，其死若休。」

【簡評】

這是作者自道其人生哲學、人生觀、人生態度之詩。詩通過對汴河冬景的描寫，寄寓了人世滄桑的感慨。詩人對比描寫，設喻新奇，所流露出的人生在寂寞中流逝的哀怨，亦能感人。抒發了青春易逝、事業無成的感慨。情調雖感傷，但並不頹廢。

首二句感物起興，用比喻巧妙地描繪了千里河封的開闊壯觀情景：時融時聚，冰塊相撞，猶如玉珂瑤佩之音、參差吹奏之聲。時光飛逝、往事如煙，後二句通過新奇恰當的比喻，抒發人生感慨，言人生歲月就好像冰下的河水一樣，日夜流逝，但人們似無知覺。從冬景的描寫聯想到人生的短暫，頗具

哲理意味。

　　詩中水冰相擊而作玉響，為樂景，人生流逝為哀情，常人難從樂景察出哀情，亦難從哀情中發現樂情。正如南唐後主李煜《望江南》中「車如流水馬如龍，花月正春風」句，以樂景寫哀情，是先有「多少恨，昨夜夢魂中」的哀情在的。詩人能從樂景中道出人生的無奈，可見其敏感。

酬張祜處士見寄長句四韻〔1〕

　　七子論詩誰似公〔2〕，曹劉須在指揮中〔3〕。薦衡昔日知文舉〔4〕，乞火無人作蒯通〔5〕。北極樓臺長掛夢，西江波浪遠吞空〔6〕。可憐故國三千里，虛唱歌詞滿六宮〔7〕。

【注釋】

〔1〕本詩作於會昌五年（845），杜牧時任池州刺史。酬：答謝。張祜有《江上旅泊呈池州杜員外》，此即唱和之作。張祜：見《登池州九峰樓寄張祜》詩注〔1〕。處士：隱居而未做官的士人。長句四韻：即七言律詩；詳見《長安雜題長句六首》詩注〔1〕。

〔2〕「七子」句：意謂談到寫詩，建安七子誰能比得上你。七子：漢末著名文學家孔融、陳琳、王粲、徐幹、阮瑀、應瑒、劉楨七人，合稱建安七子。三國魏曹丕《典論·論文》：「今之文人，魯國孔融文舉、廣陵陳琳孔璋；山陽王粲仲宣、北海徐幹偉長、陳留阮瑀元瑜、汝南應瑒德璉、東平劉楨公幹，斯七子者，於學無所遺，於辭無所假，咸以自騁驥騄於千里，仰齊足而並馳。」

〔3〕曹劉：曹植、劉楨的合稱。二人均為建安時期著名詩人、文學家，以五言詩共稱於時。曹植字子建，是當時最傑出的詩人；才思敏捷，詞藻富贍。劉楨字公幹，曹丕稱其「妙絕時人」。後世常曹劉並稱，用作詠詩人的典故。鍾嶸《詩品》上：「自陳思（曹植）已下，楨稱獨步。」指揮：評論，品說。意思是張祜的詩才在曹植和劉楨之上。張祜《江上旅泊呈池州杜員外》有「江郡風流今絕世，杜陵才子舊為郎」之誇讚，故杜牧亦對張祜詩相應激獎。杜牧盛讚祜詩卓越，以為可凌越七子，俯視曹劉。

〔4〕「薦衡」句：謂令狐楚表薦張祜，就像孔融當年薦舉禰衡一樣。杜牧原注：「令狐相公曾表薦處士」。薦：舉薦。衡：禰衡。文舉：孔融字文舉。禰衡是漢末辭賦家，性格剛強。孔融愛其才，上書推薦他。《後漢書·禰衡傳》：「唯善魯國孔融及弘農楊脩，常稱曰：『大兒孔文舉，小兒楊德祖。餘子碌碌，莫足數也。』

融亦深愛其才，遂上疏薦之。」另據《唐摭言》卷十一，元和、長慶中，張祜深為令狐楚所知，自草薦表，並附祜詩三百篇隨表進獻。此事後為元積所阻，沒有成功出仕。

〔5〕「乞火」句：謂可歎沒有人再作「乞火」的蒯通。這裡用蒯（kuǎi）通向丞相曹參舉賢事，謂張祜雖得令狐楚之薦，卻沮於元積，無人為其疏通。蒯通是楚漢時期的辯士，後為齊國宰相曹參的門客；曾為兩位隱士說好話，使曹參重用他們。乞火：蒯通應允推薦人時引述之事。《漢書・蒯通傳》：客有謂通當向曹參舉薦梁石君等處士，通曰：「諾。臣之里婦，與里之諸母相善也。里婦夜亡肉，姑以為盜，怒而逐之。婦晨去，過所善諸母，語以事而謝之。里母曰：『女安行，我今令而家追女矣。』即束縕請火於亡肉家，曰：『昨暮夜，犬得肉，爭鬥相殺，請火治之。』亡肉家遽追呼其婦。故里母非談說之士也，束縕乞火非還婦之道也，然物有相感，事有適可。臣請乞火於曹相國。」經蒯通推薦，曹參以梁石君等為上賓。令狐楚薦祜事，見《唐摭言》卷十一「薦舉不捷」條：「張祜，元和、長慶中，深為令狐文公所知。公鎮天平日，自草薦表，令以新舊格詩三百篇隨表造獻。……祜至京師，方屬元江夏偃仰內庭，上因召問祜之辭藻上下。積對曰：『張祜雕蟲小巧，壯夫恥而不為者，或獎激之，恐變陛下風教。』上頷之。由是寂寞而歸。」令狐楚表薦張祜，穆宗問元積，元積貶低張祜，穆宗終不用張祜。按，以上所載年容或有誤，然其事當有所據。杜牧對張祜懷才不遇、橫遭排擠，深表同情。

〔6〕「北極」二句：謂雖然朝廷是你夢中嚮往，但長江波浪吞空成為遙遠的阻隔。北極：北極星，又稱北辰。常常用以比喻朝廷或帝都。《論語・為政上》：「為政以德，譬如北辰居其所而眾星共（拱）之。」掛夢：在夢中牽掛。西江：貴池至歷陽一帶的長江。參《西江懷古》詩注〔1〕。張祜居地丹陽（今江蘇丹陽）近長江。

〔7〕「可憐」二句：謂張祜的詩句在六宮廣為傳唱，而作者本人卻無緣知遇，無人賞識。杜牧原注：「處士詩曰：『故國三千里，深宮二十年。一聲河滿子，雙淚落君前。』」可憐：可惜。三千里：比擬之辭，非實指；指幅員遼闊。六宮：古代皇后的寢宮，泛指皇后嬪妃所住的宮室。唐白居易《長恨歌》：「回眸一笑百媚生，六宮粉黛無顏色。」有關此二句本事，張祜《孟才人歎一首並序》，寫《宮詞》在後宮傳唱之況甚詳：「武宗皇帝疾篤，遷便殿，孟才人以歌笙獲寵者，密侍其右。上目之曰：『吾當不諱，爾何為哉？』指笙囊泣曰：『請以此

就縊。』上憫然。復曰：『妾嘗藝歌，願對上歌一曲以泄其憤。』上以懇，許之。乃歌『一聲何滿子』，氣亟立殞。上令醫候之，曰：『脈尚溫而腸已絕。』及帝崩，柩重不可舉。議者曰：『非俟才人乎？』爰命其櫬，櫬至，乃舉。嗟夫！才人以誠死，上以誠命。雖古之義激，無以過也。進士高璩登第年，宴，傳於禁伶，明年秋，貢士文多以為之目。大中三年，遇高於由拳（嘉興），哀話於余，聊為興歎。詩曰：『偶因歌態詠嬌嚬，傳唱宮中十二春。卻為一聲何滿子，下泉須弔舊才人。』」

【簡評】

此詩題材屬於應酬之作，但由於詩人與張祜同是懷才不遇，深有感觸而發，感情真摯深沉，極有氣勢，巧妙自然運用典故，表現了對張祜的讚賞。詩人自負知兵通武，但卻沒有施展才華的機遇。他之所以重張祜，與其說是因對方的才華而欽慕，不如說是從張祜身上摺射出了同樣不如意的自己。

首聯盛讚張祜詩才高絕：他的才華高過建安七子，連曹植與劉楨都不在話下。這顯然是過譽之詞。頷聯敘述張祜的不平遭遇：當年孔融知道禰衡有才華，能薦舉他；但如今卻沒有人願意象酈通一樣推薦張祜。宰相令狐楚表薦張祜，唐穆宗過問，卻被宰相元稹予以阻止，終不見用。白居易做杭州刺史時，張祜和徐凝同時請求他薦舉自己去應進士考試。白居易出題考較他們的才華，最後認為徐凝勝出，張祜因此再度沉淪回鄉。杜牧論詩，常譏元、白，他與元、白的矛盾，不僅在於詩歌，也因為張祜的遭遇。

以上兩聯詩寫得矯健有力，以一個問句發端，以建安七子和曹劉作比，用誇張的方式表現了張祜的才華之高，「須在」是極肯定之語。「薦衡」兩句急轉而下，這麼高的才華而竟然無人舉薦；可見朝廷不能識賢，一股鬱勃不平之氣油然而出。

頸聯宕開一筆，寫張祜人在江湖，然而心中常常掛念朝廷，隱居鄉野之間也不放棄自己的志向。尾聯歸結到張祜文才高妙而不得重用的不幸遭遇上，用張祜之詩句「故國三千里」，接以「虛唱歌詞滿六宮」，總結以上三聯對張祜才華、遭遇與志懷的議論，以痛惜結尾。

這首詩起調很高，對張祜給予超邁七子、俯視曹劉的評價，正是為後面寫其不能「知文舉」、無緣「乞火人」作出有力的鋪墊。「北極」一聯，申紬盈縮，將張祜的心境和際遇表現得形象可感。詩末二句，感歎張祜在朝廷不獲任用，其才華遠遠不如他所創作的詩句那樣被人欣賞。「六宮」呼應「七

子」，精心構思，強調張祜的才華與盛名，首尾相應，字面鮮明，音節高亮。

全詩純用賦體，議論抒情，直抒胸臆，為張祜打抱不平，痛惜感憤之意噴薄欲出，但遣詞造句矯健沉著，用典精切，收結嚴整，寫得非常俊爽，毫無粗率之意。

寄宣州鄭諫議〔1〕

大夫官重醉江東，蕭灑名儒振古風〔2〕。文石陛〔3〕前辭聖主，碧雲天外作冥鴻〔4〕。五言寧謝顏光祿〔5〕，百歲須齊衛武公〔6〕。再拜宜同丈人行〔7〕，過庭交分〔8〕有無同。

【注釋】

〔1〕鄭諫議：生平不詳。諫議：諫議大夫。掌侍從贊相，規諫諷喻。

〔2〕蕭灑：同「瀟灑」，清高脫俗。古風：古代之人情風貌。

〔3〕陛：殿、壇之臺階。此代指皇宮。

〔4〕作冥鴻：似遠鴻。作，比喻動詞，猶言似、如。冥鴻：高飛的鴻雁。詳見《李侍郎於陽羨里富有泉石牧亦於陽羨粗有薄產敘舊述懷因獻長句四韻》詩注〔2〕。

〔5〕五言：指詩歌。謝：慚，不如。顏光祿：南朝宋顏延之，孝武帝時為金紫光祿大夫。與謝靈運俱以辭采知名，鮑照嘗謂其詩「若鋪錦列繡，亦雕繢滿眼。」傳見《南史》卷三四、《宋書》卷七三。鍾嶸《詩品·總論》：「謝客為元嘉之雄，顏延年為輔；斯皆五言之冠冕，文詞之命世也。」

〔6〕衛武公：春秋時衛武公。年九十五，嘗曰：「苟在朝者，無謂我老耄而捨我，必恭恪於朝，朝夕以交戒我。」事見《國語·楚語上》。

〔7〕丈人行（háng）：對長輩之尊稱；父輩，長輩。唐崔峒《送薛仲方歸揚州》：「慚為丈人行，怯見後生才。」

〔8〕過庭交分：《論語·季氏》記載孔子之子孔鯉，「趨而過庭」，接受孔子教育事。此過庭交分，蓋指父輩交誼。《三國志·吳書·周瑜傳》：「（孫）堅子策與（周）瑜同年，獨相友善，瑜推道南大宅以捨策，升堂拜母，有無通共。」交分（fèn），猶交情。唐韋應物《寄別李儋》：「宿昔同文翰，交分共綢繆。」

【簡評】

通篇皆為讚譽之詞。一個清高脫俗瀟灑風流的名儒、德高望重的老者形象立於面前。

題元處士高亭〔1〕

水接西江天外聲〔2〕，小齋松影拂雲平〔3〕。何人教我吹長笛〔4〕，與倚春風弄月明〔5〕。

【注釋】

〔1〕本詩開成三年（838）作。詩題原注「宣州」。元處士：見《贈宣州元處士》詩注〔1〕。高亭：亭名；或謂指地勢較高的亭子。

〔2〕「水接」句：唐許渾《題宣州元處士幽居》：「潺湲門前水，未省濯纓塵。」西江：宣州之西的青弋江。《元和郡縣圖志》卷二八：「宣州宣城縣青弋水，州西九十九里。」

〔3〕拂雲平：狀寫松樹高入雲天。拂雲，觸到雲，言極高。平：猶言高。用於句末為了叶韻。

〔4〕長笛：古樂器。漢武帝時，丘仲因羌人之制，截竹為之，稱羌笛。本為四孔，其後京房於後加一孔，以備五音，謂之長笛。《文選·長笛賦》注：「笛，七孔，長一尺四寸，今長笛是也。」

〔5〕弄月明：賞玩明月。南北朝謝靈運《弄曉月賦》：「臥洞房兮當何悅？滅華燭兮弄曉月。」南朝陳後主《三婦豔詩》：「小婦春妝罷，弄月當宵楹。」

【簡評】

詩人與元處士交好，登上元處士的高亭，眺覽江水，俯視茅齋青松，吟詩其間；通過明月春風、江聲松影等優美景色的描寫，表現賓主二人融合無間的親密友情。宣城山水秀麗，城北十里有敬亭山，水有宛溪、句溪、涇溪等等，均接長江。

首句不直接寫亭，而從水聲寫起，很有趣。云「天外聲」，可見亭子地勢高絕。次句「小齋」點題，云「拂雲平」，寫它旁邊的松樹高聳入雲。「拂雲」既指樹高，又有高古之意；使得意境更為闊大高遠。這兩句將「高亭」二字的意味寫足。可謂尺幅之中有萬里之勢。亭既如此，人亦可知。這兩句既寫亭，也從側面寫出元處士胸襟之開闊，興趣之高古。

三、四句將江聲松影與春風明月融為一體，形成詩人演奏長笛的瀟灑優雅的背景，而「何人教我」一語，委婉設問，體現出詩人與元處士親密而高潔的情誼，也使詩含蓄蘊藉，情韻靈動。此處暗用東晉「笛聖」桓伊吹笛之典。松風明月，溪水潺潺，正可與好友縱酒談玄，共倚春風弄月明，此時若有桓伊之

笛相伴，想必更是陶然共忘機了。

　　杜牧和不少唐朝詩人一樣，喜歡笛子，不僅詩中常寫笛，還經常寄笛子給朋友，除了《寄珉笛與宇文舍人》之外，還有《寄澧州張舍人笛》。他的好友趙嘏寫了一首《長安晚秋》詩：「殘星幾點雁橫塞，長笛一聲人倚樓。」杜牧很喜歡，稱他為「趙倚樓」。「何人教我吹長笛，與倚春風弄月明」，此句與「月明更想桓伊在，一笛聞吹出塞愁」（《潤州二首》）和「深秋簾幕千家雨，落日樓臺一笛風」（《題宣州開元寺水閣》），可並稱杜牧寫笛名句。

鄭瓘協律〔1〕

　　廣文遺韻留樗散，雞犬圖書共一船〔2〕。自說江湖不歸事，阻風中酒過年年〔3〕。

【注釋】

〔1〕鄭瓘（guàn）：鄭虔之孫，臨海（今浙江台州）人，字螢之，為協律郎。杜牧常與之交遊。協律：即協律郎，官名，掌校正樂律。《新唐書·百官志》：「太常寺協律郎，正八品上。」

〔2〕「廣文」二句：謂鄭瓘頗有鄭虔瀟灑不羈之風韻，平生以船為家，與雞犬圖書共載一舟。廣文：廣文博士，此指鄭虔。鄭虔（qián），字若齋，滎陽（今屬河南）人。盛唐著名詩人、書畫家，曾將其詩畫呈獻，皇帝署曰：「鄭虔三絕。」又是一位精通天文、地理、博物、音律、兵法、醫藥近乎百科全書式的一代通儒。天寶初為協律郎，以私撰國史，坐謫十年，還京為廣文館博士。安祿山反，授水部郎中，事平免死，貶台州司戶參軍。遺韻：遺傳下來的風韻。樗（chú）散：本指樗木散材那樣被閒置的無用之材，此比喻不合世用。《莊子·逍遙遊》：「吾有大樹，人謂之樗，其大本擁腫而不中繩墨，其小枝捲曲而不中規矩，立之途，匠者不顧。」疏：「樗，栲漆之類，嗅之甚臭，惡木者也。」又《人間世》：「散木也，以為舟則沉，以為棺槨則速腐，以為器則速毀，以為門戶則液樠，以為柱則蠹，是不材之木也，無所可用。」杜甫《送鄭十八虔貶台州司戶》詩有「鄭公樗散鬢成絲，酒後常稱老畫師」句，為此詩所本。

〔3〕「自說」二句：寫其任達之狀。謂其自稱未能歸隱江湖，或由受阻風暴，或緣醉酒不醒，故年復一年蹉跎至今。阻風：為風所阻，比喻仕途不利。中（zhòng）酒：酒酣；醉酒。參見《睦州四韻》詩注〔7〕。唐戴叔倫《寄司空曙》：「林花落處頻中酒，海燕飛時獨倚樓。」

【簡評】

這首詩表現對鄭璀具有鄭虔流風遺韻的讚歎與懷才不遇的同情。就像當年杜甫對鄭虔寄予同情一樣，詩人對鄭璀有才而不得其用也深為不平，同時寓自憐之意。

鄭虔學識過人，詩書畫號為「三絕」，然仕途多舛，鬱鬱而卒。杜甫晚年有《八哀詩》，將其與李光弼、嚴武、李邕、張九齡等並列，作《故著作郎貶台州司戶榮陽鄭公虔》詩，以緬懷之情述其生平，贊其學識，而哀其牢落。此詩稱璀具虔之「遺韻」，可知亦一才識兼優而身世坎坷者。

此詩首說「廣文遺韻」，便定下哀怨基調，與雞犬圖書相共一船，見樗散牢落之不堪。後二句用「自說」述其身世，極狀其人長久落魄，視角獨特，語意最為沉至哀切。「自說」二字透露其懷才不遇之憤，「阻風」實世路不平，「中酒」則藉以澆愁耳。後兩句刻畫出他的風流俊雅形象，同時流露出對友人懷才不遇的深切同情。

清翁方綱《石洲詩話》卷二最為稱道後兩句，云：「直自開、寶以後百餘年無人能道。而五代、南北宋以後，亦更不能道矣。此真悟徹漢魏六朝之底蘊者也。」

和野人殷潛之題籌筆驛十四韻〔1〕

三吳裂婺女〔2〕，九錫獄孤兒〔3〕。霸主〔4〕業未半，本朝心是誰？永安宮〔5〕受詔，籌筆驛沉思。畫地乾坤在，濡毫〔6〕勝負知。艱難同草創〔7〕，得失計毫釐。寂默經千慮，分明渾一〔8〕期。川流縈智思，山聳助扶持。慷慨匡時略〔9〕，從容問罪師。褒中〔10〕秋鼓角，渭曲〔11〕晚旌旗。仗義懸無敵，鳴攻〔12〕故有辭。若非天奪去〔13〕，豈復慮能支〔14〕。子夜星才落〔15〕，鴻毛鼎便移〔16〕。郵亭〔17〕世自換，白日事長垂。何處躬耕者〔18〕，猶題殄瘁詩〔19〕。

【注釋】

〔1〕殷潛之：自稱野人，與杜牧同時。事蹟見《唐詩紀事》卷四九。籌筆驛：在四川廣元縣北，也稱朝天驛。相傳諸葛亮出師北伐時曾運籌於此。馮集梧注：「《方輿勝覽》：閬州籌筆驛在綿谷縣，去州北九十九里。舊傳諸葛武侯出師，嘗駐此。《尚書古文疏證》：《廣元縣舊志》云：潛水出縣北一百三十餘里木寨山，流經神宣驛，又南二十里，經龍洞口至朝天驛北。朝天驛，古籌筆驛也。」

〔2〕三吳：吳郡、吳興郡和會稽郡合稱三吳。指代長江下游江南的一個地域，指的是東晉、南朝最為重要的地理範圍。參見《郡齋獨酌》詩注〔20〕。婺女：星名，即女宿。二十八宿之一。玄武七宿之第三宿，又名須女，有四星。古人依據以天文對應地理的學說，認為古揚州（越）屬於婺女星的分野。隋設婺州（屬古揚州），即因其地為婺女星的分野。後代因以婺女代稱婺州。《漢書·天文志》：「尾、箕，幽州。斗，江、湖。牽牛、婺女，揚州。」唐李吉甫《元和郡縣圖志》：「隋開皇九年平陳置婺州，蓋取其地於天文為婺女之分野。」唐鮑溶《秋暮送裴垍員外刺婺州》：「婺女星邊氣不秋，金華山水似瀛州。」馮集梧注：「左思《吳都賦》：婺女寄其曜，翼軫寓其精。《注》：婺女越分，翼軫楚分，非吳分，故言寄曜寓精也。」此句指孫權建立吳國。

〔3〕九錫：帝王尊禮大臣所賜之九種器物，如加服、朱戶、輿馬、弓矢等。漢末獻帝賜曹操九錫。獄：猶因。孤兒：指漢獻帝劉協，其母王美人為何皇后所害。劉協九歲即帝位，先後為董卓、曹操所挾制。事見《後漢書·孝獻帝紀》。

〔4〕霸主：指劉備。《三國志·蜀書·諸葛亮傳·注》引張儼《默記》：「魏氏跨中土，劉氏據益州，並稱兵海內，為世霸主。」同傳記諸葛亮率軍北伐上疏云：「先帝創業未半而中道崩殂，今天下三分……。」

〔5〕永安宮：故址在今四川奉節。據《三國志·蜀書》劉備及諸葛亮傳，章武二年（222），劉備率四萬大軍東下，為大將關羽報仇，卻遭東吳大將陸遜火攻連營而失敗，還守魚復，改縣名永安，營亦名永安宮。章武三年四月，劉備崩於永安宮，病重時，曾召諸葛亮囑託後事。

〔6〕畫地：畫地為圖，謂熟知山川地理形勢。濡毫：以筆蘸墨，指起草戰略計劃之事。

〔7〕草創：指建立新朝。

〔8〕千慮：反覆思考。分明：明確，清楚。渾一：統一。同「混一」。《文選·史孝山·出師頌》：「素旄一麾，渾一區宇。」

〔9〕匡時略：挽救艱危時局之方略。匡，救助，挽救。

〔10〕褒中：即褒城，漢時屬漢中郡，在今陝西勉縣東北。諸葛亮北伐時曾駐軍於此。

〔11〕渭曲：在陝西大荔東南。蜀建興十二年春，諸葛亮率大軍「由斜谷出，以流馬運，據武功五丈原，與司馬宣王對於渭南。」事見《三國志·諸葛亮傳》。

〔12〕鳴攻：鳴鼓而攻之。《論語注疏》卷一一：「子曰：非吾徒也。小子鳴鼓而攻之，可也。」鄭曰：「小子，門人也。鳴鼓聲其罪以責之。」

〔13〕天奪去：此指諸葛亮屯兵五丈原，不幸病卒軍中。

〔14〕支：支撐、支持。馮集梧注：「《蜀志・諸葛亮傳・注》：《默記》曰：若此人不亡，終其志意，連年運思，刻日興謀，則涼雍不解甲，中國不釋鞍，勝負之勢，亦已決矣。」

〔15〕「子夜」句：《三國志・蜀書・諸葛亮傳》注引《晉陽秋》：「有星赤而芒角，自東北西南流，投於亮營。三投再還，往大還小。俄而亮卒。」

〔16〕鼎：國家重器。鼎移，指國家政權轉移。《戰國策・楚四》：「今夫橫人嚅口利機，上干主心，下牟百姓，公舉而私取利，是以國權輕於鴻毛，而積禍重於丘山。」司馬遷《報任安書》：「人固有一死，死有重於泰山，或輕於鴻毛，用之所趨異也。」《隋書》列傳第三十五：「九鼎之譬鴻毛，未喻輕重。」

〔17〕郵亭：驛站；猶傳舍。傳舍（shè）指古時供行人休息住宿的處所。

〔18〕躬耕：親自耕種。躬耕者，此處意指殷潛之。又有以殷潛之比擬諸葛亮之意。諸葛亮曾躬耕隴畝，好為《梁父吟》。見《三國志・諸葛亮傳》。

〔19〕殄瘁：困病、困苦。《詩・大雅・瞻卬》：「人之云亡，邦國殄瘁。」此句意指殷潛之《題籌筆驛》詩。詳見《全唐詩》卷五四六。

【簡評】

開篇二句寫三吳大地，漢帝被挾，群雄各霸一方。用「籌筆驛」這一特定地點，拉開歷史的序幕，漢末群雄逐鹿的紛爭局面如在目前。「霸主」以下十六句，詳盡敘述了劉備率軍征戰、病重託孤，以及諸葛亮運籌帷幄、匡時濟世的艱難歷程。「仗義」八句，對戰爭發表議論。作為詩人，杜牧以武略自負；作為軍事家，杜牧所做的並不僅僅是展示戰爭，他還有著自己的戰略戰術思想。劉備自稱漢家宗室，要重振漢家基業，因此，諸葛亮出師是主持正義的，本應勝利。可惜諸葛亮去世，蜀國勢力衰落，最終被魏國滅。作者在發表自己遺憾時用了「仗義」表明對發動戰爭持「師出有名」的觀點。最後二句照應題目，以諸葛亮躬耕隴畝意指殷潛之，在困病、困苦狀況下書寫了《題籌筆驛》詩。全詩表達了詩人對先賢的追思與自身時不我遇的感慨，並對友人的現實狀況深表關切。

流傳至今有關籌筆驛的詩達三十餘首。其中以唐代詩人李商隱和羅隱最為代表，他們各有一首七律名篇，詩題都為《籌筆驛》，寫的人物相同，都是感慨蜀漢滅亡。李商隱詩云：「猿鳥猶疑畏簡書，風雲常為護儲胥。徒令上將揮神筆，終見降王走傳車。管樂有才終不忝，關張無命欲何如？他年錦裏經

祠廟，梁父吟成恨有餘。」在緬懷讚歎諸葛亮才略事功的同時流露了很深的感慨，生動體現出諸葛亮的精神風貌和詩人的崇敬追思之情。羅隱詩云：「拋擲南陽為主憂，北征東討盡良籌。時來天地皆同力，運去英雄不自由。千里山河輕孺子，兩朝冠劍恨譙周。唯餘岩下多情水，猶解年年傍驛流。」其中「時來」二句，更是時空結合的名聯，令後人擊節歎賞，回味雋永。詩人深入地探索歷史事件的因果，敏銳地覺察到歷史的趨勢，寓哲理於形象之中，氣概恢宏，警策新穎，內涵豐富，其間流露出詩人的思接千載之情融和著現實的深憂和滄桑失落之感，既有打動人的藝術力量，又具有啟人深思的認識作用。此詩比同類題材的詩歌思想內涵深刻，同時它的風格特別深沉凝重。

重題絕句一首

　　郵亭寄人世〔1〕，人世寄郵亭。何如自籌度〔2〕，鴻路有冥冥〔3〕。

【注釋】

〔1〕郵亭：驛站；猶傳舍。傳舍（shè）指古時供行人休息住宿的處所。寄人世：《宋書·樂志》：「人生若寄。」人生若寄，指人的生命短促，就像暫時寄居在人世間一樣。晉陶潛《榮木》：「人生若寄，憔悴有時。」

〔2〕何如：哪如，不如。唐許渾《洞靈觀冬青》：「何如西禁柳，晴舞玉闌干。」籌度（chóu dù）：謀劃；想辦法。《舊唐書·岑文本傳》：「及將伐遼，凡所籌度，一皆委之。」金董解元《西廂記諸宮調》卷二：「心下徘徊自籌度，只除會聖，一命難逃。」

〔3〕冥冥：高遠之天空。漢揚雄《法官·問明》：「鴻飛冥冥，弋人何篡焉？」李軌注：「君子潛神重玄之域，世網不能制御之。」後用以喻指避世隱居之處。

【簡評】

　　我國古代郵驛有著極為悠久的歷史，歷朝歷代通過郵亭驛站傳播政令、飛報軍情，為往來官員、商賈提供食宿條件。郵驛感懷一直是詩詞創作的重要源泉，世代傳誦的許多佳作來自於驛壁題詩。

　　這裡用「郵亭」來巧喻人世。郵亭有信使寄世間事物，而人生就像郵亭一樣，一切自有造物主在冥冥中主宰，又豈是人力可以自行籌度安排的呢？詩中帶了一種宿命悲觀的成分，反映出消極悲觀的情緒。

　　此詩別有風韻。郵亭遍於人間，郵亭代替了家，詩人自歎前途渺渺，不知如何是好，讀來格外辛酸。宋代陸游《休日感興》詩句「宦海風波實飽經，久

將人世寄郵亭。」與此詩同讀，異曲同工。

送陸洿郎中棄官東歸〔1〕

少微星〔2〕動照春雲，魏闕衡門〔3〕路自分。倏〔4〕去忽來應有意，世間塵土謾〔5〕疑君。

【注釋】

〔1〕此詩約開成五年（840）春作。陸洿（wù）：唐穆宗長慶四年，曾由試大理評事任拾遺。歷祠部員外郎，東歸。後復以司勳郎中徵，旋棄官東歸。事蹟見《新唐書・歐陽詹傳》《郎官石柱題名》等。郎中：官名。西漢武帝以郎官供尚書署差遣，後成定制。唐代為尚書省左、右司及吏、戶、禮、兵、刑、工六部諸司長官，歷代因之。

〔2〕少微：星名，一名處士星。共四顆，今屬獅子座，多借指處士、隱者。《天官星占》：「北斗魁第一星少微，一名處士，星明大而黃澤，即賢士舉，忠臣用。」唐權德輿《送張詹事致政歸嵩山舊隱》：「解龜辭漢庭，卻憶少微星。」

〔3〕魏闕：古代宮門外兩側高聳的樓觀，下面常常懸布法令，後常用以代指朝廷。唐黃滔《南海幕和段先輩送韋侍御赴闕》：「魏闕別當飛羽翼，燕臺獨且占風流。」衡門：橫木為門，指簡陋的房屋。此指隱者所居。衡，通「橫」。《詩・陳風・衡門》：「衡門之下，可以棲遲。」

〔4〕倏（shū）：急速，快。

〔5〕世間塵土：喻指世俗眼光。世間，人世間。塵土，塵世。謾：通「莫」，不要。

【簡評】

此詩盛讚陸洿不為世俗所阻，棄官歸鄉。

陸洿以布衣為大理平事，時人姜洽、李虞、劉堅並以布衣為官，可謂少微四星也，具春風之氣，然「身在江海之上，心居乎魏闕之下，奈何！」（《莊子・讓王》）以布衣為官，又棄而為布衣，倏去忽來，不愧是不為塵世凡俗所迷之君子。

陶敏《全唐詩人名考證》稱本年陸洿辭官。尚書省郎中官位顯赫，陸洿棄官不做，確實是一個令人不解的事情。詩人表現了對友人這個駭人之舉的理解與讚賞，讚賞他的品行高潔，無論入仕為官還是退而歸隱都是天性使然。首句寫天星照應，辭官之舉理所當然，「春雲」既是對眼前景物的描繪，點明時間，又將辭官返鄉寫得充滿祥瑞氣氛。次句寫仕宦與歸隱道路不同，從第三句來

看，友人雖然為官與辭官都很灑脫，「有意」表明絕不是一時興起，所以勸告世人不要以世俗眼光來看待這件事。

寄珉笛與宇文舍人〔1〕

　　調高銀字聲還側〔2〕，物比柯亭韻校〔3〕奇。寄與玉人天上〔4〕去，桓將軍〔5〕見不教吹。

【注釋】

〔1〕此詩約作於大中二年（848）六月至十二月間。本年杜牧任睦州刺史，年底赴長安，為司勳員外郎。珉：似玉美石，適合雕刻各種藝術品。《荀子》卷二十：「故雖珉之雕雕，不若玉之章章。」宇文舍人：即宇文臨，大和初登進士第。大中元年十二月自禮部郎中充翰林學士，旋加知制誥。二年六月，正拜中書舍人。三年九月，貶復州刺史。事蹟見丁居晦《重修承旨學士壁記》《舊唐書・宇文籍傳》。

〔2〕銀字：笙笛類的管樂器上常用銀作字，表明音調的高低。這裡借指類似於管笛的樂器。唐白居易《南園試小樂》：「高調管色吹銀字，慢拽歌詞唱渭城。」《新唐書・禮樂志十二》：「復有銀字之名，中管之格，皆前代應律之器也。」側（zè）：仄聲。古漢語四聲中上、去、入三聲的總稱；與平聲相對。

〔3〕柯亭：柯亭笛。柯亭，在會稽，所產竹宜於作笛。相傳東漢末蔡邕經柯亭，見到屋頂竹椽材質都非常好，便取第十六根做成了笛子，笛聲果然奇絕，後來贈給了右軍將軍桓伊，使柯亭笛名聲大振。《晉書・桓伊傳》：「伊性謙素。雖有大功，而始終不替。善音樂，盡一時之妙，為江左第一。有蔡邕柯亭笛，常自吹之。」參見《後漢書・蔡邕傳注》。韻：和諧的聲音。校：通「較」。

〔4〕玉人：此指貌美的男子；謂宇文臨。詳見《寄揚州韓綽判官》詩注〔5〕。天上：喻指朝廷。

〔5〕桓將軍：東晉名將桓伊，字叔夏，小字子野，以吹笛聞名於世。

【簡評】

　　此詩言珉笛之好，寄與宇文舍人。珉笛，乃玉笛也，可調銀字之聲，較之「還側」，其又比柯亭竹笛之神韻，亦「校奇」，將它寄與天上玉人（宇文舍人），其悠雅之聲恐怕要氣壞晉朝妙通音樂的大將軍桓伊吧。

　　笛是高雅的樂器，用類似玉的珉石雕刻而成，更顯脫俗。杜牧將它贈給宇文臨，足見兩人情誼之深，不是一般的朋友。詩中化用了東漢蔡邕製做柯亭笛

和東晉桓伊善吹笛兩個常見的歷史典故，但是手法卻很巧妙，成功地運用了對比和襯托。一是從音準方面，把珉笛與柯亭笛作對比，認為珉笛更勝一籌；二是從技術方面，假說把珉笛寄給宇文臨後，小伊不讓宇文臨吹奏，生怕他比自己吹得妙。這樣既展現了珉笛製做之精良，又凸顯了宇文臨吹奏技藝之高超，構思可謂奇巧。

寄內兄和州崔員外十二韻〔1〕

歷陽崔太守，何日不含情〔2〕。恩義同鍾李〔3〕，塤箎〔4〕實弟兄。光塵能混合〔5〕，擘畫最分明〔6〕。臺閣〔7〕仁賢譽，閨門孝友〔8〕聲。西方像教〔9〕毀，南海繡衣〔10〕行。金橐寧回顧〔11〕，珠箔肯一根〔12〕。只宜裁密詔〔13〕，何自取專城〔14〕。進退無非道〔15〕，徊翔必有名〔16〕。好風初婉軟〔17〕，離思苦縈盈〔18〕。金馬〔19〕舊遊貴，桐廬春水生。雨侵寒牖〔20〕夢，梅引凍醪〔21〕傾。共祝中興主〔22〕，高歌唱太平。

【注釋】

〔1〕本詩約作於大中元年（847）春。內兄：妻子的兄長，這裡指杜牧繼妻的哥哥。此處即指崔員外。

〔2〕歷陽：郡名，即和州，治所在今安徽和縣。含情：飽含情意。

〔3〕鍾李：原注云：「李膺、鍾瑤中外兄弟，少相友善。」漢代的鍾瑾和李膺是姑表親，鍾瑾好學慕古，和李膺年齡相同，兩人又都很出名。李膺的祖父非常賞識鍾瑾，還把李膺的妹妹嫁給他。據《後漢書·鍾皓傳》：「皓兄子瑾母，（李）膺之姑也。瑾好學慕古，有退讓風，與膺同年，俱有聲名。膺祖太尉修，常言：『瑾似我家性，邦有道不廢，邦無道免於刑戮。』復以膺妹妻之。」則鍾為鍾瑾，《三國志·鍾瑤傳》注引《先賢行狀》作鍾覲。原注中「鍾瑤」，疑有誤。

〔4〕塤箎（xūn chí）：塤和箎是兩種古樂器。塤是用陶土燒製的，圓形或橢圓形，上面有六個孔。箎類似於簫，是橫吹的竹管樂器。二者聲音互相應和，比喻兄弟般和諧。《管子·輕重》：「吹塤箎之風，鑿動金石之音。」《詩·小雅·何人斯》：「伯氏吹塤，仲氏吹箎。」後因作詠兄弟和睦之典。也藉以比喻友情深厚。唐劉禹錫《奉酬湖州崔郎中見寄五韻》：「同遊翰墨場，和樂塤箎然。」

〔5〕「光塵」句：謂光芒與塵濁可以同樣看待，比喻與世無爭。光塵，清與濁。《老子》上篇：「和其光，同其塵。」

〔6〕擘畫：籌謀，安排。分明：明確，清楚。

〔7〕臺閣：官府，此為尚書省之別稱，員外郎是尚書省的屬官。

〔8〕閨門：內室的門，指家中。孝友：事父母孝順、對兄弟友愛。《詩・小雅・六月》：「侯誰在矣，張仲孝友。」

〔9〕像教：佛教。像教毀，指唐武宗會昌年間毀佛事。據《舊唐書・武宗本紀》，會昌五年八月，唐武宗反佛，廢佛寺四千六百餘所，還俗僧尼達二十六萬五百人，廢私立之招提蘭若四萬餘所。

〔10〕南海：郡名，治所今廣州，為嶺南節度使治所。繡衣：指為御史出使。漢代的御史穿繡衣。詩原注云：「為嶺南拆寺副使。」

〔11〕金橐（tuó）：裝金子的袋子。橐，袋子。漢代陸賈出使南越，南越王賜給他裝滿千金的袋子。見《史記・陸賈傳》。回顧：回頭看。此句意謂對金錢不屑一顧。

〔12〕珠簞：一竹筐的珠子。簞，竹筐。棖（chéng）：用東西來觸動。此句與上句意近，指在外出巡秉公辦事，不收賄賂，見了財寶不動心。

〔13〕裁：決定，判斷。密詔：皇帝的秘密詔書。

〔14〕專城：指任刺史、太守等地方長官。古樂府《陌上桑》中羅敷誇耀自己的夫君：「十五府小吏，二十朝大夫，三十侍中郎，四十專城居。」《文選・潘岳・馬汧督誄序》：「剖符專城，紆青拖墨之司，奔走失其守者，相望於境。」唐張銑注：「專，擅也。擅一城也，謂守宰之屬。」唐劉長卿《送崔使君赴壽州》：「列郡專城分國憂，彤幨皂蓋古諸侯。」

〔15〕非道：不正當的途徑。《尚書・太甲下》：「有言逆於汝心，必求諸道；有言遜於汝志，必求諸非道。」

〔16〕徊翔：指官職之升降遷徙。有名：正當的理由。

〔17〕婉軟：溫暖柔和。

〔18〕盈：縈繞滿懷。

〔19〕金馬：金馬門的省稱，也作金門。這裡指朝廷。金馬門，漢代宮門名。漢武帝得大宛馬，乃命善相馬者東門京以銅鑄像，立馬於魯班門外，因稱金馬門。漢代文人東方朔、主父偃、嚴安、徐樂皆待詔於此，為朝廷所用。後遂沿用為官署或朝廷的代稱，並用於詠士人入仕之典。《史記・滑稽列傳・東方朔傳》：「（朔）時坐席中，酒酣，據地歌曰：『陸沉於俗，避世金馬。宮殿中可以避世全身，何必深山之中，蒿廬之下。』金馬門者，宦者署門也，門傍有銅馬，故謂之曰：『金馬門』。」唐孟浩然《田園作》：「望斷金馬門，勞歌採樵路。」

〔20〕牖：窗戶。

〔21〕凍醪（láo）：冬天釀造，春天飲用之酒。醪，濁酒。

〔22〕中興主：指唐宣宗李忱。唐武宗死後，李忱被宦官擁立，親政後立即罷免了權相李德裕，結束了長期以來牛李黨爭的局面。宣宗勤政果斷，給江河日下的唐王朝帶來了中興的希望。

【簡評】

這是一首寫給親屬的贊詩，頌揚了內兄與自己兄弟情深，品行高潔，內外兼修。曾為御史出使海南，心顧大義，不取分文。此詩開篇寫兄弟同心，末句寫二人共同讚美君主登基，慶賀太平盛世。詩歌從私人關係、家族、品行、居官、時政諸多方面稱揚親屬，運用比喻和典故等手法，既含蓄又典雅。「好風初婉軟，離思苦縈盈」，以樂景寫哀情，襯托思念深摯。從中又可窺知時代風氣，如「西方像教毀」，即是說當時禁佛的情形。

遣　興〔1〕

鏡弄白髭鬚，如何作老夫〔2〕。浮生長匆匆〔3〕，兒小且嗚嗚〔4〕。忍過事堪喜，泰〔5〕來憂勝無。治平心徑熟〔6〕，不遣有窮途〔7〕。

【注釋】

〔1〕遣興：指抒發情懷，解悶散興。

〔2〕「鏡弄」二句：謂既髭鬚盡白，則甘當老夫。典出《南史·齊本紀下》：「鬱林王諱昭業，字元尚，小字法身，文惠太子長子也。高帝為相王，鎮東府，時年五歲，床前戲。高帝方令左右拔白髮，問之曰：『兒言我誰耶？』答曰：『太翁。』高帝笑謂左右曰：『豈有為人作曾祖而拔白髮者乎。』即擲鏡、鑷。」髭鬚（zī xū）：嘴周圍的鬍子。如何：怎麼樣。

〔3〕浮生：世事無定，人生如浮雲不定。匆匆：匆促，匆忙；急遽。

〔4〕兒小：杜牧有子曹師、扻扻，分別為杜牧三十五歲和三十九歲時生。又「別生二男，曰蘭、曰興，一女，曰真，皆幼。」見《自撰墓誌銘》，《樊川外集》有《留誨曹師等詩》，亦可參。且：通俱。都。嗚嗚：象聲詞，指哭聲。

〔5〕泰：易卦名。乾下坤上，為上下交通之象。與否相對，象徵通暢、安寧；亦指好運氣。

〔6〕治平：即治國平天下。《禮記·大學》：「身修而後家齊，家齊而後國治，國治而後天下平。」此處謂心境平和安順。杜牧《送盧秀才赴舉序》：「治心莫若和

平。」心徑：思路，思想。南朝齊謝朓《思歸賦序》：「心之徑也有域，而懷重
淵之深。」在這裡心徑即心域的意思。熟：圓熟。

〔7〕「不遣」句：謂不會像魏晉名士阮籍那樣激憤，駕車獨遊，走上窮途絕路，然後
　　痛哭而返。詳見《寄李起居四韻》詩注〔8〕。

【簡評】

此為詩人藉以抒發情懷、感慨的作品。其中略見詩人落魄不得志的幽怨情
懷，詩中雖有頹唐的成分，但卻並不顯得消沉，而是在憂鬱中透出清麗俊爽的
風調。

首句詩人面對鏡子，發現自己已經鬚鬢斑白，步入人生的暮年，但想到人
生的志向卻還難以施展，不由得感慨時光易逝、歲月易老，體現出詩人淡淡的
不能實現理想的無奈。第二聯寫到感慨人生短暫，憂愁在懷，兒子尚幼，悲傷
之意更進一層。「浮生」一詞，表現詩人一生的平庸，雖想有一番作為，但卻
始終無人賞識，內心因此而憤懣、憂慮、憔悴。

第三聯寫過來人的感受，難耐之事臨頭，忍耐過去，事後反覺輕鬆，順利
之時，常有警惕，反比沒有警惕要強。如果說，前兩聯是詩人處於一般人角度
的執著感受；那麼後兩聯，則是一個轉折，一反前意，否極泰來，柳暗花明，
情感上不再憂愁傷感，而是變得振奮，對人生不如意之事也逐漸看開，是成熟
的人生處世經驗。尾聯中，寫作者懂得治國平天下的道理，有才華不能施展，
有抱負不能實現。雖然滿腹經綸，卻無發揮之處。但詩人已將此看開，心態已
經成熟，不為所累。

這是「浮生」進入「老夫」階段時的心理獨白。作品通篇為簡淡超逸的心
態敘述，猶如豪蕩激楚的巨瀾之後，江面留下的是一片風平浪靜的景致。

早　秋

疏雨〔1〕洗空曠，秋標〔2〕驚意新。大熱去酷吏〔3〕，清風來故人〔4〕。樽
酒酌未酌，曉花嚬不嚬〔5〕。銖秤〔6〕與縷雪，誰覺老陳陳〔7〕。

【注釋】

〔1〕疏雨：細雨，小雨。唐韓偓《疏雨》：「疏雨從東送疾雷，小庭涼氣淨莓苔。」
〔2〕秋標：秋信，猶秋初；實指初起的秋風。唐齊己《驚秋》：「褰簾聽秋信，晚傍
　　竹聲歸。」
〔3〕「大熱」句：謂炎熱天氣已過，如同酷吏遠去一般。酷吏：與循吏相對。《史記》

始設《酷吏傳》，列張湯等人。唐劉長卿《初貶南巴至鄱陽題李嘉祐江亭》：「地遠明君棄，天高酷吏欺。」

〔4〕「清風」句：謂早秋清風徐來，如同與故人相會。

〔5〕顰：通「顰」，攢眉，感受曉花氣息之狀。唐顧況《梁廣畫花歌》：「手把梁生畫花看，凝顰掩笑心相許。」

〔6〕銖秤：以銖為最小單位的衡器。銖，一兩的二十四分之一。

〔7〕陳陳：謂不斷增加。含深、多、久之義。

【簡評】

時值入秋，連續多日秋風秋雨。風涼涼的，從寬闊的江面上陣陣吹來；濛濛細雨，稀稀疏疏地隨著江風迷漫。一夏天的酷暑被風雨的涼意驅趕，消散殆盡。

全詩寫「早秋」的感受，形象生動，細緻入微。首言疏雨將天空洗潤得清新宜人，秋信送涼意使人非常敏感。此處「驚」字的用法與唐杜審言「偏驚物候新」（《和晉陵陸丞早春遊望》）彷彿，醒目振作。「大熱」一聯造語極為獨特，「酷吏」之可厭，「故人」之可喜，比之於「大熱」與「清風」，筆法開放，置於「早秋」時節，又如此妥帖。繼云酒酌而未酌，花顰而不顰，都在描寫秋氣初至的感覺。結束處再以「銖秤」和「縷雪」進一步描寫細微之妙，具體可感。元方回《瀛奎律髓》卷十二云：「大暑如酷吏之去，清風如故人之來。倒裝一字，便極高妙。晚唐無此句也。牧之才高，竟欲異眾，心鄙元白，良有以哉！尾句怪。」

秋　思

熱去解鉗釱，飄蕭〔1〕秋半時。微雨池塘見，好風襟袖知〔2〕。髮短梳未足，枕涼閒且攲〔3〕。平生分過此〔4〕，何事不參差〔5〕。

【注釋】

〔1〕鉗釱（qián dì）：古代的兩種刑具。指以鉗束頸，以釱箍足，這裡比喻天氣炎熱。飄蕭：指風蕭瑟吹拂。

〔2〕「微雨」二句：晉陶淵明《讀山海經》：「微雨從東來，好風與之俱。」南朝梁沈約《謝敕賜絹葛啟》：「變溽暑於閨合，起涼風於襟袖。」

〔3〕攲（qī）：傾斜，歪向一邊，通「倚」，斜倚，斜靠。

〔4〕「平生」句：言平生之求不超過閒散，意謂不能所求過多。

〔5〕參差：錯過，蹉跎。

【簡評】

秋之思引發宦遊人的哀愁，而鄉愁又是游子心中難解的結。

首聯前半句表面上是寫熱而解衣，實際上是說作者那顆思鄉的心正在蠢蠢欲動，而後半句卻說秋天的蕭瑟、秋天的冷。採用了反襯的手法，以秋天的冰冷來襯托自己內心的火熱，更加顯示出回鄉的渴望與迫切。頷聯採用景物描寫，「微雨」與「好風」無意，「池塘」與「襟袖」卻滿含深情。把自己比喻成微雨、好風，把家鄉比喻成池塘、襟袖；微雨迫切希望見到家鄉，襟袖知道好風在思念它。運用比喻和擬人的手法，突出思鄉之情，使其情感程度更深。

頸聯寫的都是平時的生活，把前兩聯做了一個昇華，熱切思鄉之情、渴望回鄉之心，無時無刻不在湧動，這種感情已經深深地烙在了詩人的心上。尾聯是全詩的主旨，是點題的重要部分，表達出了作者的哀思，如果這一生都不能再回到家鄉了，該怎麼辦！如今回想起來，以前的那些事情有什麼用呢？這裡採用了循序漸進的方法，由大致到細小，由淺顯到深刻，使思鄉之情得到了昇華。

途中一絕〔1〕

鏡中絲髮悲來慣，衣上塵痕拂漸難〔2〕。惆悵江湖釣竿手，卻遮西日向長安〔3〕。

【注釋】

〔1〕本詩大中五年（851）秋作。杜牧由湖州刺史任上內升為考功郎中、知制誥，在離開湖州赴長安途中賦此詩。

〔2〕「鏡中」二句：謂多年來慣為鏡中見白髮而悲歎，總苦於為仕宦而奔波，衣上征塵難以拂去。慣：習慣。

〔3〕「惆悵」二句：謂湖州處江湖之間，自己正可以漁釣為樂，如今卻須西向長安就任。惆悵：失意貌。江湖釣竿：因湖州近海，又鄰太湖，故稱。釣竿手，隱逸者，忘機人。唐劉長卿《過鄖三湖上書齋》：「何事東南客，忘機一釣竿。酒香開甕老，湖色對門寒。」西日：西斜的太陽。

【簡評】

杜牧由湖州赴長安，時年已四十九歲，感慨頗多。詩人以垂老之年，榮獲

內調，卻並無喜悅之色，反有無可奈何之慨，蓋其自揣仕途曲折，難以施展，故不免消沉。詩人此生遷轉江湖，奔波途中，一生動盪，如飄蓬泛梗，壯志飄蕭，大有才人落魄之感。

船行於汴河之中，對明鏡之清水，悲歎遷眾髮白，衣上塵痕愈來愈多，已很難拂；暗喻中心之情，抑鬱不展。本想隱匿江湖，為垂釣之叟，然中心不忍，卻又「遮西日向長安」。一個「江湖釣竿手」，卻要赴闕就任，強烈的對比造成自我「反諷」的效果，而強調「惆悵」二字，正透露出內心的真實的情感。垂暮之年，尚不肯忘卻國事，內心情感極為複雜。末二句蘊藏著激壯不平的情思。

宋陸游《劍門道中遇微雨》云：「衣上征塵雜酒痕，遠遊無處不消魂。此身合是詩人未，捆雨騎驢入劍門！」與此詩命意相同。宋范成大《暮春上塘道中》曰：「明朝遮日長安道，慚愧江湖釣手閒。」亦化用杜牧詩意。

春盡途中

　　田園不事來遊宦〔1〕，故國〔2〕誰教爾別離。獨倚關亭還把酒〔3〕，一年春盡送春時。

【注釋】

〔1〕田園：隱逸之所。《漢書・汲黯傳》：「黯隱於田園者數年。」晉陶淵明《歸去來兮辭》：「歸去來兮！田園將蕪胡不歸？既自以心為形役，奚惆悵而獨悲？」遊宦：遠離家鄉在官府任職。

〔2〕故國：家園，此指作者家鄉長安。

〔3〕關亭：見《詠歌聖德遠懷天寶因題關亭長句四韻》詩注〔1〕。把酒：手持酒杯。

【簡評】

　　此詩為行次關亭，感春之將盡所作。

　　「田園」二句自問，家有樊川之美景，爾不事田園之樂，何故遊於宦場？一句是敘事語，二句是自嘲語。詩人處於「遊宦」狀態，看到春盡而滿目蒼涼；此處暗指不被他人賞識，渴望做出一番功績，但有志難伸。第二句則把這層的憤懣上升到了另一個高度，詩人只好以故國來比擬盛唐，藉以抒發明珠投暗、生不逢時的感慨。

　　三四句自遣，如今志屈不展，才不見用，只有獨倚關亭，獨飲獨酌。無法力挽狂瀾，只得無奈將一腔悲憤交於酒肆，飲酒成了療傷祛痛的樂事。獨倚把酒中有多少寂寞與無奈，而送春於春盡之時，能不惜歡感傷？細細品味，《樊

川詩集》中這類作品，自然而然寫來，性情深涵，可以長吟。

　　第三句開篇一個「獨」字，寫盡了詩人寂寥孤苦、無人賞識的憤慨之情，情景交融，哀景襯哀情，詩人仕途的坎坷、生不逢時的寂寞躍然紙上。結尾處故意宕開一筆，借關亭把酒，略解自己的春愁，表面上沖淡了全詩的悲劇色調，實際上將那種世無知音的落寞感含蓄得更為深沉，表達得更耐人尋味。

　　通篇扣住「春盡」抒發情懷，年復一年，春來春去。唐孟浩然詩「林臥愁春盡」（《清明日宴梅道士房》），是閒逸之情；而牧之「春盡送春時」，卻含不平之氣。由惜春引出身世之感、家國之悲，一層深一層地加以抒發，而又自始至終不離開春盡時的環境景物，即景即情，渾然無跡，這就是詩篇真摯動人的力量所在。

題村舍

　　三樹稚桑〔1〕春未到，扶床乳女〔2〕午啼饑。潛銷暗鑠歸何處〔3〕，萬指侯家自〔4〕不知。

【注釋】

〔1〕三樹稚桑：幾棵稚嫩的桑樹。三，形容數量少，非實指。「三」「九」在古漢語中一般指多數，但此卻言其少。稚桑，柔桑，嫩桑。唐杜甫《絕句漫興》：「舍西柔桑葉可拈，江畔細麥復纖纖。」

〔2〕乳女：還沒有斷奶的女孩。乳：幼小。唐貫休《甘雨應祈》：「柘係黃兮，瓠葉青兮。乳女啼兮，蒸黍馨兮。」

〔3〕「潛銷」句：謂農民收穫的糧食不知不覺間流失到哪裏去了呢？此指農民經常被巧取豪奪，苛捐雜稅不堪重負。銷、鑠（shuò）：銷損；本指熔化金屬，這裡指消耗糧食。

〔4〕萬指侯家：謂擁有成千奴婢的王侯之家。萬指，形容役使人數眾多。古代以手指計算奴隸，十指為一人；萬指即一千人。《漢書‧貨殖傳》：「童手指千。」孟康曰：「童，奴婢也。古者無空手遊口，皆有作務，作務須手指，故曰手指，以別馬牛蹄角也。」師古曰：「手指謂有巧伎者。指千則人百。」自：副詞，猶言應、當。

【簡評】

　　初春時節詩人行經鄉村，看到農民忍受租稅剝削、青黃不接、缺衣少食的痛苦生活，深表同情。詩以「三樹稚桑春未到」起興，描繪了一個剛會扶床走

路、還在吃奶的小女孩啼饑號寒的淒慘景象，又由此聯想到她將來做奴隸的命運。這敏銳的預見，揭示了社會人吃人的罪惡本質，表現了對窮苦人家特別是婦女的深切同情。

後兩句將鋒芒指向朱門王侯之家。結句以辛辣的諷刺之筆，尖銳指出，王侯之家吞食農民的辛勤勞動成果，貴族們在鍾鼎宴樂之中揮霍享樂，哪裏會顧及多有凍死骨。這裡，詩人深深譴責了王侯貴族的為富不仁。

杜牧較為關注民生疾苦，青年時就曾對神策禁軍在澄城縣京畿附近騷擾人民的情況，非常憤慨，作《同州澄城縣戶工倉尉廳壁記》言其事。在《即事黃州作》詩中說：「蕭條井邑如魚尾」，慨歎民生困苦。此類作品較之李商隱為多，內容亦勝之，此承老杜之法。牧之於池州自製「籍簿」亦見其剛直之態，盡職以解民苦。又《早雁》諸作可參看。本詩與杜甫《自奉先赴京詠懷五百字》中「朱門酒肉臭，路有凍死骨」表達的是同樣的主題，兩詩可參讀。

代人寄遠六言二首〔1〕

河橋酒斾風軟，候館梅花雪嬌〔2〕。宛陵〔3〕樓上瞪目，我郎何處情饒〔4〕。繡領任垂蓬髻，丁香閒結春梢〔5〕。賸肯〔6〕新年歸否，江南綠草迢迢。

【注釋】

〔1〕本詩當為杜牧在宣州幕府為吏時所作。代人寄遠：為某妓作詩贈遠行之情郎。唐代代言體詩甚多，其中有實際代人而作者，亦有虛擬他人口吻抒自我之情者。《全唐詩》杜牧名下有數首代言之作，如《代吳興妓春初寄薛軍事》《閨情代作》《代人作》《為人題贈二首》，皆為情詩，或有實際託代對象。六言：詩體名，全篇每句六字，有古近之分。杜牧六言詩甚少，本詩為六言絕句。

〔2〕「河橋」二句：謂女子來到當日告別情郎之河橋，唯見橋畔樓頭酒旗飄拂，候館梅花在白雪映襯下分外嬌嬈。河橋酒斾，參見《贈沈學士張歌人》詩注〔8〕。風軟：柔風輕吹。候館：原指國家設置的候望之館，唐宋時期即指旅館。《周禮·地官·遺人》：「（凡國野之道）五十里有市，市有候館；候館有積，以待朝聘之客。」積，儲存糧食。據鄭注，這個候館是「樓可以觀望者也」。唐宋制度與此略異。《太平御覽》居處部引《開元文字》：「客舍逆旅，名候館也。」唐常建《泊舟盱眙》：「平沙依雁宿，候館聽雞鳴。」

〔3〕宛陵：唐時宣歙觀察使治所，今安徽宣城。

〔4〕「我郎」句：意謂我郎繾綣何處、鍾情誰人呢？情饒：情感豐富。饒，多。

〔5〕「繡領」二句：謂無心修飾打扮，任憑髮髻蓬鬆垂在繡衣領上；亦無意採摘丁
　　香，由其結滿樹梢枝頭。蓬髻：髮髻蓬鬆。取意於《詩・衛風・伯兮》：「自伯
　　之東，首如飛蓬。豈無膏沐，誰適為容？」丁香：一名百結，落葉灌木名，其
　　子出枝蕊上，如釘，長三四分，有粗大如山茱萸者，名母丁香。可為香料及藥
　　品。《本草拾遺》：「丁香擊之則順理而解為兩向。」閒結：丁香結鬆散。所謂「丁
　　香結」，本指丁香的花蕾，在詩詞中用以比喻鬱結難解的愁思或情結。唐李商隱
　　《代贈》「芭蕉不展丁香結，同向春風各自愁。」
〔6〕賸（shèng）肯：真肯。賸，俗作「剩」；確實，真的。唐岑參《送張秘書充劉
　　相公通汴河判官便赴江外觀省》：「鱸鱠剩堪憶，蓴羹殊可食。」迢迢：遙遠的
　　樣子。宋楊萬里《寄題開州史君陳師宗柴扉》：「賸肯早歸來，盈尊酒初綠。」
　　宋趙彥端《水調歌頭・為壽》：「賸肯南遊否？蓬海試窮探。」皆仿用杜牧詩句。

【簡評】

　　此詩是一首代言體詩，表現了女子離別後的憂愁。寫盡盼歸之情與疑慮之
心交雜的女性心理狀態。

　　這位宛陵少婦因為「丁香閒結」，故請人代為寫詩寄遠，詩句之中，愛恨
交織。河橋與候館，是當時相送分別之處，風軟、雪嬌之語是甜蜜的愛情記憶，
但她不放心郎君，也許正在何處繾綣多情。「繡領」一句，掉回筆鋒寫她對郎
君的眷念。結句對郎君「賸肯歸否」的叩問，表現出少婦如江南綠草般的柔情
和期盼。其中「梅花」這一鮮活的意象，更成為我國文學史上寄託情思的通用
載體，折梅寄情郎，可謂是我國女性表達感情最通用的手段。女主人公見梅花
而生思情，自然合乎情理。她為情所驅，登上宛陵城樓「瞪目」眺望，寄思遠
人，情接天邊。

　　此詩寫妓女對情人之相思愛戀之情，用六言形式，細緻感人。細玩之，兩
詩更似詞作，與其慢詞《八六子》一脈相承。宋歐陽修有《踏莎行》詞：「候
館梅殘，溪橋柳細，草薰風暖搖征轡。離愁漸遠漸無窮，迢迢不斷如春水。寸
寸柔腸，盈盈粉淚，樓高莫近危欄倚。平蕪盡處是春山，行人更在春山外。」
詞語及意象與此詩有相似處。

閨　情

　　娟娟卻月眉〔1〕，新鬢學鴉飛〔2〕。暗砌勻檀粉〔3〕，晴窗畫夾衣〔4〕。袖紅
垂寂寞〔5〕，眉黛斂依稀〔6〕。還向長陵〔7〕去，今宵歸不歸？

【注釋】

〔1〕娟娟：姿態美好的樣子。唐杜甫《寄韓諫議注》：「美人娟娟隔秋水，濯足洞庭望八荒。」卻月眉：又稱月棱眉；唐代婦女眉型之一；喻指像月亮一樣彎彎的眉毛。南朝梁元帝蕭繹《玄覽賦》：「看白沙而似雪，望卻月而成眉。」

〔2〕「新鬟」句：新梳理的髮型鬟角上翹，像烏鴉展翅一樣。新鬟：新梳理的鬟髮。宋郭茂倩《樂府詩集・西洲曲》：「單衫杏子紅，雙鬟鴉雛色。」學：比喻動詞，猶言如、好像。

〔3〕砌：形容脂粉塗得很厚。檀粉：化妝用的淺紅色香粉。清納蘭性德《采桑子》：「舞鵾鏡匣開頻掩，檀粉慵調。朝淚如潮。昨夜香衾覺夢遙。」

〔4〕晴窗：明亮的窗戶。宋陸游《臨安春雨初霽》：「矮紙斜行閒作草，晴窗細乳戲分茶。」夾衣：雙層的衣服。

〔5〕寂寞：文靜、恬靜的樣子。《淮南子・原道訓》：「其魂不躁，其神不嬈，湫漻寂寞，為天下梟。」

〔6〕眉黛：古代女子以黛畫眉，因以眉黛指眉。黛，青黑色的顏料。《玉臺新詠・沈約・少年新婚為之詠》：「託意眉間黛，申心口上朱。」唐顧敻《遐方怨》：「嫩紅雙臉似花明，兩條眉黛遠山橫。」斂依稀：眉頭稍微有點兒皺的樣子。唐黃滔《祭陳先輩》：「謹以依稀蔬果，一二精誠，願冥符於肸蚃，申永訣於幽明。」

〔7〕長陵：漢高祖劉邦的陵墓；漢時徙關東豪族以奉陵寢，遂為縣；故城在今陝西咸陽東北。漢劉向《九歎・惜賢》：「登長陵而四望兮，覽芷圃之蠡蠡。」

【簡評】

　　這是一首閨情詩，以悠悠閨中稚嫩純情，抒發自己內心的不快。詩由平常生活寫起，於普通中見深情，以清新樸實的語言，通過一個女子的動作和心理描寫，把一個閨中少婦急切盼望丈夫歸來的情景，描寫得含蓄細膩、楚楚動人。手法巧妙，情感蘊藉。

　　閨怨是中國古代詩歌中源遠流長的一個主題，詩人們常用比興手法，先描寫柳絲、春日、芳草之類蘊含深切相思之情的意象，再轉而寫女子的寂寞情思。杜牧此詩以「閨情」為題，稍別於「怨」，而寫法上也比較獨特。整首詩沒有外界環境中的任何意象，每一句都是直接對女主人公外貌、情態和語言的描摹。在表現次序上，也是很有講究的，視線經歷了從上到下，再從下到上的循環。先是看到了像遠山一樣的美眉，與之平行的是雛鴉展翅一樣的髮鬟，然後

往下，描寫了女子臉上敷的香粉，再往下描寫了女子身上穿的夾衣和下垂的衣袖，最後返回上面，又留心到了女子微皺的眉頭，進而過渡到相關的心態和語言描寫，問男子今晚回不回來。邏輯上非常清晰，銜接尤為自然。

舊　遊

　　閒吟芍藥詩〔1〕，惆望久顰眉〔2〕。盼眄回眸〔3〕遠，纖摻〔4〕整髻遲。重尋春晝夢，笑把淺花枝。小市長陵住〔5〕，非郎誰得知。

【注釋】

〔1〕芍藥詩：指《詩·鄭風·溱洧》，詩云：「維士與女，伊其相謔，贈之以勺藥。」《古今注》卷下：「牛亨問曰：將離別相贈以芍藥者何？答曰：芍藥一名可離，故將別以贈之。」芍藥：朱熹注：「芍藥，亦芳草也，三月開華，芳色可愛。」一說是一種香草，與今之木芍藥不同。關於芍藥作用，有結情、去病說法。芍藥既是定情結恩之物，也是去病驅邪之物。因為這種說法不僅符合仲春之月，男女在溱水洧水岸邊相會定情、求偶歡會的主題，而且也暗合了上巳節到水邊沐浴（洗去污穢），祓除不祥（除疾防病，促進生育）、祈求平安的古老傳統。

〔2〕顰眉：皺眉。唐劉禹錫《和樂天以鏡換酒》：「顰眉厭老終難去，醮甲須歡便到來。」

〔3〕盼眄：斜視貌。回眸：回目顧盼。

〔4〕纖摻：指纖手。《詩·魏風·葛屨》：「摻摻女手，可以縫裳。」「摻」原作「衫」，據《全唐詩》卷五二三校「一作摻」改。

〔5〕小市句：漢孝景王皇后微時所生女名俗，居民間，後王皇后子「武帝始立，韓嫣白之。帝曰：『何為不蚤言？』乃車駕自往迎。其家在長陵小市，直至其門，使左右入求之。」事見《漢書·孝景王皇后傳》。長陵：陵墓名。在陝西省咸陽市東北。為漢高祖劉邦陵墓。據《元和郡縣志》記載：「咸陽縣長陵故城，在縣東北三十里。初，漢徙關東豪族以奉陵邑，長陵、茂陵各萬戶。」現陵墓呈覆斗形，周匝並有夯築土城，四面闕門痕跡尚可辨識。陵址建築在渭水北岸高原邊緣，遠望之若山丘隆起。唐李益《漢宮詞》：「漢室長陵小市東，珠簾繡戶對春風。」

【簡評】

　　這是一首代言體的閨情詩。題作「舊遊」，大概跟詩人浪漫情事也不無關係。

開頭「閒吟」二句，正是將「芍藥」當作愛情的象徵。詩人浪漫多情，花開花落，也能觸動其情懷。可見，作為意象，「紅藥」並不是無情物。「盼睞」四句描寫嬌弱懶散女性情態，反映了抒情主人公對美好愛情生活的渴望與追求。

宋姜夔《揚州慢》詞結句「念橋邊紅藥，年年知為誰生？」將紅藥人格化，取法於杜甫、杜牧，但另有精心的創造。所以要反詰「知為誰生」，詞中將「物是人非」的傷感，化作對無知花草的詰問，令人酸楚唏噓。

寄　遠

隻影隨驚雁，單棲鎖畫籠〔1〕。向春羅袖〔2〕薄，誰念舞臺風〔3〕。

【注釋】

〔1〕單棲：獨居。詩歌中多指夫妻分居。畫籠：精美的鳥籠。

〔2〕羅袖：指華貴的衣物飾品。

〔3〕舞臺風：《拾遺記》卷六載，漢成帝與趙飛燕常戲於太液池。「每輕風時至，飛燕殆欲隨風入水。帝以翠纓結飛燕之裙，遊倦乃返。飛燕後漸見疏，常怨曰：『妾微賤，何復得預纓裙之遊？』今太液池尚有避風臺，即飛燕結裙之處。」

【簡評】

此詩當有所指，寓意較深。

前二句寫孤獨情態，形影單隻猶如受驚之雁，獨處之時猶如畫籠中鳥。後二句似為寓意所在，言徒有美貌、廣袖空抒，無人欣賞、寂寞空舞；透露出詩人心情抑鬱的情思。「隻影」二句思婦形象，惟妙惟肖。

簾

徒雲逢〔1〕剪削，豈謂見偏裝〔2〕。鳳節〔3〕輕雕日，鸞花〔4〕薄飾香。問屏何屈曲〔5〕，憐帳解周防〔6〕。下漬金階〔7〕露，斜分碧瓦〔8〕霜。沉沉伴春夢〔9〕，寂寂〔10〕侍華堂。誰見昭陽殿〔11〕，真珠〔12〕十二行。

【注釋】

〔1〕徒：只，僅僅。逢：遇到。

〔2〕偏裝：特別地裝飾。裝：裝飾。

〔3〕鳳節：竹節。

〔4〕鸞花：五彩花鳥。

〔5〕屏：屏風。屈曲：曲折。

〔6〕憐：憐惜。帳：羅帳。解：明白，理解。周防：四面防護。

〔7〕漬：浸漬，沾染。金階：帝王宮殿的臺階。唐王涯《宮詞》：「欲得君王一回顧，
　　　爭扶玉輦下金階。」參見《杜秋娘詩》注〔25〕。

〔8〕碧瓦：青綠色的琉璃瓦。唐杜甫《冬日洛城北謁玄元皇帝廟》：「碧瓦初寒外，
　　　金莖一氣旁。」

〔9〕沉沉：寂靜無聲的樣子。唐柳宗元《遊黃溪記》：「黛蓄膏渟，來若白虹，沉沉
　　　無聲，有魚數百尾，方來會石下。」春夢：春天的夢。唐沈佺期《雜詩》：「妾
　　　家臨渭北，春夢著遼西。」

〔10〕寂寂：悄然無聲的樣子。唐王維《寒食汜上作》：「落花寂寂啼山鳥，楊柳青青
　　　渡水人。」

〔11〕昭陽殿：漢宮殿名。漢武帝時後宮八區中有昭陽殿，漢成帝時皇后趙飛燕居此，
　　　貴傾後宮。後世因以昭陽借指受寵后妃居住的宮殿。這裡泛指皇后的宮殿。唐
　　　詩中亦借指朝廷。《三輔黃圖·未央宮》：「武帝時後宮八區，有昭陽、飛翔、增
　　　成、合歡、蘭林、披香、鳳凰、鴛鸞等殿。」「成帝趙皇后居昭陽殿……貴傾後
　　　宮。昭陽舍蘭房椒壁，其中庭彤朱，而庭上髹漆，切皆銅沓，黃金塗，白玉階，
　　　壁帶往往為黃金釭，函蘭田璧，明珠翠羽飾之，自後宮未嘗有焉。」除了歌詠
　　　漢代時事外，唐詩中多以之代指唐宮，或用它暗諷楊玉環。唐王昌齡《長信宮》：
　　　「玉顏不及寒鴉色，猶帶昭陽日影來。」唐白居易《長恨歌》：「昭陽殿裏恩愛
　　　絕，蓬萊宮中日月長。」

〔12〕真珠：珍珠；指珠簾。相傳昭陽殿所掛都是珍珠簾，風至則發出美妙的音響。
　　　《西京雜記》卷二：「昭陽殿織珠為簾，風至則鳴，如珩佩之聲。」

【簡評】

　　這是一首詠簾詩。詩人首先點明他是精工細雕、精心裝飾過的簾子；其
所在是華麗高貴的皇宮中。但是與客觀環境的優越形成對比的是，這個簾子
的功用僅僅是和屏風、帳幕一樣非常簡單，並沒有因為它的華美而受到格外
的欣賞，它在寂寞的殿堂裏寂寞地存在著。最後引用了漢代昭陽殿的珍珠簾
一典，令人聯想到漢成帝皇后趙飛燕波折的一生，因能歌善舞被成帝百般寵
愛，立為皇后，哀帝時尊為皇太后，等到平帝即位，因大臣揭發其參與殺害
皇子，被廢為庶人，後自盡。從立為皇后到自盡不過十幾年，人生變故巨大
而無常，繁華轉瞬即逝。詩人通過末句的點睛之筆，賦予作為日常用品的簾

子不同尋常的意蘊，表達了深沉的歷史蒼茫之感，大大提升了整首詩的層次和境界。

簾，是古人居室習見之物。它是一種遮蔽堂前及門窗的用具，多以竹、葦製成；帝王宮殿、豪門宅院的簾，則是用水晶等製成。中國古代建築設計家們深諳建築美學，創造出了「簾」這樣一種精美別致的對象。簾的作用，就室內而言，透光、通氣，對視線阻而不隔；就室外而言，既避免一覽無餘，又影影綽綽，若隱若現，春風捲簾，簾後佳人，朦朧神秘，引人遐思。

簾，既可烘托富貴華麗、香暖穠豔的氛圍，而更多的是表達離情別怨、傷春惜暮的思想感情。既可將室內外隔開，但又不是截然阻隔，因此室外的春光月影、風吟雨泣往往會撥動室內人敏感的心弦；傳達出詩人無盡的思緒與情懷。在詩詞中常有「捲簾」「垂簾」「掛簾」的用語，這些詞語往往表達孤獨、寂寥、落寞的心情。此外，以簾為喻，還可表達高雅、豪邁志向與繁華生活。

寄題甘露寺北軒〔1〕

曾向蓬萊宮〔2〕裏行，北軒欄檻最留情〔3〕。孤高堪弄桓伊笛〔4〕，縹緲宜聞子晉笙〔5〕。天接海門〔6〕秋水色，煙籠隋苑〔7〕暮鐘聲。他年會著荷衣〔8〕去，不向山僧〔9〕道姓名。

【注釋】

〔1〕這首詩是杜牧登潤州甘露寺所作，因有「曾上蓬萊宮裏行」語，故此為重遊之作，寫作時間當在《潤州二首》之後。甘露寺，在今江蘇鎮江北固山上。相傳三國吳甘露年間建，因建寺時天降露水，所以得名。唐李德裕擴建。晚唐乾符年間毀。宋大中祥符年間始移至北固山上。據說這裡就是劉備在吳國招親的處所。唐宋人在此題詩甚多，如唐張祜《題潤州甘露寺》、宋蘇軾《潤州甘露寺彈箏》等，文人登臨此樓，每藉神仙之曲懷想。軒：有窗檻的長廊或小室。

〔2〕蓬萊宮：蓬萊是傳說中仙人所居之地，在渤海中。此處喻甘露寺，以其勢高橫空，有如仙宮。又，蓬萊宮為唐宮名。在陝西長安縣東。原名大明宮，龍朔二年，高宗改為蓬萊宮。唐白居易《長恨歌》：「昭陽殿裏恩愛絕，蓬萊宮中日月長。」

〔3〕最留情：意謂在北軒憑欄，最能一覽大江風景，激發詩情。檻：窗戶下或長廊旁的欄杆。

〔4〕「孤高」句：謂甘露寺北軒乃清高之地，最適合桓伊吹笛。孤高：孤傲清高。桓伊：晉人善吹笛者。事見《晉書·桓伊傳》。桓伊笛，美稱笛子或優美的笛音。參見《潤州二首》詩注〔6〕。

〔5〕縹緲：高遠隱約的樣子。子晉笙：王子晉，周靈王太子，傳說得道成仙，即後世之王子喬。詳見《洛陽長句二首》詩注〔4〕。

〔6〕海門：指潤州海門，即松寥山，或曰夷山，在距焦山不遠的長江中。《嘉定鎮江志》卷六：「焦山在江中，去城九里，旁有海門二山，京焦相望，凡十五里。」唐王昌齡《宿京江口期劉昚虛不至》：「霜天起長望，殘月生海門。」

〔7〕隋苑：園名；又名西苑，蓋仿長安園林建造。隋煬帝時建，故址在今江蘇揚州西北。《元和郡縣志》謂甘露寺下臨大江，晴明軒檻，上見揚州歷歷，故此處寫遠眺目及隋苑。唐趙嘏《送盧緘歸揚州》：「隋苑荒颱風嫋嫋，灞陵殘雨夢依依。」

〔8〕他年：以後，將來。著：穿著。荷衣：荷葉做成的衣裳。詩歌中代稱隱士或處士的衣服，也用以表現神仙的服裝。也作荷裳，比喻高潔。戰國屈原《九歌·少司命》：「荷衣兮蕙帶，倏而來兮忽而逝。」《離騷》：「製芰荷以為衣兮，集芙蓉以為裳。」唐錢起《贈漢陽隱者》：「桂棹為漁暇，荷衣禦暑新。」唐劉長卿《喜朱拾遺承恩拜命赴任上都》：「詔書徵拜脫荷裳，身去東山閉草堂。」

〔9〕山僧：山寺裏的僧人。南北朝庾信《臥疾窮愁詩》：「野老時相訪，山僧或見尋。」

【簡評】

　　此詩是一篇寫景詠懷、重遊潤州甘露寺的題壁詩。

　　前二韻寫甘露寺北軒的環境和氛圍，描繪了甘露寺縹緲清曠的秋日景色。「蓬萊宮裏行」五字定下基調，云其孤清高立。又託桓伊弄笛故事和子晉吹笙典實，言其縹緲近仙，皆極天然融會。

　　後二韻寫遠景遐思。天接海門看秋水一色，煙籠隋苑聽暮鐘聲聲，天巧工對，豐姿清迥。在詩歌縹緲的仙境中，籠罩著一種靜謐氛圍。這景色之中歷史時空所蘊涵的意義，不禁使詩人無限感歎。人既在寺中，便自然道出欲歸於隱逸的心音：他年將著荷衣遠遁，徹底隱姓埋名。清陸次雲《五朝詩善鳴集》盛讚道：「此詩佳處在骨力，不在字句之間。」所謂骨力正是牢籠風物時體現的沉靜思之的力量。

　　清金聖歎《選批唐詩》卷五下稱：「此是寄題之一段胸中緣故也。海門秋

水，橫去者滔滔無極，隋苑暮鐘，豎去者浩浩焉終？人生世上，建大功，垂大名，自是偶然遊戲之事，乃真因此而銅架鐵鎖，牢不自脫，皮裏有血，眼裏有筋，即果胡為而至此乎？他年不道姓名，真擺斷索頭自在而去矣。」

題青雲館〔1〕

蚪蟠千仞劇羊腸〔2〕，天府由來百二〔3〕強。四皓有芝輕漢祖〔4〕，張儀無地與懷王〔5〕。雲連帳影蘿陰合〔6〕，枕繞泉聲客夢〔7〕涼。深處會容高尚者〔8〕，水苗〔9〕三頃百株桑。

【注釋】

〔1〕本詩會昌元年（841）作，時杜牧由宣州赴京途經商山時。青雲館：唐代地名，在商州商洛縣南；今陝西商南縣青雲鎮。

〔2〕蚪蟠：如蚪龍般盤伏屈曲。此處用以形容商山上的小道。晉左思《吳都賦》：「輪囷蚪蟠。」千仞：形容山極高。仞，古時八尺或七尺為一仞。《莊子‧秋水》：「千里之遠不足以舉其大，千仞之高不足以極其深。」劇：勝似、超過。羊腸：喻指崎嶇曲折的山間道路。劇羊腸，比羊腸阪更加曲折。羊腸阪是古代的險塞，縈回曲折像羊腸一樣。《史記‧魏世家》：「昔者魏伐趙，斷羊腸，拔閼與，約斬趙，趙分而為二。」

〔3〕天府：指肥沃、險要、物產富饒的地區。此指關中。《戰國策‧秦策一》：「蘇秦始將連橫，說秦惠王曰：『大王之國，……田肥美，民殷富，戰車萬乘，奮擊百萬，沃野千里，蓄積饒多，地勢形便，此所謂天府，天下之雄國也。」由來：本，本來；語氣副詞。百二：形容山河險要。此有二說，一說為百分之二。《史記‧高祖本紀》：「秦，形勝之國，帶河山之險，懸隔千里，持戟百萬，秦得百二焉。」裴駰《史記集解》引蘇林曰：「得百中之二焉。秦地險固，二萬人足當諸侯百萬人也。」一說為百之二倍。司馬貞《史記索隱》引虞喜曰：「百二者，得百之二。言諸侯持戟百萬，秦地險固，一倍於天下，故云得百二焉，言倍之也。蓋言秦兵當二百萬也。」唐崔道融《關下》：「百二山河壯帝畿，關門何事更開遲。」

〔4〕四皓：秦漢時四位著名的高士，隱居商洛，漢高祖徵之，堅持不出。參見《題商山四皓廟》詩注〔1〕。有芝：晉皇甫謐《高士傳》卷二引四皓《紫芝歌》有「莫莫高山，深谷逶迤。煜煜紫芝，可以療饑」句。漢祖：漢高祖劉邦。劉邦稱帝頗多傳奇色彩，唐詩中多藉以之詠史。詳見《史記‧漢高祖本紀》。

〔5〕張儀：戰國時魏國貴族後代，游說各國服從秦國，成功瓦解了齊楚聯盟。《史記・屈原列傳》：「齊與楚從親，惠王患之，乃令張儀詳去秦，厚幣委質事楚，曰：『秦甚憎齊，齊與楚從親，楚誠能絕齊，秦願獻商、於之地六百里。』楚懷王貪而信張儀，遂絕齊，使使如秦受地。張儀詐之曰：『儀與王約六里，不聞六百里。』楚使怒去，歸告懷王。懷王怒，大興師伐秦。」楚懷王起兵十萬攻秦，卻被齊、秦聯軍大敗。

〔6〕帳影：青雲館內帳影。元稹《秋相望》：「爐暗燈光短，床空帳影深。」蘿陰合：山中蘿藤密布，在夜色下一片朦朧。蘿，向高處爬蔓的植物。

〔7〕客夢：他鄉的游子所做的夢。唐王昌齡《送高三之桂林》：「留君夜飲對瀟湘，從此歸舟客夢長。」

〔8〕高尚者：品行高潔的人；指像商山四皓那樣的高士。《周易・蠱》：「不事王侯，高尚其事。」《北史・李先傳》：『尋師訪道，不遠千里。遇高尚則傾蓋如舊，見庸識雖王公蔑如。」

〔9〕水苗：水稻；稻種。唐白居易《和微之詩二十三首》：「水苗泥易耨，畬粟灰難鋤。」

【簡評】

　　此詩前二韻寫商山的地靈與人傑。此處千仞虬蟠，氣勢非凡，而天府之利，稱雄天下。這百二河山之壯，必有四皓在此長吟紫芝之歌，張儀在此拒楚以成秦之大業。後二韻寫「客夢」。所謂「客夢」，即高士之想望。詩人描繪出蘿陰翠色、泉水清涼的靜謐安適的環境。這裡無囂喧，無角爭。通過對水苗、樹木及環境的描寫，描繪出了一幅清幽的田園風景，表現出了青雲館自然風景的美麗，讓人有心曠神怡之感，以此襯托出作者對於這種歸隱生活的嚮往以及忘世之情。詩末點出心儀所在，將紫芝歌與山水田園歌發聲合唱，逸韻悠遠。

　　此詩所抒發的主要是懷古和嚮往隱逸之感。商地歷史悠久，涉及的歷史名人和事件頗多，詩人僅採用了商山四皓及張儀兩個典型史實，其後便轉入朦朧月色下的浮雲、帳幕和綠蘿之影相連的景物描寫，加以淙淙的泉水聲，引出夢中醒來的詩人對隱者的傾慕。可見詩人通過對歷史的深刻體悟，對複雜的政治生活有所厭棄，更加嚮往恬淡安逸的生活。

　　清錢謙益、何焯《唐詩鼓吹評注》卷六云：「此言商山之高如龍盤屈曲，險於羊腸，乃天府之地，有百二山河之壯，四皓於此採芝，張儀於此拒楚，芳

蹤勝蹟，固彰彰在人耳目者。然是館也，帳連雲而蘿陰合，枕繞泉而客夢涼，高人隱居於此，則有農桑之樂，可以忘世，其何事馳情於利祿哉！」

正初奉酬歙州刺史邢群〔1〕

翠岩〔2〕千尺倚溪斜，曾得嚴光〔3〕作釣家。越嶂遠分丁字水〔4〕，臘梅遲見二年花〔5〕。明時刀尺〔6〕君須用，幽處田園我有涯〔7〕。一壑風煙陽羨〔8〕里，解龜〔9〕休去路非賒。

【注釋】

〔1〕本詩作於大中二年（848）正月。詩題原作《正初奉酬》，據《全唐詩》卷五二三增改。正初：農曆正月初一。歙州：隋新安郡，武德四年，改為歙州。邢群：河間人，大和年間進士，曾任太子校書郎、大理評事、戶部員外郎等職務，會昌年間任歙州刺史。參見《初春有感寄歙州邢員外》詩注〔1〕。此前邢群自歙州有《郡中有懷寄上睦州員外杜十三兄》詩，杜牧依韻酬和。

〔2〕翠岩：長滿草木的高峻山崖。

〔3〕嚴光：字子陵，會稽餘姚（今浙江餘姚）人。東漢著名高士。少與光武帝劉秀同遊學，有高名。秀稱帝，光變姓名隱遁。秀派人覓訪，徵召到京，授諫議大夫，不受，退隱於富春山。見《後漢書·逸民列傳》。嚴子陵釣臺在今浙江桐廬縣富春山，下瞰富春渚，有東西二臺，各高數百丈。見《讀史方輿紀要》卷九十《嚴州府》。

〔4〕越嶂：越地高而險峻的大山。丁字水：睦州的東陽江，其上游的兩條支流合流，類似丁字形，故稱。《清一統志》卷二三四：「嚴州府東陽江，在建德縣東南二里。……上流即衢、婺二港，至蘭溪縣合流，又北至縣東南入浙江，形如丁字，亦名丁字水。」

〔5〕二年花：指臘梅，從上年冬末初綻，至轉年正月猶放，跨及二年，故謂之二年花。

〔6〕明時：政治清明的時候。刀尺：剪刀和尺；以剪裁和尺量喻指為官者衡量和取舍人才的標準和權力。晉李含為官正直，受到權臣龐騰的陷害。中丞傅咸上書朝廷，指責龐騰「妄弄刀尺」。見《晉書·李含傳》。唐杜甫《自貽》：「自嫌如匹素，刀尺不由身。」

〔7〕幽處：僻靜之地。有涯：有邊際，有限。《莊子·養生主》：「吾生也有涯，而知也無涯。」

〔8〕壑：深溝。風煙：風光，風景。唐劉禹錫《和裴相公傍水閒行》：「為愛逍遙第
　　一篇，時時閒步賞風煙。」陽羨：古縣名，在今江蘇省宜興南。自古以產茶著
　　名，為風景勝地。此地名茶，唐代時入貢宮中，名噪天下。杜牧於陽羨置有產
　　業。

〔9〕解龜：解去所佩的龜印，即辭官。漢制，官吏秩二千石以上，皆銀印青綬，印
　　背鑲飾龜鈕。賒：遙遠。唐韓愈《贈譯經僧》：「萬里休言道路賒，有誰教汝度
　　流沙。」

【簡評】

　　此詩是和韻之作，杜牧在年前接到了歙州刺史邢群寄來的詩，年後特意回
覆一首。兩位懷才不遇的好友同病相憐，相濡以沫；交往中比較平等和放鬆，
可以說是知心之言。全詩情感平和，沒有起落。末尾超逸灑脫，體現了才子文
人不願為世俗束縛的清高氣質。

　　前四句描述睦州的自然和人文景觀，如越山、丁字水、富春江、翠岩、臘
梅、名隱士嚴光等；詩的後半，才略略勉勵邢群掌握好衡量人才的分寸，趁著
政治清明的大好時機有所作為，而杜牧對自己狀態的描寫，似乎和對邢群的期
盼正好相反，他已經做好瞭解官歸田的準備。這意願並非詩人本心，乃是長期
被排擠在朝外所激起的憤怨與消極的情緒表露。

　　從此詩看，他尚心屬嚴陵，寄情田園。以詩人平生行事衡之，「幽處田園
我有涯」並非矯情之語。「一壑」二句字字瀟灑，對晚唐詩人來說，這是一種
明智的出處進退的選擇。

江上偶見絕句〔1〕

　　楚鄉寒食〔2〕橘花時，野渡臨風駐綵旗〔3〕。草色連雲人去住〔4〕，水紋如
縠燕差池〔5〕。

【注釋】

〔1〕本詩當作於黃州刺史任上。江：謂長江。此詩《全唐詩》卷三六一又作劉禹錫
　　《酬竇員外使君寒食日途次松滋渡先寄示四韻》詩前四句。吳企明《唐音質疑
　　錄》認為此詩為劉禹錫作。

〔2〕楚鄉：湖北古屬楚國，故稱。寒食：節令名，清明前二日（一說清明前一日）。
　　春秋時，介子推不求作官，與母親隱居綿山（山西介休縣）。晉文公求之不得，
　　以為焚山可逼他出來。子推拒不出山，遂抱樹被焚。晉文公為紀念介子推，

在其死亡之日禁止舉火，只吃冷食。南朝梁宗懍《荊楚歲時記》：「介子推三月五日為火所焚，國人哀之，每歲春暮不舉火，謂之禁煙，犯之則雨雹傷田。」每年冬至後一百五日禁火寒食，俗稱寒食節。「禁火三日，造餳大麥粥。」「寒食」一詞具有清冷、蕭條之意象。唐詩詠此事甚多。唐宋之時，寒食清明是遊玩宴會的好日子。宋邵雍《春遊》詩云「人間佳節唯寒食」。《開元天寶遺事》記載：「天寶宮中，至寒食節，競豎秋韆，令宮嬪輩戲笑以為宴樂。帝呼為半仙之戲，都中士民因而呼之。」唐韓翃《寒食》：「春城無處不飛花，寒食東風御柳斜。」

〔3〕「野渡」句：謂村野的渡口綵旗臨風招展，迎候刺史到來。臨風：乘風，趁著風。駐：插。唐韋應物《滁州西澗》：「春潮帶雨晚來急，野渡無人舟自橫。」

〔4〕草色連雲：謂碧草無際，似與天連。人去住：人來人往貌。

〔5〕水紋：水波。縠：織成縐紋之紗。差池：猶參差（cēn cī），形容燕子飛翔時其羽不齊貌。《詩·邶風·燕燕》：「燕燕于飛，差池其羽。」

【簡評】

以平日所見之景，發現獨特之美，精妙至極。

橘花開放，值楚鄉寒食之時，綵旗飄舞，著臨風之野渡。碧草萋萋遠接連雲，遊人往還，細膩水波如紗皺紋，斜燕穿梭。楚江新春，蓬勃生機，遠近之景物，穿梭之動靜，騷動著春天氣息。

題木蘭廟〔1〕

彎弓征戰作男兒〔2〕，夢裏曾經與畫眉〔3〕。幾度思歸還把酒〔4〕，拂雲堆上祝明妃〔5〕。

【注釋】

〔1〕本詩約作於會昌二年（842）至會昌四年（844），時杜牧在黃州刺史任。木蘭廟：在今湖北黃岡木蘭山上。北朝樂府有《木蘭詩》，敘述木蘭女扮男裝，代父從軍，為國立功的事蹟，杜牧這首詩就是謁廟時題壁之作。《太平寰宇記》：「黃州黃岡縣木蘭山，在縣西一百五十里，舊廢縣取此為名，今有廟在木蘭鄉。」木蘭本是北朝樂府《木蘭辭》中代父從軍，在邊地轉戰十二年的女英雄。她是北方人，與黃州無關。大概在木蘭故事流傳之後，有好事者因黃州木蘭山木蘭縣之名與木蘭相同，於是加以附會，立廟於此。

〔2〕「彎弓」句：言木蘭女扮男裝，代父從軍。彎弓征戰：指攜帶武器參加戰鬥。

作：為，充當。男兒：猶男子漢；大丈夫。《木蘭辭》云：「阿爺無大兒，木蘭無長兄。願為市鞍馬，從此替爺征。」「同行十二年，不知木蘭是女郎。」

〔3〕「夢裏」句：言木蘭雖著戎裝，仍思恢復和平環境下的少女生活。與：語氣助詞。此句謂木蘭既有英勇戰鬥氣概，又具備兒女柔情。這與《木蘭辭》中「當窗理雲鬢，對鏡帖花黃」一節用意相同。畫眉：用黛色描飾眉毛。

〔4〕幾度思歸：《木蘭詩》：「願馳明駝千里足，送兒還故鄉。」把酒：手持酒杯。

〔5〕「拂雲」句：謂木蘭在從軍作戰時，曾至拂雲堆祭祀祝禱，祈求昭君佑其早日得勝回鄉。拂雲堆：神祠名。唐時朔方軍北接突厥，以河為界，河北岸有拂雲堆神祠，突厥如有行軍之事，必先往神祠祭酹求福。唐中宗時期，張仁願率軍大敗突厥族，在黃河北岸築三受降城，以拂雲堆築中受降城。地在今內蒙古五原縣。拂雲堆字面意形容該「堆」有「拂雲」之勢。參見《元和郡縣圖志》卷四。唐王之渙《涼州詞》：「單于北望拂雲堆，殺馬登壇祭幾回。」祝：祈禱；祭祀儀式。明妃：即王昭君。西漢元帝宮人，名嬙，南郡秭歸（今湖北秭歸）人，字昭君。晉人避司馬昭諱，改為明君，後人又稱明妃。竟寧元年（32），匈奴呼韓邪單于入朝，求美人為閼氏，帝予昭君，以結和親。昭君遠嫁匈奴，號寧胡閼氏。卒葬於匈奴。事見《漢書·匈奴傳》。今內蒙呼和浩特市南有昭君墓。

【簡評】

　　本詩通過對人物形象的生動刻畫和細緻的心理描寫，塑造了一位光彩照人的巾幗英雄的感人形象。通過對木蘭複雜心理的模擬，並以王昭君作陪襯，揭示了木蘭的忠勇精神，並透露出作者的敬慕之情。詩人採用先抑後揚的手法，集中表達了鬱結於木蘭心中的悽楚與憂傷，把女英雄的思想境界推向高峰，從而突出了詩的主旨。此詩除了對木蘭的讚美與歌頌之情，更蘊含著作者志向難伸的抑鬱與感傷。

　　首句開篇非常簡潔地概括了木蘭替父從軍的歷史故事。用一個「作」字，把北朝民歌《木蘭詩》的詩意高度概括出來。「作」字極傳神，既突出顯示了木蘭的特殊身份，又生動描繪出這位女英雄女扮男裝「彎弓征戰」的非凡本領。「夢裏」句是典型的想像與虛寫，與首句形成了虛實結合，更突出了木蘭勇敢無畏、報效國家的精神。實寫是表現巾幗英雄外在的「陽剛」之美，虛寫則是表示英雄內在的少女本色，使得對人物的描寫入木三分，有血有肉，增強了詩的藝術魅力。一真一夢、一主一輔，相互襯托，構思極為精巧，運筆尤為巧妙。這固然有「古辭」作依據，卻表現出詩人的創新。

　　第三句詩人進而發揮想像，精心刻畫了木蘭矛盾的內心世界。這裡「思家」和「報國」情感的矛盾，「家」的溫馨和「邊疆」苦寒的對比，這些都凸顯了木蘭的精神，也更體現了作者對木蘭的讚美和敬仰。詩歌的最後，陡翻新意，生發出卓特的史論。王昭君和親，死在異域，贏得了後世無數人的同情。木蘭為了國家的安危，挺身從軍，南北征戰，千百年來一直受到人們的讚揚。詩人通過「把酒」「祝明妃」，把木蘭對明妃的敬慕之情暗暗地透露出來，把木蘭內心的矛盾統一起來，運用烘托手法，使木蘭和昭君靈犀一點，神交千載，倍覺委婉動人。

　　以女子和親、以蛾眉禦敵，足見當道無能，詩含蓄而具諷刺。唐代戎昱《詠史》詩中對這一歷史現象發出了如此的質問：「社稷依明主，安危託婦人。」這便是杜牧詩中沒有直接發出，但卻深蘊其中的議論，新見迭出，確實發人深省，耐人尋味。詠史詩必涉歷史，但亦忌泥於史實。本詩唯一、三兩句敘《木蘭辭》中事，二、四兩句全為推想，虛實變化中融入己意，使木蘭的形象更藝術化，也更有魅力。

入商山〔1〕

　　早入商山百里雲，藍溪〔2〕橋下水聲分。流水舊聲人舊耳〔3〕，此回嗚咽不堪聞〔4〕。

【注釋】

〔1〕本詩約作於會昌二年（842）春，杜牧離京出任黃州刺史，經商山時作。商山：在今陝西商洛東南。

〔2〕藍溪：即藍水，又名藍穀水、清河。源自秦嶺，流入藍田縣界，經藍關、藍橋，經王順山下，出藍谷，西北流入灞水。

〔3〕「流水」句：謂流水依然是舊時的聲音，人還是舊時人。作者南來北往，屢過商山，故有流水舊聲之感。

〔4〕「此回」句：謂這次卻感覺到嗚咽哀傷，使人聽不下去。嗚咽：低微而若斷若續的流水聲。不堪：不能忍受。

【簡評】

　　晨入商山，白雲繚繞，百里霧海；過藍溪之橋，水聲分明，潺潺流水依舊，和諧悅耳。然而詩人經過十年幕府宦遊後再聽之，頓覺溪水聲變嗚咽，不堪入耳。

　　詩人描寫了聽到水流的感觸，抒發了離開京師任職途中的苦悶憂愁。前
兩句寫行蹤與沿途景物；後兩句抒發重經故地之情。「流水」一句用當句對，
蘊涵許多意味，「此回」句七字，沉鬱簡古，鍥入人心。杜牧近體詩往往不避
重字，此詩短短四句，兩重「水」字，兩重「舊」字，卻不嫌冗複，反給人
複杳迴旋的語感。物外之景，本無情感可言，觀景之人，因融入了自己的情
感色彩，而成為觀察者的心靈投射。此詩寫入商山的感受，只抓住流水的鳴
咽聲以比喻其心情。於「鳴咽」聲之後，又綴以「不堪聞」三字，則其情感
的悲楚淒涼，自可令人體味，可謂畫龍點睛之筆。

偶　題〔1〕

　　甘羅〔2〕昔作秦丞相，子政曾為漢輦郎〔3〕。千載更逢王侍讀〔4〕，當時還
道有文章〔5〕。

【注釋】

〔1〕偶題：偶然寫成。多用作詩題。

〔2〕甘羅：秦國甘茂之孫。史載秦武王時期，甘茂為秦國丞相，而甘羅不曾為相，
　　　但他也是一個才能出色的人，十二歲的時候就侍奉丞相呂不韋。後來秦始皇想
　　　擴大河間郡，甘羅毛遂自薦，游說趙王割了五座城池給秦國，因此封上卿，還
　　　得到了原屬於祖父甘茂的田宅。參見《史記·甘茂傳》。

〔3〕「子政」句：漢代著名文學家、經學家劉向字子政，是漢高祖劉邦異母弟、楚
　　　元王劉交的四世孫，十二歲時，因為父親劉德的推薦任輦郎。漢成帝時得到
　　　重用，任光祿大夫，官至中壘校尉。參見《漢書》本傳。

〔4〕王侍讀：梁代著名文學家徐摛曾為晉安王侍讀。徐摛，字士秀，幼而好學，遍
　　　覽經史，寫文作詩好為新變，不拘舊體，雖然相貌不佳，仍被武帝看好，於是
　　　侍奉晉安王多年。見《梁書·徐摛傳》：「會晉安王綱出戍石頭，梁武帝蕭衍謂
　　　周舍曰：『為我求一人，文學俱長，兼有行者，欲令與晉安遊處。』舍曰：『臣
　　　外弟徐摛，形質陋小，若不勝衣，而堪此選。』高祖曰：『必有仲宣之才，亦不
　　　簡容貌。』以摛為侍讀。」侍讀，官名，職務是給帝王講學。

〔5〕文章：辭采，才華。唐李白《代別情人》：「我悅子容豔，子傾我文章。」

【簡評】

　　詩題為「偶題」，實際上詩中表現的並不是詩人的突發奇想，而是通過對
歷史名人事蹟的反思來鞭策自己。第一句似乎是誤用，甘羅十二歲做宰相的

訛傳早就有，但《史記》中記載甘羅十二歲侍奉秦相呂不韋，而不是做了宰相，以杜牧的學識，對此應該知曉，大概這裡是為了句式的對稱和勻整才這樣寫的。但也不妨把這句話理解為甘羅曾經侍奉過秦丞相，因為一方面有史實在，而且後兩句提到的劉向和徐摛也是從低級官吏做起的，這樣全詩內容可以一致。作為宰相之孫的甘羅放下身段侍奉呂不韋，作為皇室後代的劉向屈為御輦郎，出身官宦之家的徐摛也是跟從晉安王做記室參軍，後來逐步提升的，三個人最終在歷史上都負有盛名。此詩旨在通過對經歷相似的名人的反思，提出這樣一種信念：有才能的人只要不以事小而不為，肯踏踏實實地努力，最終會有大作為。

送盧秀才一絕〔1〕

　　春瀨〔2〕與煙遠，送君孤棹開。潺湲如不改，愁更釣魚〔3〕來。

【注釋】

〔1〕此詩約作於大中元年（847）春，杜牧任睦州刺史時。盧秀才：杜牧《送盧秀才赴舉序》云：「余自池改睦，凡同舟三千里，復為余留睦七十日，今之去，余知其成名而不丐矣。」當為此盧秀才。又有《送盧霈秀才赴舉》詩，未知即其人否。

〔2〕瀨：指七里瀨，嚴子陵釣魚處。在睦州桐廬縣西三十里七里瀨。

〔3〕釣魚：「姜太公釣魚——願者上鉤」這一歇後語，在中國可謂婦孺皆知。考先漢諸書，姜子牙垂釣之事確有，直鉤之說則不見記載。自中晚唐之際始，與姜子牙相關的直鉤典故突然在詩賦中頻頻出現，可見此時它已是廣布人口。如盧仝《直鉤吟》：「初歲學釣魚，自謂魚易得。三十持釣竿，一魚釣不得。人鉤曲，我鉤直，哀哉我鉤又無食。文王已沒不復生，直鉤之道何時行？」蔣防《呂望釣玉璜賦》：「昔太公之未遇也，隱於渭之濱，釣於渭之津，坐磻石而不易其操，垂直鉤而不撓其神。」羅隱《題磻溪垂釣圖》：「呂望當年展廟謨，直鉤釣國更誰如？若教生在西湖上，也是須供使宅魚。」黃滔《嚴陵釣臺》：「終向煙霞作野夫，一竿竹不換簪裾。直鉤猶逐熊羆起，獨是先生真釣魚。」

【簡評】

　　一幅春景孤舟送客圖。薄霧淡遠，情調高雅。離別雖苦，願景洞天。聽潺湲之水聲，思歸隱煙霞之樂趣。一切釋懷，無憂無愁。

醉　題

金鑷洗[1]霜鬢，銀舷敵露桃[2]。醉頭扶不起，三丈日還高。

【注釋】

〔1〕洗：此指拔除白髮。

〔2〕銀舷：銀製酒器。敵：對等，相當。露桃：即露井桃。生長於不加覆蓋之井旁桃樹。唐白居易《病中辱崔宣城長句見寄兼有舷綺之贈因以四韻總而酬之》：「信題霞綺緘情重，酒試銀舷表分深。」唐王昌齡《春宮曲》：「昨夜風開露井桃，未央前殿月輪高。」

【簡評】

　　滿鬢白霜，巨皿暢飲；醉酒不醒，日高三丈。這裡雖然沒有深奧的文字，華麗的辭藻；但言淺意深，詩中發自真情的吟唱深具感染力，更能引起讀者的共鳴；或許會從中感受到一股淡淡的惆悵味道，久久不去。

　　全詩似信手拈來，不加修飾；格調高雅，不落俗套，別有一番韻味。

題商山四皓廟一絕[1]

　　呂氏強梁嗣子柔[2]，我於天性豈恩仇[3]。南軍不袒左邊袖，四老安劉是滅劉[4]。

【注釋】

〔1〕本詩開成四年（839）作，時杜牧赴官入京，途次商山，題詩於四皓廟。商山四皓：漢初商山的四個隱士，名東園公、綺里季、夏黃公、用（lù）里先生。四人鬚眉皆白，故稱四皓。漢初劉邦想廢掉太子劉盈，立他寵愛的戚夫人所生的兒子趙王如意，因大臣們多方勸阻未能實施，但劉邦還是沒有打消念頭。呂后非常惶恐，張良獻計，讓皇太子給商山四皓送去厚禮，用車把他們接來。四個人跟從太子去見劉邦，劉邦非常詫異，因為自己都不曾請動他們。劉邦由此覺得劉盈羽翼已豐，便沒有廢掉他。事見《史記・留侯世家》《漢書・張良傳》。商山：在陝西省商縣東南。見《商山麻澗》詩注〔1〕。四皓廟：《清一統志》卷一九二：「商州四皓廟，在州西金雞原，……一在州東商洛鎮。」

〔2〕「呂氏」句：謂漢初諸呂非常強橫，而太子則為人柔弱。呂氏強梁：漢高祖劉邦的皇后呂雉為人有謀略，她在漢初幫助劉邦除掉了韓信、彭越等功勳卓著又勢力強大、不好控制的諸侯王。劉邦死後，呂雉又掌權十六年。為了不使呂氏一

族在自己死後受欺侮，呂雉生前大封諸呂子弟。最終諸呂作亂，被周勃等大臣誅平。呂氏：主要指劉邦妻，亦包括外戚。強梁：強橫，強悍，剛毅果決。《史記·呂太后本紀》：「呂后為人剛毅，佐高祖定天下。」嗣子柔：呂雉所生的太子劉盈（後為孝惠帝）為人柔弱，朝中大事都取決於呂氏。「孝惠為人仁弱，高祖以為不類我，常欲廢太子，立戚姬子如意，如意類我。戚姬幸，常從上之關東，日夜啼泣，欲立其子代太子。」

〔3〕「我於」句：此句擬高祖口吻，謂太子和戚妃之子如意都是自己親生的骨肉，哪裏會有恩仇與偏廢呢？天性：父子之道；謂父母愛子女乃天然的品質或特性。豈恩仇（chóu）：無恩仇。

〔4〕「南軍」二句：謂如果南軍不願效忠劉家朝廷的話，商山四皓扶助太子，與其說是安定劉家天下，還不如說是促其滅亡。南軍：西漢禁衛軍名，有南軍、北軍。南軍守衛未央宮，因宮在長安城南，故稱；北軍守衛長安城內北部。祖（tǎn）：裸露。據《史記·呂后本紀》，北軍當時為呂產、呂祿掌握。呂后死，諸呂欲擁兵作亂，劉邦舊臣太尉周勃與丞相陳平謀誅諸呂以保全劉氏天下。當時，「太尉入軍門，行令軍中曰：『為呂氏右祖，為劉氏左祖。』軍中皆左祖為劉氏。太尉遂將北軍。」擊敗呂產，殺之於郎中府；制止了兵變。四老：即四皓。杜牧詩稱「南軍」，與史實略有出入，當為「北軍」之誤。

【簡評】

這是杜牧的一首著名詠史七絕。全詩幾乎通篇議論，大做翻案文章。四皓素為世人所稱。司馬遷認為，高祖所以不易立太子，由四皓羽翼之力，故視之為安劉功臣。而詩人則據諸呂謀亂史實，認為惠帝仁弱，四皓盲目擁戴，致使權柄落入諸呂之手，劉氏天下險歸異姓。故四皓有罪無功，實不足稱道。詩詠其事，特點是反說其事，言四皓扶助太子，名為安定劉家天下，實際上是促使其盡快滅亡。

詩從強與柔對比入手，由劉邦欲廢立太子作為切入點，用南軍不祖左袖的事實引出史論，委婉含蓄，寓意深遠，標新立異，獨樹一幟。這一立論意新而奇，但具有內在的邏輯性，非徒為標新而立異。此外，也給當朝統治者提出借鑒，要注意任人唯賢。同時，詩人對於良好的「安劉」動機卻帶來了「滅劉」的不良效果，驚詫不已、感慨萬端。這種認為矛盾可以互相轉化，好事可以轉變為壞事的哲學理念令人歎服。

朱碧蓮《杜牧選集》評曰：「意謂其有意標新立異，出語驚人。然作詠史

詩貴在翻出新意，是詩之弊不在議論，微嫌語稍枯直耳。」牧之詩善翻案，然此案翻得奇絕、入理。

送隱者一絕

無媒徑路草蕭蕭，自古雲林遠市朝〔1〕。公道世間唯白髮，貴人頭上不曾饒〔2〕。

【注釋】

〔1〕「無媒」二句：謂由於沒有人引薦，你只好遁跡雲林，遠離爭名逐利的市朝，結果門庭冷落，徑路上雜草叢生。無媒：沒有引薦的人，比喻進身無路。媒，舉薦之人。唐岑參《送二十二兄北遊尋羅中》：「無媒謁明主，失計干諸侯。」徑路：小路。蕭蕭：野草叢生貌。雲林：山林深處。市朝：市，交易買賣的場所；朝，官府治事的處所。因以市朝指爭名奪利的場所。唐白居易《中隱》：「大隱住朝市，小隱入丘樊。丘樊太冷落，朝市太囂喧。不如作中隱，隱在留司官。」

〔2〕「公道」二句：謂世間最公道的事就是任何人到了老年都要生長白髮，包括公伯王侯，誰也沒有例外。公道：公平，公正。白髮：人老，髮由黑而變白。《漢書‧五行志》：「白髮，衰年之象。」唐詩中多用於自歎衰老無為及愁苦之態。貴人：顯貴的人。饒：寬容，寬恕，放過。此二句或有所本，南宋黃徹《䂬溪詩話》卷五：「牧之有『公道世間唯白髮，貴人頭上不曾饒』，曾愛其語奇怪，似不蹈襲。後讀子美『苦遭白髮不相放』，為之撫掌。」

【簡評】

這首詩寫隱士的生活，讚美隱士的高行風範，深藏的卻是詩人憤世嫉俗的感慨。詩從側面對社會不合理現象加以抨擊。

首句從隱者的居所和處境著筆，幽山峽谷，路徑無媒，碧草蕭蕭，稱揚隱者的德行。次句寫隱士傳統，自古以來隱者樂於潔身自好，遠離爭名趨利的塵囂之地，可謂「退不丘壑，進不市朝，怡然自守，榮辱不及」（《周書‧薛端傳》），極表推重之情。末兩句從白髮落墨，生發健拔高昂的議論。他歎息英雄無用武之地，呼籲世間公道，詩人理解隱者的心境，與隱者靈犀相通，命運與共。詩中「唯」字，寓不盡之慨，包含言外之意：除了白髮，人世間再沒有公道可言，社會不公正，在詩人筆下得到深刻的揭露和無情的針砭。

「自古」二字是全詩之「眼」，既提起「雲林遠市朝」，又申述徑路草叢荒涼的現象自古已然。這裡作者心靈深處於退隱和出仕之間的選擇取向已清晰

明瞭，那就是無論窮達貴賤，最後都必然走向衰老和死亡。

　　全詩隨情感的流動、意緒的變化而呈現不同的節奏和語勢：前兩句如靜靜溪流平和舒緩，後兩句如滔滔江潮激蕩噴湧。議論警動，憎愛分明，痛快淋漓而又不乏機趣幽默。

題張處士山莊一絕

　　好鳥疑敲磬〔1〕，風蟬認軋箏〔2〕。修篁與嘉樹〔3〕，偏倚半岩〔4〕生。

【注釋】

〔1〕疑：猶言好像；與下句「認」對文同義。敲磬：形容鳥鳴如寺廟敲磬之聲。
　　磬：古代樂器，以玉、石或金屬製成。晉王嘉《拾遺記·唐堯》：「幽州之墟，
　　羽山之北，有善鳴之禽，名曰青鵒，其聲似鍾磬笙竽也。」唐賈島《贈無懷禪
　　師》：「捧盂觀宿飯，敲磬過清流。」

〔2〕認：似，好像。唐方干《敘雪獻員外》：「清輝直認中庭月，濕氣偏添半夜寒。」
　　軋箏：唐代的一種箏，用竹片軋其弦發音奏樂。《舊唐書·音樂志》：「軋箏，以
　　片竹潤其端而軋之。」上二句謂鳥囀如磬，蟬叫似箏；用來形容山莊幽靜美好。

〔3〕修篁：修長的新竹。南朝梁任昉《靜思堂秋竹賦》：「靜思堂，連洞房，臨曲沼，
　　夾修篁。」嘉樹：嘉木，珍貴樹木。《楚辭·九章·橘頌》：「后皇嘉樹，橘徠服
　　兮。」《漢書·馬融傳》：「珍林嘉樹，建木叢生。」

〔4〕倚：依靠。半岩：陡峭的半山腰。唐錢起《登玉山諸峰偶至悟真寺》：「半岩採
　　珉者，一點如片雪。」

【簡評】

　　這首詩描寫張處士山莊的清幽景致。前二句用「磬」「箏」的聲音來形容鳥鳴、蟬唱，生動入微，使讀者耳旁立刻產生嚶鳴成韻的感受；後兩句的「修篁」「嘉樹」「半岩」，點出了山莊內清幽之景。所謂「蟬噪林逾靜，鳥鳴山更幽」，一幅幽美寂靜的山莊園林之景立呈目前，不但有靜態美更兼具動態美。

　　「好鳥」「風蟬」二句，是比興，「疑」字「認」字，鍛鍊極工，亦自然有趣，無雕鑿痕跡。「修篁」「嘉樹」乃詩人隨好鳥、風蟬鳴叫聲遠望所見。如此新竹珍木，不在平地，不在庭院，而長在陡峭的半岩。這一奇崛峭傲的形象，頗有詩人自我寫照的意味。

　　由於詩人具有體物入微的敏銳感覺，與善於捕捉自然景物美好形象的能

力，用五言絕句小詩加以描寫，產生出幽美的境界和生動的形象，令人愛不釋手。

有懷重送斛斯判官〔1〕

蒼蒼煙月滿川亭〔2〕，我有勞歌一為〔3〕聽。將取離魂隨白騎〔4〕，三臺星裏拜文星〔5〕。

【注釋】

〔1〕斛斯：複姓。判官：官名。參見《自宣州赴官入京，路逢裴坦判官歸宣州，因題贈》詩注〔1〕。

〔2〕蒼蒼：茫茫無邊。唐齊己《送人潤州尋兄弟》：「閒遊登北固，東望海蒼蒼。」煙月：雲霧籠罩，朦朧的月色。唐張九齡《初發道中贈王司馬》：「林園事益簡，煙月賞恒余。」川亭：河邊的亭子。

〔3〕勞歌：憂傷、送別之歌。唐許渾《謝亭送別》：「勞歌一曲解行舟，紅葉青山水急流。」一為：副詞，猶言聊且、暫且。此語用法極為靈活，當隨詩文而定。

〔4〕離魂：漫遊他鄉的游子的思緒。宋柳永《滿江紅》：「兩兩栖禽歸去急，對人相併聲相喚。似笑我、獨自向長途，離魂亂。」白騎：白馬。唐李賀《蝴蝶飛》：「東家蝴蝶西家飛，白騎少年今日歸。」

〔5〕三臺：星名，計上臺、中臺、下臺各二星。古人認為它象徵人世的三公，即輔助國君掌握軍政大權的最高官員。《晉書·天文志上》：「三臺六星，兩兩而居，起文昌，列抵太微。一曰天柱，三公之位也。在人曰三公，在天曰三臺，主開德宣符也。西近文昌二星曰上臺，為司命，主壽。次二星曰中臺，為司中，主宗室。東二星曰下臺，為司祿，主兵，所以昭德塞違也。」文星：文昌星，又名文曲星。傳說為主文運的星宿，借指有文才的人。此用以稱譽斛斯判官。唐裴說《懷素臺歌》：「杜甫李白與懷素，文星酒星草書星。」

【簡評】

這是一首懷友送別詩。詩題中「重送」表明，先前已給朋友寫過送別詩，現在離愁未解，於是又再作一首。詩以景物描寫起興，蒼蒼煙月，籠罩著川邊之亭，我有歌詩，請君為聽；有亭可以飲酒餞別，斛斯判官就從這裡出發，騎著白馬遠去。詩人接下來沒有直接抒發離別摯友的哀傷，而是說恨不得讓自己的魂魄追隨斛斯判官的馬，委婉地道出了自己的不捨之情。末句道出對斛斯判官文采的崇拜，三臺星中文星為首，願君之前程，可達三臺之位；傾

慕之情，溢於言表。全詩內容精練，每句都在轉換語義，讀起來卻非常流暢。
感情真摯自然，風格樸素而清新。

贈　別〔1〕

娉娉嫋嫋十三餘〔2〕，豆蔻梢頭二月初〔3〕。春風十里揚州路，卷上珠簾總
不如〔4〕。

多情卻似總無情〔5〕，唯覺樽前笑不成〔6〕。蠟燭有心〔7〕還惜別，替人垂
淚〔8〕到天明。

【注釋】

〔1〕此詩大和九年（835）作，杜牧由淮南節度府掌書記調回京城為監察御史，離揚
　　州前夕贈妓之作。大和七年（833），杜牧受淮南節度使牛僧孺之辟，為節度推
　　官、監察御史里行，轉掌書記。在揚州供職期間，生活浪漫，常出入於歌樓舞
　　榭之中。唐于鄴《揚州夢記》：「唐中書舍人杜牧，少有逸才，下筆成詠，弱冠
　　擢進士第，復捷制科。牧少俊，性疏野放蕩，雖為檢刻而不能自禁。會丞相牛
　　僧孺出揚州，闢節度掌書記。牧供職以外，唯以宴遊為事。揚州，勝地也，每
　　重城向夕，倡樓之上，常有絳紗燈萬數，輝羅耀列空中，九里三十步，街中珠
　　翠填咽，邈若仙境，牧常出沒馳逐其間，無虛夕。復有卒三十人，易服隨後潛
　　護之，僧孺之密教也。而牧自謂得計，人不知之，所至成歡，無不會意。如是
　　且數年。及徵拜侍御史，僧孺於中堂餞，因戒之曰：『以侍御史氣概遠馭，因當
　　自極夷塗；然常慮風情不節，或至尊體乖和。』牧因繆曰：『某幸常自檢守，不
　　至貽尊憂耳。』僧孺笑而不答，即命侍兒，取一小書麓對牧發之，乃街卒之密
　　報也，凡數千百。悉曰：『某夕，杜書記過某家，無恙。』『某夕，宴某家，亦
　　如之。』牧對之大慚，因泣拜致謝，而終身感焉。」

〔2〕娉（pīng）娉嫋（niǎo）嫋：女子體態輕盈柔美貌。宋陳師道《木蘭花減字》：
　　「娉娉嫋嫋，芍藥枝頭紅玉小。舞袖遲遲，心到郎邊客已知。」十三餘：十三
　　歲多一點兒的樣子。餘，年歲超過一些。漢樂府《陌上桑》：「二十尚不足，十
　　五頗有餘。」

〔3〕「豆蔻」句：謂此女年輕美麗，如早春二月含苞待放之荳蔻花。豆蔻：植物名。
　　多年生常綠草本。夏日花開，二月初正是孕育嫩蕊、含苞未放的時節。又名
　　草果，分肉豆蔻、紅豆蔻、白豆蔻等種，均可入藥。紅豆蔻生於南海諸谷中，
　　南人取其花尚未大開者，名含胎花，言如懷妊之身。詩人或以喻未嫁少女，

言其少而美。詩歌中稱女子十三四歲的年紀為豆蔻年華。豆，也作「荳」。清周亮工《書影》卷三說荳蔻花：「亦名鴛鴦花，凡媒妁通信與郎家者，輒贈一枝為信。」此處詩人以此為喻，一方面表現美貌，又一方面暗寓別情。唐韓翃《送客遊江南》：「月淨鴛鴦水，春生豆蔻枝。」元吳存《摸魚兒・揚州》：「笑風流、少年杜牧，如今雙鬢成雪。來尋豆蔻梢頭夢，二十四橋明月。」

〔4〕「春風」二句：謂放眼繁華的揚州城，捲起珠簾，滿城紅粉佳麗，都不如所愛之人。言女子為揚州之最。揚州：唐朝時候的揚州十分繁華。從秦朝置廣陵縣以來，一直是水陸交通的咽喉之地。到隋朝的時候，隋煬帝開鑿了大運河，揚州更是達到全盛時期。這裡交通發達、商業繁榮、經濟富庶，四通八達的交通也是吸引了來自全國各地的才子佳人們在這裡會集，甚至也吸引了來自世界各地的，如波斯、日本的商人都在這裡流連忘返，樂不思蜀。宋洪邁《容齋隨筆》卷九「唐揚州之盛」條：「唐世鹽鐵轉運使在揚州，盡斡利權，判官多至數十人，商賈如織，故諺稱『揚一益二』，謂天下之盛，揚為一而蜀次之也。」珠簾：把珍珠穿成串組成的簾子。唐李白《怨情》：「美人卷珠簾，深坐顰蛾眉。但見淚痕濕，不知心恨誰。」

〔5〕多情：感情豐富，內心真摯。《南史・后妃傳下・梁元帝徐妃》：「徐良雖老，猶尚多情。」無情：沒有情義。唐崔塗《春夕》：「水流花謝兩無情，送盡東風過楚城。」

〔6〕唯覺：只覺得。樽前：作別的酒筵之前。樽，古代的盛酒器具，義同酒杯。笑不成：因離別而愁苦，笑不出來。

〔7〕有心：「心」與「芯」諧音，雙關用法。詩將蠟燭擬人化，以惜燭之芯為惜別之心。南北朝陳叔寶《自君之出矣六首》：「思君如夜燭，垂淚著雞鳴。」

〔8〕垂淚：指蠟淚。南北朝庾信《對燭賦》：「銅荷承淚蠟，鐵鋏染浮煙。」蠟燭在燃燒時，燭油會順燭而下，情狀頗似人的眼淚，詩人們便用它來言情，以燭喻人。在詩人眼裏，蠟燭徹夜流淚，是在為人的離別而傷心。

【簡評】

這兩首詩是杜牧在揚州風流浪漫生活的記錄。據說是為善歌的張好好而作。詩中流露出難捨難分的迷戀之情。從中還可以窺見晚唐社會的風氣以及士子的心理狀態，具有一定的認識意義。

第一首寫少女美麗姿容。此詩思路清晰，由喜愛的人寫到豆蔻花，由豆蔻花寫到春天的揚州，再由春日的揚州寫到全城的美人，最後由全城的美人

回歸到喜愛的人。詩中全不見一個讚美的字詞，卻「不著一字」而「盡得風流」。「春風」二句運用對比烘托的手法，對所別女子的讚美，表現了依依惜別之意。全詩揮灑自如，遊刃有餘。詩人以簾為喻，表達高雅、豪邁志向與繁華生活。關於捲簾，可參見《簾》詩「簡評」。

此詩語言樸素，含義明確，充滿了豐富動人的情感，其生動豐富的藝術化描寫，令人印象深刻。層層深入，極有法度，在描寫人物外貌上極具特色。特別是形容少女青春美豔，恰似含苞待放的紅豆蔻，成為文學史上的經典名句。將歌女比喻為迷人的二月之花，可謂「人花映襯」「虛實結合」，表現技巧豐富靈活，新穎生動。

第二首抒寫詩人對妙齡歌女留戀惜別的心情。寫出了離別之際，縱有千種風情也難有歡顏以及一對戀人情別時的無限悲痛，讀來讓人感動至極。然而詩人又撇開自己，去寫告別宴上那燃燒的蠟燭，借物抒情。詩人帶著極度感傷的心情去看周圍的客觀世界，於是眼中的一切也都帶上了感傷的色彩。齊梁之間的江淹曾經把離別的感情概括為「黯然銷魂」四字，但這種感情的表現，卻因人因事的不同而千差萬別；這種感情本身，也不是「悲」「愁」二字所能了得。此詩不用「悲」「愁」等字，卻寫得坦率、真摯、道出了離別時的真情實感。最後二句，唯李商隱「春蠶到死絲方盡，蠟炬成灰淚始乾」（《無題》）可以媲美，二者同富於創造。

此詩藝術表現上構思奇拔，風調委婉。詩人說多情卻似無情，樽前應笑而笑不成，一筆一轉，思致新穎，兒女情態盡現卻不落俗套。最後兩句以燭心譬人心，以蠟淚比別淚，極為生動形象。「替人垂淚」，意新而奇，把擬人手法用到極致。在這裡，詩人將無限風情染上了一層唯美的色彩。真情所至，便出名篇。

以燭芯和蠟油來比喻相思之苦，在古典詩歌中很常見，如陳後主《自君之出矣》其五：「自君之出矣，綠草遍階生。思君如夜燭，垂淚著雞鳴。」唐代詩人也多有運用，如陳叔達《自君之出矣》：「自君之出矣，紅顏轉憔悴。思君如明燭，煎心且銜淚。自君之出矣，明鏡罷紅妝。思君如夜燭，煎淚幾千行。」表現的感情都很直接很濃烈。

寄　遠

前山極遠碧雲合[1]，清夜一聲白雪[2]微。欲寄相思千里月，溪邊殘照雨霏霏[3]。

【注釋】

〔1〕碧雲合：南朝江淹《休上人怨別》詩：「日暮碧雲合，佳人殊未來。」杜牧化用
　　其意，表現遠別思念之意。

〔2〕白雪：即陽春白雪。戰國時楚國高雅琴曲名。此指美妙歌聲。唐詩中常用於稱
　　美他人詩文高雅，富有文才。《樂府詩集·白雪歌序》：「《琴集》曰：白雪，師
　　曠所作，商調曲也。」《文選·宋玉·對楚王問》：「客有歌於郢中者，其始曰《下
　　里》《巴人》，國中屬而和者數千人；其為《陽阿》《薤露》，國中屬而和者數百
　　人；其為《陽春》《白雪》，國中屬而和者不過數十人；引商刻羽，雜以流徵，
　　國中屬而和者不過數人而已。是其曲彌高，其和彌寡。」唐方干《陪李郎中夜
　　宴》：「遍請玉容歌白雪，高燒紅蠟照朱衣。」

〔3〕「欲寄」二句：謂本想因明月而寄相思，無奈天公不作美，又下起雨來。化用戰
　　國宋玉《九辯》詩句：「願寄言夫流星兮，羌倏忽而難當。卒壅蔽此浮雲兮，下
　　暗漠而無光。」又南朝謝莊《月賦》：「美人邁兮音塵闕，隔千里兮共明月。」
　　相思千里：唐虞世南《結客少年場行》：「結友一言重，相思千里至。」唐錢起
　　《海上臥病寄王臨》：「相思千里道，愁望飛鳥絕。」殘照：夕陽。霏霏：細雨
　　濛濛貌。

【簡評】

　　初秋之夜，詩人於樓閣上獨自閒吟，前面的山峰已被雲彩遮沒；在清幽的
夜晚，隱約傳來《白雪》那幽雅動聽的美妙音樂，引人入勝。這時，想起了友
人，欲託明月傳寄相思；但一會兒之間，月亮不知躲到哪裏去了，借著殘照，
但見小溪中銀珠閃爍，原來外面下起霏霏細雨。詩以幽遠綿邈之境遙寄相思之
情，頗有迷離恍惚之致。重情重義，韻味極濃。全詩在清新俊爽之中透露出淡
淡的哀愁。

　　此詩意境與許渾「碧雲千里暮愁合，白雪一聲春思長」(《和友人送僧歸桂
林靈巖寺》)極為相似，可謂清雅委婉。杜牧詩後二句將相思之意寓於千里明
月，同時用溪邊殘照、細雨霏霏的情景來烘托映照，更顯得悠遠絕俗，寄興遙
深。此種筆墨，自可列入神韻一格。

九　日〔1〕

　　金英繁亂〔2〕拂欄香，明府辭官酒滿缸〔3〕。還有玉樓輕薄〔4〕女，笑他寒
燕一雙雙。

【注釋】

〔1〕九曰：即農曆九月九日重陽節。唐崔國輔《九日》：「九日陶家雖載酒，三年楚客已沾衣。」

〔2〕金英：菊花別名。繁亂：花開茂盛的樣子。

〔3〕明府：唐人稱縣令為明府。此暗指晉陶淵明。陶淵明曾為彭澤令，愛菊嗜酒，後辭彭澤縣令歸隱。《宋書·陶潛傳》：「江州刺史王弘欲識之，不能致也。……先是，顏延之為劉柳後軍功曹，在潯陽，與潛情款。後為始安郡，經過，日日造潛，每往必酣飲致醉。臨去，留二萬錢與潛，潛悉送酒家，稍就取酒。嘗九月九日無酒，出宅邊菊叢中坐久，值弘送酒至，即便就酌，醉而後歸。」

〔4〕玉樓：本指裝飾華麗的樓閣。古代傳說，崑崙山有十二座玉樓，為仙人之所居。借指情人或歌妓的居處，義同青樓。唐劉禹錫《柳絮》：「花花暖隨輕舞蝶，玉樓晴拂豔妝人。」唐白居易《聽妓人箏》：「花臉雲鬟坐玉樓，十三弦裏一時愁。」輕薄：輕佻浮薄；放蕩。《漢書·地理志下》：「其俗愚悍少慮，輕薄無威。」

【簡評】

亭閣之前金黃色菊花十分繁茂，散發著沁人肺腑之香色；時不任官，釀一缸美酒，暢飲無牽掛，何其自在。不但如此，還有仙女般的妓女陪伴，歡歌笑舞；再看那雙雙雁，畏寒南飛，哪有自己快活。

賞菊、飲酒、狎妓，道出其逍遙自在的消極情趣。

寄牛相公〔1〕

漢水橫衝蜀浪〔2〕分，危樓點的〔3〕拂孤雲。六年仁政謳歌去〔4〕，柳遠春堤處處聞。

【注釋】

〔1〕此詩約作於大和四年（830）春，牛僧孺自武昌節度使召還守兵部尚書、同平章事，杜牧以詩寄之。牛相公：牛僧孺，字思黯，牛李黨爭中牛黨的領袖。在唐憲宗元和三年（808）的科場案中，所作策文觸犯了當時的宰相李吉甫，很久不得志，埋下牛李黨爭的隱患。穆宗在位時，中書令韓弘死了，皇帝派人清理其財產，發現了韓弘給人送賄賂的清單，只有在牛僧孺名下，有某月日，送錢千萬，牛僧孺不接納的記載，牛僧孺因此獲得穆宗的格外賞識。文宗大和年間，牛僧孺再次入相，因處理吐蕃事不當告退。武宗時，李吉甫的兒子李德裕

任宰相，牛僧孺幾度被貶。宣宗即位，形勢又大為變化，李黨被清理，牛僧孺官復太子少師。牛僧孺一生好學，作詩有文采，著有《玄怪錄》。傳見新、舊《唐書》。

〔2〕漢水：漢江。詳見《西江懷古》詩注〔2〕。蜀浪：指長江。漢江在鄂州與長江交匯，鄂州是武昌軍節度使的治所。大和四年（830），牛僧孺由武昌軍節度使升兵部尚書同平章事，即入京為相。

〔3〕危樓：高樓。點的：猶言片片、點點。此言遠望高樓片片。

〔4〕六年仁政：牛僧孺於唐敬宗寶曆元年（825）任武昌軍節度使，在武昌軍節度使任上共六年。謳歌：歌頌。去：離開。

【簡評】

杜牧因與牛僧孺有世交的關係，又敬仰他的為人，所以對這位前輩一直很敬重。詩人認為牛僧孺此次入相，或有改革朝廷弊政、振興朝綱的希望，故喜而為詩。

這是一首慶賀詩。詩中漢水氣勢磅礴，在它的「橫衝」之下蜀浪分流；高樓高聳入雲，詩人以景物描寫，巧妙地稱頌牛僧孺任宰相，權高位重。後兩句又用輕快的筆調，頌揚他任節度使期間政績卓著。詩歌起到了送人遠行、頌人政聲的雙重作用。讚美而不阿諛，含蓄而得體，是頌歌中的佳作。

牛僧孺任武昌軍節度使期間，裁減冗員，整肅吏治，減輕民賦，頗得朝野好評。杜牧對其「仁政」的讚美也許並不過分。「漢水橫衝」是武昌的地理特點，卻恰似牛僧孺的清新「仁政」衝擊往昔的腐敗政治，似乎觸著了高天雲彩的黃鶴樓，也正是這種「仁政」的象徵和比喻；而結尾一句的「處處聞」，即是對這種「仁政」的評價。此詩寫得何等精彩！

為人題贈二首

我乏青雲稱〔1〕，君無買笑金。虛傳南國〔2〕貌，爭奈五陵〔3〕心。桂席塵瑤珮，瓊爐〔4〕爇水沉。凝魂〔5〕空薦夢，低珥悔聽琴〔6〕。月落珠簾〔7〕卷，春寒錦幕深。誰家〔8〕樓上笛，何處月明砧。蘭徑飛蝴蝶〔9〕，筠籠語翠襟〔10〕。和簪拋鳳髻〔11〕，將淚入鴛衾〔12〕。的的新添恨，迢迢〔13〕絕好音。文園終病渴〔14〕，休詠白頭吟〔15〕。

綠樹鶯鶯語，平江燕燕〔16〕飛。枕前聞雁去，樓上送春歸。半月緄雙臉〔17〕，凝腰素一圍〔18〕。西牆苔漠漠〔19〕，南浦夢依依〔20〕。有恨簪花懶，無

寥鬥草〔21〕稀。雕籠長慘淡，蘭畹護芳菲〔22〕。鏡斂青蛾黛〔23〕，燈挑皓腕肌。避人匀逬淚，拖袖倚殘暉〔24〕。有貌雖桃李〔25〕，單棲〔26〕足是非。雲軿〔27〕載馱去，寒夜看裁衣。

【注釋】

〔1〕稱（chèng）：謂判斷能力，品識的眼力。

〔2〕南國：指美女。南朝宋鮑照《蕪城賦》：「東都妙姬，南國麗人，蕙心紈質，玉貌絳唇。」

〔3〕五陵：指五陵少年。泛指京都富貴人家子弟。

〔4〕瑤珮：美玉製成的佩飾。瓊爐：玉爐，指精美之香爐。水沉：即沉香，一種香木，用以薰香。

〔5〕凝魂：即凝神，聚精會神；感情專注貌。薦夢：戰國宋玉《高唐賦》載，楚王遊高唐，夢見一婦人自云巫山神女，願薦枕席，王因幸之。詳見《潤州二首》詩注〔10〕。

〔6〕「低珥」句：卓文君好音樂，新寡；司馬相如飲於卓氏，弄琴，文君竊從戶窺之，心悅而好之，遂夜奔相如。事見《史記·司馬相如傳》。

〔7〕珠簾：用珍珠綴飾的簾子。唐秦韜玉《春雪》：「誰家醉卷珠簾看，絲管堂深暖易調。」

〔8〕誰家：哪一家；何處。

〔9〕蝴蝶：蝴蝶作為一種美麗、弱小的飛翔昆蟲，於生活中平常所見。詩歌中其真正的意象形態往往是歌詠愛情。

〔10〕筠籠（yún lóng）：此指竹製鳥籠。翠襟：指鸚鵡。東漢禰衡《鸚鵡賦》：「紺趾丹觜，綠衣翠衿。」

〔11〕簪：固定髮髻或冠之長針。鳳髻（jì）：戴有鳳形首飾之髮髻。古代的一種髮型，即將頭髮挽結梳成鳳形，或在髻上飾以金鳳。又叫鳥髻。流行於唐代。唐宇文氏《妝臺記》：「周文王於髻上加珠翠翹花，傅之鉛粉，其髻高名曰鳳髻。」後蜀歐陽炯《鳳樓春》：「鳳髻綠雲叢，深掩房櫳。」

〔12〕鴛衾：繡有鴛鴦鳥圖案的被子。多指夫妻共寢的被子。唐司空圖《白菊雜書四首》：「卻笑誰家局繡戶，正薰龍麝暖鴛衾。」又，指一種特製的獨幅闊錦被。明陶宗儀《輟耕錄·鴛衾》：「孟蜀主一錦被，其闊猶今之三幅帛，而一梭織成。被頭作二穴，若雲板樣，蓋以扣於項下，如盤領狀，兩側餘錦則擁覆於肩，此之謂鴛衾也。」

〔13〕的的：明白，昭著。迢迢：幽深貌。

〔14〕文園：指漢辭賦家司馬相如，曾任孝文園令。見《史記・司馬相如傳》。後因以文園喻指司馬相如，並用以比喻文士。唐劉禹錫《詠古二首有所寄》：「金屋容色在，文園詞賦新。」終病渴：司馬相如最終因患有消渴疾而死。所謂「消渴」，是中醫的疾病名稱，主要症狀是煩渴、多飲、多食、多尿、疲乏等，其大體相當於現在所說的糖尿病，但範圍更廣一些。消渴症是以血糖含量過高為主要特徵的一種代謝性疾病，與胰島細胞功能障礙和胰島素分泌缺陷有一定的關係。

〔15〕白頭吟：樂府曲名。傳說，司馬相如曾要娶妾，卓文君為此作《白頭吟》表示決絕。後人常以此為題材，寫《白頭吟》進行歌詠，寄寓男有二心，女表哀怨決絕之情。詩歌中多藉以詠棄婦。舊題晉葛洪《西京雜記》卷三：「相如將聘茂陵人女為妾，卓文君作《白頭吟》以自絕，相如乃止。」唐李白《白頭吟》：「一朝將聘茂陵女，文君因贈白頭吟。」

〔16〕燕燕：雙燕。《詩・邶風・燕燕》：「燕燕于飛，差池其羽。」

〔17〕半月：指女子之彎眉。緪（gēng），連接，貫串。《詩・小雅・天保》：「如月之緪，如日之升。」《疏》：「如月之上弦，稍就盈滿。」雙臉：雙頰。唐宋時俗語。唐韓偓《和吳子華侍郎令狐昭化舍人歎白菊衰謝之絕次用本韻》：「還似妖姬長年後，酒酣雙臉卻微紅。」

〔18〕凝腰：束起的細腰。素：白色生絹。戰國宋玉《登徒子好色賦》：「腰如束素。」一圍：直徑五寸之周長為一圍。唐溫庭筠《觀舞妓》：「凝腰倚風軟，花題照錦春。」

〔19〕漠漠：密布貌。

〔20〕南浦：泛指送別之地。詳見《見劉秀才與池州妓別》詩注〔2〕。依依：依稀，隱約。

〔21〕鬥草：唐人稱五月初五蹋百草之戲為鬥百草。我國古代的鬥百草，作為端午節俗活動，最初本有禳災意味，唐時已經成為婦女、兒童的一種遊戲。鬥百草，一稱鬥草，同伴數人，以草為具，賭鬥輸贏。或對花草名，如以「狗耳草」對「雞冠花」；或鬥草的韌性，以靭者為贏。最初盛行於端午節，後來又不限於端午，春夏之時皆可行之。鬥草之戲的記載始見於南朝梁宗懍《荊楚歲時記》：端五日「荊楚人並蹋百草，又有鬥百草之戲。」此後《歲華紀麗》亦云：「端午結廬蓄藥鬥百草，纏五絲。」《隋書・樂志》所載隋煬帝命樂工白明達所創新聲中即有《鬥百草》曲調。唐宋之後言及鬥草，屢見於詩詞。唐劉禹錫《白舍人曹

長寄新詩有遊宴之盛因以戲酬》：「若共吳王斗百草，不如應是欠西施。」唐白
居易《觀兒戲》：「弄塵或鬥草，盡日樂嬉嬉。」

〔22〕蘭畹：種植蘭花之田畦。十二畝為一畹。謾：莫，不要；此為失去義。芳菲：
花草芳香鮮美。

〔23〕青蛾黛：指女子眉毛的式樣。唐代女子流行的長、淡、細的眉式。唐白居易《上
陽人》：「青黛點眉眉細長，天寶末年時世妝。」黛，青黛，用以畫眉。

〔24〕殘暉：黃昏時的陽光；夕陽。唐許渾《陪宣城大夫崔公泛後池兼北樓宴二首》：
「雲外軒窗通早景，風前簫鼓送殘暉。」

〔25〕「有貌」句：謂貌若桃花。三國魏曹植《雜詩七首》其四：「南國有佳人，容華
若桃李。」

〔26〕單棲：獨居。詩歌中多指夫妻分居。

〔27〕雲軒：即軒車，婦女所乘四周有障蔽之車。《後漢書·輿服志上》：「太皇太后、
皇太后法駕。……非法駕，則乘紫罽軒車。」

【簡評】

　　杜牧的許多女性題材作品，大都包含著詩人的純真情感，孕育著優美的畫
面，達到了景與情、意與象的和諧統一，創造出了一種優美引人、清新明潔的
意境，給讀者以思想感情的薰染和陶冶，從而得到美的愉悅和享受。

　　第一首，在詩的開頭從「虛傳」「爭奈」等字眼可以看出，主人公是一位
被紈綺子弟拋棄的美人。「薦夢」和「聽琴」分別指的是神女與楚王、司馬相
如與卓文君的故事，他們的愛情都有一個浪漫的開始，卻沒有美好的結局。
「誰家」一聯連用兩個問句，起到了加強語氣的作用，表現了思婦生活的幽
怨。「蘭徑」一聯詩人寫的是被拋棄之後女子的孤寂生活——只能終日在花園
裏看著飛來飛去的蝴蝶，對著籠子裏的鸚鵡說話，晚上含著淚眼獨自入睡。
而「休詠」一詞，表達出了女子對現實生活的絕望和無奈。

　　第二首詩的主人公是一個思念遠行人的婦人。前兩句由景起興，勾畫出
了春天特有的清新活潑的景象；接著詩人用凝練的語言畫出了一個美貌的思
婦形象，這個婦人並不是濃妝豔抹而是「素一圍」；「西牆」一聯又轉而寫景，
「漠漠」「依依」可以看出已經將相思之情融入了景色之中，最後通過寫思婦
的日常生活進一步表現其孤寂、無聊的相思歲月。「鏡斂」一聯則說明在詩人
生活的時期，唐代女子流行的眉式是長、淡、細的青黛眉。

　　詩云「有恨簪花懶，無憀鬥草稀」，因為丈夫沒有在身邊，也懶得梳妝打

扮，連平日喜歡的鬥草遊戲也提不起興致了。《代人作》詩云：「鬥草憐香蕙，簪花間雪梅。」這是寫的一位思婦由於思念遠方的丈夫，百無聊賴，只能以鬥草來打發時光暫時忘記相思之苦。同樣是表現思婦生活，兩個不同的角度，卻有異曲同工之妙。

少年行〔1〕

　　官為駿馬監〔2〕，職帥羽林兒〔3〕。兩綬〔4〕藏不見，落花〔5〕何處期。獵敲白玉鐙〔6〕，怒袖紫金錘〔7〕。田竇〔8〕長留醉，蘇辛曲讓歧〔9〕。豪持出塞節〔10〕，笑別遠山眉〔11〕。捷報雲臺〔12〕賀，公卿拜壽巵〔13〕。

【注釋】

〔1〕少年行：古樂府雜曲歌辭名，本源於《結客少年場行》。唐代虞世南、盧照鄰等詩人都有同名之作，吟詠少年遊俠重義輕生之類的事，以抒發其慷慨激昂之情。如李白《結客少年場行》：「少年學劍術，凌轢白猿公。珠袍曳錦帶，匕首插吳鴻。」「笑盡一杯酒，殺人都市中。羞道易水寒，從令日貫虹。」

〔2〕駿馬監：掌管馬匹事務的官員，即太僕卿。

〔3〕羽林兒：指唐代皇帝的禁衛軍。參見《杜秋娘詩》注〔27〕。

〔4〕兩綬：指年少得志的人。綬，一種絲質帶子，古代常用來繫官印。《漢書·霍光金日磾傳》：「日磾兩子，賞、建，俱侍中，與昭帝略同年，共臥起。賞為奉車、建駙馬都尉。及賞嗣侯，佩兩綬。……時年俱八九歲。」這是一個很明顯的少年即加官晉爵的典故。此處暗用此典。唐徐鉉《送楊郎中唐員外奉使湖南》：「兩綬對懸雲夢日，方舟齊泛洞庭春。」

〔5〕落花：常常比喻漂流不定的游子，或是有識之士未能得到輔助。

〔6〕獵：通「躐」（liè），踩踏。玉鐙：馬鐙的美稱，借指馬。唐張祜《少年樂》：「醉把金船擲，閒敲玉鐙遊。」

〔7〕怒：氣勢強盛的樣子。袖：藏於袖中。紫金錘：赤銅和黃金做成的武器。

〔8〕田竇：西漢武安侯田蚡和魏其侯竇嬰的並稱。兩人均為皇戚，貴為相侯，每相爭雄。《漢書·灌夫傳》記載：灌夫服喪，田蚡戲弄他說想約他到竇嬰家飲酒，灌夫信以為真，就和田蚡約定了時間。竇嬰和夫人對此非常重視，親自買酒肉，打掃庭院，忙到通宵。灌夫來叫田蚡時，田蚡還沒當回事，在家躺著，後來換好衣服，走得又很慢，灌夫非常不高興，趁著酒勁罵了田蚡。竇嬰趕忙把灌夫送走，又向田蚡道歉，田蚡則「卒飲至夜，極歡而去」。

〔9〕蘇辛：指西漢守節的蘇建、蘇武和辛武賢、辛慶忌兩對父子。他們都是漢朝時
　　期平叛的名將。《漢書・趙充國辛慶忌傳贊》：「蘇、辛父子著節，此其可稱列者
　　也。」元朔六年，蘇建以幾千人的軍隊全力抵擋匈奴幾萬人，全軍覆沒後仍不
　　懼死罪，逃回漢朝，漢武帝因此沒有殺他。他的兒子蘇武出使匈奴又被扣留，
　　在威逼利誘下，十九年也沒有變節，終於被漢使設計召回。辛武賢是漢宣帝時
　　期的著名武將，為抵抗、招撫羌人立下汗馬功勞。他的兒子辛慶忌也是一國虎
　　臣，官至左將軍，匈奴對辛慶忌十分畏憚。曲讓：曲意禮讓。歧：岔道。

〔10〕持出塞節：拿著出邊塞的符節。古代使臣奉命出行時必須拿符節作為憑證。

〔11〕遠山眉：形容女子秀麗的眉毛；此處代指美女。晉葛洪《西京雜記》卷二：「文
　　君姣好，眉色如望遠山，臉際常若芙蓉。」

〔12〕捷報：報告勝利的文書。雲臺：東漢洛陽南宮中有雲臺廣德殿，漢明帝曾圖畫
　　中興功臣三十二人於此，用以表彰他們的功勳。詩中多以雲臺代指朝廷。以雲
　　臺畫像指獲得殊榮的功臣名將。《後漢書・朱佑等傳贊》：「永平中，顯宗追感前
　　世功臣，乃圖畫二十八將於南宮雲臺，其外又有王常、李通、竇融、卓茂，合
　　三十二人。」

〔13〕壽卮：捧著酒卮來祝賀。漢司馬遷《報任安書》：「陵未沒時，使有來報，漢公
　　卿王侯皆奉觴上壽。」

【簡評】

　　杜牧年少時也曾以才氣自負，優越的出身讓他對未來充滿豪情，夢想著有
一番大作為。少年氣盛，任性豪放，重義輕生，俠肝義膽，這些豪俠品質在他
的身上都有所體現，放縱瀟灑的遊俠生活也令他無限神往，此詩故而也寫得頗
有氣魄。

　　首句即刻畫了一個年輕有為的青年軍人形象，從側面烘托了少年的氣概
不凡和意氣風發。「兩綏」二句，說明少年雖氣盛一時，但未能被重用。「落」
字同時也表現了失落無奈的情感，「落花」這一意象也化無情為有情。「何處
期」表明機遇可遇不可求。下一句「獵敲」兩字力度非凡，「怒袖」更直接突
出感受，感情由方才的失落進一步變成憤怒，而「白玉」「紫金」則突出了少
年的英姿勃發。以上詩句表現了一個能為、氣度都十分不凡卻又鬱鬱不得志
的少年。

　　下文筆鋒一轉，「田竇」暗指朝中政治鬥爭，也指名門望族。而一個「長」
字也表現出少年的愁情之長。「蘇辛」一詞代指平叛定邊的將軍，說明少年仍

有「不墜青雲之志」，隨時準備為國效力。「豪持」句中一個「豪」字，清掃了上文中種種的憤懣和怨氣，重新展示了少年的青春豪情和滿腔熱血。而臨別「遠山眉」，少年卻一笑而過，毫無留戀之情，更反襯出他為國立功的心切。詩末句則表現少年期待及早建功立業，傳來捷報並像東漢二十八將一樣名垂青史，萬古流芳。同時向當年提攜自己的「公卿」祝壽敬酒。

　　在文學史上，杜牧往往給人以風流多情的深刻印象，從此詩可以窺見，其性格也是具有多重性的，建功立業仍是他人生的執著追求。詩人抓住幾個富於特徵性的動作，「獵敲」「怒袖」「豪持」「笑別」，寥寥幾筆，就勾畫出一個具有豪爽樂觀性格、勇敢奔赴疆場的少年英雄形象，給人以積極向上的鼓舞和美的享受。此詩在語詞運用上，較為注重辭采；風華流美而又神韻疏朗，氣勢豪宕而又精緻婉約；亦間接反映了晚唐詩歌藻繪綺密的總的趨向。

盆　池

　　鑿破蒼苔〔1〕地，偷他一片〔2〕天。白雲生鏡裏〔3〕，明月〔4〕落階前。

【注釋】

〔1〕鑿：挖掘。蒼苔：青苔。

〔2〕偷他：唐呂岩《漁父詞·神效》：「恍惚擒來得自然，偷他造化在其間。」一片：一小塊。

〔3〕「白雲」句：南朝梁沈約《和王中書德充詠白雲詩》：「皎潔在天漢，倒影入華池。」鏡：指池水明亮如鏡。

〔4〕明月：皎潔的月光。唐張若虛《春江花月夜》：「春江潮水連海平，海上明月共潮生。」

【簡評】

　　這是一首極富情韻的抒情小品，純以白描筆法寫小池之幽雅可愛。詩中「破」「偷」「生」「落」諸字的運用，頗見鍊字之功。詩人精騖八極，想落天外，說鑿地成池，如偷天一片，造化人間；謂水波清澄，則以「白雲生」而「明月落」來襯托。「偷天」之語在前，白雲、明月的比喻和描寫也就顯得自然流暢，毫無湊泊趁韻之感。此詩僅描述了一個小池塘，卻連續用了三個比喻：鏡天、白雲、明月，產生了一靜穆、清新、幽美的境界。這是一首詩，又彷彿一幅畫，到底是詩還是畫？詩中有畫，畫中有詩，語言樸素，意境優美，和諧統一。

　　此詩將盆池在庭園中的意境描寫得十分動人。這座盆子是埋在階前的苔蘚覆蓋的土地上，水面平靜如鏡，常常反映出一片天光。白天可以看到白雲，晚上可以看到明月。陶盆的形狀，「方圓任器」，應該是幾何形，因此盆池是相當有禪宗意味的。

　　池為心境。唐代的文人間發展出一種類似案上清洪的水池觀，名曰「盆池」。在文獻中可以看出，由於水源缺乏，只好在院子裏埋下一個盆子，傾水其中，聊充水池。盆子是陶製的，比較不易滲水，明顯的是為保存可貴的水源。唐浩虛舟有一篇《盆池賦》，開始的幾句，就說明了這一點：「達士無羈，居閒創奇，陷彼陶器，疏為曲池。……深淺隨心，方圓任器。」雖然這裡說盆池是「達士」獨創的辦法，其實在當時是相當流行的。

　　古文大家韓愈也很為盆池著迷，寫了《盆池五首》以歌頌之，第一首是說明其來源，有些誇張過分；第三首描寫池裏的小動物，尚合情理；最具有高超意境的還是第五首，表達出一種深刻的玄思：「池光天影共青青，拍岸才添水數瓶；且待夜深明月出，試來涵泳幾多星。」

有　寄

　　雲闊煙深〔1〕樹，江澄水浴秋〔2〕。美人〔3〕何處在，明月萬山頭。

【注釋】

〔1〕深：使動用法，即「使……深邃」之意。

〔2〕水浴秋：秋色浸染江水。

〔3〕美人：指作者所思念的友人。

【簡評】

　　詩人首先用極為精練的語言呈現出一幅雲闊煙深、江澄浴秋的畫面，轉而在宛轉多情的問答中，讓萬重山峰更添伊人眉黛，使雲樹、江水、叢山融為一體。全詩意境既有秋水接天的遼闊峻潔，又有明月美人的清新含媚，堪稱精品。

　　這首詩是用比興手法寫成的。首先詩人透過「雲」「煙」的「闊」「深」，和倒映在清澈江水中的秋色，烘托了幽悶的外在環境，這亦是詩人內在煩悶孤寂心理的顯現。在此氣氛下，詩人懷念起象徵自己理想的「美人」。這位「美人」在何方呢？當然不在這裡，這裡只有月色照在無數山頭上。「明月」常在中國古典詩歌中表達「思念」，「明月萬山頭」正是表達了思念美人的悠悠心緒。本詩藉景託情，產生出情景交融、意味深長卻含蓄不露的效果。